臺灣歷史與文化 研究輯刊

十 編

第14冊

戰後大陸來臺古典詩人張默君及其《瀛嶠元音》

陳盈達 著

花木蘭文化出版社

國家圖書館出版品預行編目資料

戰後大陸來臺古典詩人張默君及其《瀛嶠元音》／陳盈達 著
— 初版 — 新北市：花木蘭文化出版社，2016〔民 105〕
目 4+212 面：19×26 公分
（臺灣歷史與文化研究輯刊 十編；第 14 冊）
ISBN 978-986-404-795-6（精裝）
1. 臺灣詩 2. 詩評
733.08　　　　　　　　　　　　　　　　105014943

ISBN-978-986-404-795-6

9 789864 047956

臺灣歷史與文化研究輯刊
十　編　第十四冊　　　　　ISBN：978-986-404-795-6

戰後大陸來臺古典詩人張默君及其《瀛嶠元音》

作　　　者　陳盈達
總　編　輯　杜潔祥
副總編輯　楊嘉樂
編　　　輯　許郁翎、王筑　美術編輯　陳逸婷
出　　　版　花木蘭文化出版社
社　　　長　高小娟
聯絡地址　235 新北市中和區中安街七二號十三樓
　　　　　　電話：02-2923-1455／傳真：02-2923-1452
網　　　址　http://www.huamulan.tw 信箱 hml 810518@gmail.com
印　　　刷　普羅文化出版廣告事業
初　　　版　2016 年 9 月
全書字數　182500 字
定　　　價　十編 18 冊（精裝）台幣 36,000 元　　　　版權所有·請勿翻印

戰後大陸來臺古典詩人張默君及其《瀛嶠元音》

陳盈達　著

作者簡介

姓名：陳盈達

現職：台中市清水區大楊國民小學校長

學歷：東海大學中國文學系博士

經歷：台中市梧棲區大德國民小學校長

　　　東海大學中文系兼任講師

　　　靜宜大學中文系兼任講師

　　　靜宜大學教育研究所課程委員

　　　台中教育大學特殊教育學系課程委員

著作：

陳盈達《戰後大陸來臺古典詩人張默君及其《瀛嶠元音》》，東海大學中國文學系博士論文，2015 年 6 月。

陳盈達《周定山漢詩研究——文化遺民的悲鳴與哀愁》，靜宜大學中國文學系碩士論文，2003 年 6 月。

陳盈達〈戰後大陸來臺古典詩人的政治書寫——以張默君《瀛嶠元音》為觀察對象〉《台北文獻》第 190 期，2014 年 12 月，頁 87 ～ 136。

黃美娥 陳盈達〈百年吟聲 ‧ 風雅柢柱：瀛社百年活動簡史〉《台北文獻》第 166 期，2008 年 12 月，頁 25 ～ 92。

陳盈達〈戰後臺灣傳統詩社的變革與轉型 以瀛社為觀察對象〉《瀛社成立一百週年學術研討會》台灣大學台灣文學研究所，2008 年 11 月 2 日。

陳盈達〈萬感填胸不可攔——具有強烈現實關懷的詩人葉榮鐘〉《中台灣古典文學學術研討會》台中縣立文化中心，2001 年 12 月 2 日。

陳盈達〈莊垂勝詩歌精神淺探〉《水筆仔》第 12 期，2001 年 4 月，頁 1 ～ 9。

提　　要

　　民國三十八年（1949 A.D.），國民黨在國共內戰中失利，大量軍民自中國渡海來臺，其中不乏國民黨政府中的高級文武官員；在這群黨國大老之中，身為女性的張默君，是一重要的指標人物。本文論述戰後來臺的中國古典詩人張默君，如何在反共文學、愛國思想等政府的文藝政策下，一方面為了擁護政權而宣傳政府理念；一方面秉持個人真實情感，以撰寫對於遠在神州大陸而不能得見之親人的懷鄉思親之作。張默君為戰後來臺的中國古典詩人之代表；筆者以其《瀛嶠元音》作為主要考察對象，研究張默君來臺之後的心境思維與創作歷程，並配合張默君的早年與中期的詩作，與赴臺後的作品《瀛嶠元音》相互參證，以透顯張默君來臺前、後的不同詩歌風格與特色，而張默君作為國民黨的中、高階層官員，跟隨國民黨撤退至臺灣，從而足以作為戰後來臺的中國古典詩人之代表，其人物的經歷與行誼；其作品的藝術價值，盼能透過本論文，而能有一清楚的歷史定位。

　　張默君出生於清末，從小開明的家庭教育，與傳統的詩書文采，交相影響之下，使其滋長了民主、民族革命思想，敢於沖破女子讀書的障礙。尤其甲午戰爭之後，中國的民族危機日益加重，當時僅有少數先進的女性，能受到維新思想的影響，理解天下興亡、女子亦有責的愛國精神，張默君亦是深受此類理念所感染的代表人物之一。此外，張默君是政治教育家，同時也兼具了學者和詩人，她工於詩文、又善書法，也寫了不少關於政治時事、議論感言、傷時抒懷、歷史介紹等多方面的文章。但是，其精彩生命歷程的背後，家庭生活卻是充滿坎坷，在近代中國史，山河板蕩的年代，她歷經戰亂、飽經憂患，中年喪夫、晚年喪子；渡臺之後，羈懸孤島，更顯懷鄉之悲涼，最後抑鬱以終。如此優秀傑出的女性文士，今日學者針對其人其詩的相關研究，不論數量或篇幅，誠是甚少，常僅是學者研究清末女詩人、民國初期政治人物、戰後臺灣古典詩壇等課題時，偶爾提及的人物對象；或者大多局限在張默君個人生平事蹟的探究與書寫，對於張氏文學面向的研究討論甚少；又或者初步針對張默君詩作的主題和意象進行研究，但重心大抵放在張默君在中國大陸，亦即赴臺之前的詩歌作品，對於張默君渡海至臺灣之後的作品與生平，著力較少。面對如此少量的研究成果，不禁讓人扼腕、甚是可惜！

　　張默君一生不受封建思想羈絆，並在新思想的薰陶下，積極參與政治社會等時事議題，充分展現近現代新女性的風采，甚至也代表了民國成立前後，一批由大陸轉入臺灣的學人、政治家之心態，在她 82 年的人生歲月中，親歷了中國近現代歷史上的種種變革，和文學思潮的流變，其創作的心路歷程，實在值得吾人作仔細且全面性的考究。但誠如筆者所云，截至目前為止，尚未有人針對默君晚年渡臺之後的詩作，進行細部的剖析與研究，以瞭解這一位歷經戰亂的女性詩人，晚年來臺的心境與思維。職是，本文擬以張默君來臺後的詩集《瀛嶠元音》為最主要文本，分析這位具有進步思想的近代女性其晚年詩作的特質，並觀照其來臺後的文學活動，盼能利用此論文，還原其文學與歷史的價值。

致　謝

　　首先誠摯的感謝黃美娥教授及王建生教授，兩位老師悉心的教導，指點我為學的方向，使我獲益匪淺。兩位老師對學問的嚴謹與專業的態度，更是我學習的典範。本論文的完成亦得感謝論文口考委員，洪銘水教授、施懿琳教授、廖振富教授、李建崑教授；四位老師為我的論文架構提出修改的面向，讓論述的層次更為完整；此外也精細的提出撰寫不足之處，使得本論文能夠更為嚴謹。黃美娥教授和施懿琳教授是我碩士論文的指導老師，而洪銘水教授和廖振富教授也是我碩論的口考老師，幾位老師可以說指導我十多年，師恩深重，銘感在心。

　　從考入東海博班就讀，到完成論文撰寫，歷時十年；這段時間，感謝老長官黃永錄校長、紀孟標校長支持和栽培；大德國小歷任家長會長陳禔鑫會長、蔡慶福會長、陳宗文會長、陳文發會長、童梅蘭會長、薛金呈會長的鼓勵與打氣。更感謝大德國小的優質團隊，各處室主任、全體教職員工的在工作上的支持和協助，讓我得以在忙碌的行政工作之餘，撰寫論文，完成博士學位。

　　感謝可愛的女兒宣竹、宣彤，妳們的成長是攻讀學位過程甜蜜的回憶；感謝家人及岳父岳母的支持陪伴。最要感謝內人王欣宜教授，她在背後的默默支援是我前進的動力，沒有欣宜的體諒、包容，很難走完十年的研究歷程，這個學位的榮耀應與她共享。

　　最後，謹以此文獻給我摯愛的雙親。

陳盈達　謹誌於
東海大學中國文學系
中華民國 104 年 6 月

目

次

第一章　緒　論

第一節　寫作動機

　　臺灣文學發展至今，堪稱當前文學研究的顯學，而臺灣的古典文學研究作為臺灣文學發展的一個重要組成部份，近年來在相關學者的努力下，也取得了相當的研究成果。以專書的撰寫而言，臺灣古典文學研究者如龔顯宗、施懿琳、黃美娥、廖振富、許俊雅、翁聖峰、江寶釵、余美玲等人，都在此研究領域深耕多年，成果斐然。

　　在相關學位論文方面，根據姚蔓嬪的研究〔註1〕，截至 2013 年止，關於在臺灣古典文學研究層面的論文已頗有成果，其中聚焦於區域文學研究的有14 本學位論文，探討詩刊、詩選為主題的約有 8 本。其中以詩人作品為研究主題的主數量最豐，約有 26 本；略有林翠鳳《施梅樵及其漢詩研究》、黃鶴仁《李漁叔《花延年室詩》研究》、陳錦梅《十分山水十分詩——江兆申詩與

〔註1〕姚蔓嬪《戰後臺灣古典詩發展考述》（國立臺灣師範大學國文學系博士論文，102 年），頁 23。：「戰後古典詩論述多附於地方的古典文學研究之下，如陳愫汎《澎湖古典詩研究》、林媛玉《嘉義濱海地區傳統詩研究》、邱春美《六堆客家古典文學研究》、張淑玲《臺灣南投地區傳統詩研究》、蔡淑滿《戰後初期臺北的文學活動研究》、黃福鎮《戰後高雄地區傳統詩研究》、林太郎《口湖、四湖地區文學發展之研究》、陳秋如《土庫、元長地區文學發展之研究》、賴美燕《斗六地區文學發展之研究》、吳玉燕《斗南及大埤地區文學發展之研究》、吳淑娟《臺西、麥寮地區文學發展之研究》、郭麗琴《西螺地區文學發展研究》、林惠源《嘉義藝文發展的歷史觀察》、高雪卿《臺灣苗栗地區古典詩研究》等，從為數頗夥的情形可見近年學者對地方文獻的保存與探討著力甚深」。

畫研究》、陳嘉英《尋找空間的女聲——以臺灣女詩人張李德和、石中英、黃金川爲探究對象》、吳叔馨《陳盧谷及其文學研究》、蔡尙志《葉榮鐘及其《少奇吟草》研究》、尹子玉《葉榮鐘詩稿研究》、謝佳珣《賴惠川《悶紅墨 潘》箋釋與文學研究》、王惠鈴《賴惠川《悶紅墨屑》研究》、陳雅琪《「詩」話臺灣——賴子清及其古典文學活動與論述》、張滿花《張達修及其詩研究——以《醉草園詩集》爲例》、魏筱雯《許成章漢詩研究》、林益祥《勞思光及其詩研究》、吳亞澤《勞思光詩歌研究》、吳旭眞《《雪廬詩集·浮海集》研究》、顏育潔《石中英、呂伯雄其人其詩探究》、吳勝豐《江擎甫及其漢詩研究》、賴郁文《吳景箕及其詩研究》、許竹宜《吳景箕漢詩修辭與意象研究》、陳盈達《周定山漢詩研究——文化移民的悲鳴與哀愁》、林哲瑋《邱水謨漢詩研究》、黃佳芬《洪大川詩文研究》、王富欽《張立卿詩草研究》、李貞瑤《陳逢源之漢詩研究》、孫吉志《羅尙《戎庵詩存》研究》、黃憲作《駱香林：儒家型知識分子研究》等，可見其數量最多。然而由當前的學位論文研究成果而言，可以發現目前臺灣古典文學之研究有以下現象：

一、近年來雖然臺灣古典詩文相關論文有增加之勢，但是仍以明鄭、清領以及日治時期的詩人爲主，聚焦於戰後古典詩的研究非常少見。

二、若有研究戰後古典詩文者，大多句著眼於臺灣本土詩人，目前有關戰後來臺詩人的研究論文，數量更是稀少。

三、戰後臺灣古典詩文的研究，目前尙未有研究戰後來臺女性詩人的論文。

而關於女性古典詩人的研究，根據吳品賢的論文，從日治時期起已經有少數男性詩人注意到女性古典詩人群體，如王松（1866～1930）《台陽詩話》提到林次湘、陳玉程以及杜淑雅。連橫（1878～1936）《臺灣詩薈》則論及王香禪、李如月、李師韞、黃金川（1907～1990）與洪浣翠。許天奎《鐵峰詩話》則有留仙女史（即王香禪）。到了戰後初期，則有彭國棟《廣臺灣詩乘》說到林次湘與蔡碧吟，李漁叔在《中華詩苑》的「三台詩話」專欄、《三台詩傳》、《魚千里齋隨筆》則提到了蔡宮眠、杜淑雅、王香禪、張馥英以及高雪芬〔註2〕。

近代對於女性古典詩人的研究，也有不少學者開始意注到這一議題，至今亦已累積了不少研究戎果，如陳嘉英《尋找空間的女聲——以臺灣女詩人

〔註2〕吳品賢，《日治時期臺灣女性古典詩作研究》（臺北：臺灣師範大學國文系碩士論文，2001），頁6～9。

張李德和、石中英、黃金川爲探究對象》、吳品賢，《日治時期臺灣女性古典詩作研究》等。但是這些論文主要針對的是日治及跨越日治到戰後的臺灣在地的女性古典詩人。其實，戰後臺灣女性古典詩壇一方面有大陸來臺的女詩人加入，整體結構方面，已經與日治時期大爲不同，創作內容也別有風味，可惜的是目前尚未有完整論述的論文出現。

因此，爲塡補臺灣古典文學研究在戰後來臺女性古典詩人的空白，本文以張默君爲研究對象，藉由文獻的蒐集和耙梳，企圖呈顯這位「一代奇女子」〔註3〕的生命史與詩歌藝術。爲何選擇張默君？如果由近代詩人編選詩集而言，會發現張默君屢受青睞。如曾今可編《臺灣詩選》、賴子清編《臺灣詩海》都有選錄其詩作，李猷《近代詩選介》與高越天的〈臺灣詩壇感舊錄〉更給予極高的評價。還有林寄華，《重修臺灣省通志・文學篇》提到的古典詩人群中，只有她是唯一入選的女詩人，高越天的〈臺灣詩壇感舊錄〉、何揚烈編《瀛洲詩選》也都提到她，可見其詩作必有其過人之處。

民國三十八年（A.D.1949），國民黨在國共內戰中失利，大量軍民自中國大陸渡海來臺，其中不乏國民黨政府中的高級文武官員；在這群黨國大老之中，身爲女性的張默君，是一重要的指標人物。張默君出生於清末，從小開明的家庭教育，與傳統的詩書文采，交相影響之下，使其滋長了民主、民族革命思想，敢於沖破女子讀書的障礙。尤其甲午戰爭（1895）之後，中國的民族危機日益加重，當時僅有少數先進的女性，能受到維新思想的影響，理解天下興亡、女子亦有責的愛國精神，張默君亦是深受此類理念所感染的代表人物之一，所以默君早年即參加同盟會，投身革命；而後加入近代著名的文學革命團體——南社，更辦報、興學，鼓吹婦女運動，擔任黨政要職；集革命家、文學家、教育家、政治家、書法家、女權運動者於一身；她重視女權，積極從事教育改革事業，也積極宣導民主思想，並利用詩文的創作以喚醒國人，蔣碩英曾經喻之爲「開國耆勛一女傑」〔註4〕。此外，張默君的詩作不僅體現了南社詩

〔註3〕 參見《聯合報》1965 年 01 月 31 日，第 02 版。「民國五十三年，當張默君八十一歲壽辰時，總統蔣介石親頒壽額「開國耆勛」。民國五十四年 1 月，張默君因疾發不支，入空軍總醫院治療，於三十日子時病逝，享年八十二歲，總統蔣介石親臨致祭，前往致哀者達數千人 。當時，報紙以「一代奇女子」稱之，並刊載其一生傳略。」
〔註4〕 胡有瑞等人：〈張默君先生百年誕辰口述歷史座談會紀實〉，《近代中國》第 36 期，（1983 年 8 月），頁 74。

人的風格和時代女兒的氣息，其一生筆耕不輟，詩歌創作具有典型性，多以弘揚民主思想為主題，內容充實、題材廣泛，泰半以敘寫現實、反映戰亂，抒發愛國、憂國情懷為主題，較少女性陰柔的閨閣之氣。而書法作品則以行草為主，筆法蒼茫渾厚，一洗女子纖弱習氣，開一代新風。因此，她在當時即被譽為中國現代女權運動和民主革命的著名女界人物，自是當之無愧。

但是，張默君精彩生命歷程的背後，家庭生活卻是充滿坎坷，在近代中國史，山河板蕩的年代，她歷經戰亂、飽經憂患，中年喪夫、晚年喪子；渡臺之後，羈懸孤島，更顯懷鄉之悲涼，最後抑鬱以終。如此優秀傑出的女性文士、教育政治家，今日學者針對其人其詩的相關研究，數量卻誠是甚少，常僅是學者研究清末女詩人、民國初期政治人物、戰後臺灣古典詩壇等課題時，偶爾提及的人物對象，面對如此少量的研究成果，不禁讓人扼腕、甚是可惜！張默君一生不受封建思想羈絆，並在新思想的薰陶下，用手中之筆，積極參與政治社會等時事議題，充分展現近現代新女性的風采，甚至也代表了戰後一批由大陸轉入臺灣的學人、政治家之心態，她82年的人生歲月中，親歷了中國近現代歷史上的種種變革，和文學思潮的流變，其創作的心路歷程，實在值得吾人作仔細且全面性的考究。

第二節　文獻回顧

一、張默君生平著述與《瀛嶠元音》簡介

（一）生平著述

張默君是政治教育家，同時也兼具了學者和詩人，她工於詩文、又善書法，也寫了不少關於政治時事、議論感言、傷時抒懷、歷史介紹等多方面的文章。今日張默君存世的文章，將近 50 篇，皆收錄在《玉溪山房文存》；詩歌作品更多，將近 590 首，此亦是筆者撰述本論文的研究基底。

張默君的詩歌著作，計有《白華草堂詩》（民國二十三年刻本）、《玉尺樓詩》（民國二十三年刻本）、《紅樹白玉山館詞》（民國二十三年南江邵氏刻本）、《正氣呼天集》（民國三十年京華印書館鉛印本）4 本單行本。至 1983 年，在臺北輯校出版的《張默君先生文集》，收錄默君詩詞相對完整，包括《玉尺樓詩》中未收錄的《庚辛渝閣》和《庚壬臺閣》，以及《西陲吟痕》、《黃海頻伽哢》、《揚靈集》、《瀛嶠元音》和一些補遺的作品。

　　《白華草堂詩》、《玉尺樓詩》與詞集《紅樹白雲山館詞草》，大多是張默君53歲、亦即1936年前的作品，其中《玉尺樓詩》中的《庚辛渝閣》計有組詩3首，是1940至1941年的作品；《玉尺樓詩》中的《庚壬臺閣》將近20首詩作，則是張默君1949年赴臺之後，擔任典試委員時的作品。《黃海頻伽唄》計有詩作13首、《西陲吟痕》計有詩作15首，是邵元沖、張默君夫婦在西部地區遊歷時的作品；《正氣呼天集》計有詩作58首，大約是1937年至1949年之前的作品；《揚靈集》計有詩作53首，亦是1939年到1948年間，其漫走湘、黔、滇、蜀等地及返湘時所作。

　　民國二十三年（1934 A.D.），張默君將她歷年任職考試院、擔任國家考試委員入闈時所作諸詩，題爲《玉尺樓詩》。同年，亦將歷年所作之長短句，彙而集之，題之曰《紅樹白雲山館詞》。民國二十四年（1935 A.D.），邵元沖因爲對日外交的問題，與當時行政院長汪精衛意見相左，遂辭去宣傳委員會主任委員職務。是年春天，邵元沖偕張默君一同遊歷陝西、甘肅、寧夏、青海、綏遠、山西等省，並謁黃帝陵及周秦漢唐諸陵。張默君將西行遊歷所作，集爲《西陲吟痕》。是年秋天，二人復遊黃山，登清涼臺、文殊院等名刹，揆攬勝境，所作詩篇，集爲《黃海頻伽唄》。並於是年，將歷年詩作集爲《白華草堂詩》付梓，並將《玉尺樓詩》附錄於後。

　　民國三十年，張默君將歷年悼念夫婿邵元沖的詩作集結成冊，題爲《正氣呼天集》。民國三十七年，復將自民國二十八年至三十七年，十年間奔走湘、黔、滇、蜀各地詩作，集結成篇，取屈原「大江揚靈」之意，題之爲《揚靈集》。來臺之後，張默君又在民國四十九年（1960 A.D.）時，將歷年所作諸集，以及來臺之後所作《瀛嶠元音》等詩集，取荀子〈議兵〉：「凝士以禮，凝民以政，禮修而士服，政平而民安，士服民安，夫是之謂大凝」之意，合之爲《大凝堂集》付梓；前後凡七卷，三十萬言，萃爲一編，由中華叢書編審委員會出版。

　　這即是說，今日張默君存世的作品，可以在1960年臺北市中華叢書編審委員會爲張默君印行的《大凝堂集》、以及1983年由臺北的中國國民黨中央委員會出版之《張默君先生文集》兩部著作中得見，而本文援引張默君作品，則大抵以《大凝堂集》七卷爲本，再輔之以《張默君先生文集》作相互的參證與考察。

（二）《瀛嶠元音》簡介

張默君來臺後的詩作，除了《玉尺樓詩》中的《庚壬臺闈》是其在任職考試院、擔任國家考試委員入闈時彙集的詩作外，其餘皆收錄在《瀛嶠元音》中，以抒發家國之痛、描述喪亂情懷的寄託。換言之，考察《瀛嶠元音》的詩作寫作主題與內容題材，是今日研究默君渡臺後之大體情況的重要文獻資料，尤其「瀛嶠」有海中小島之意，此實寄寓了張氏對臺灣在現實地理上、國際社會，以及政治環境上的海中孤島意象。

依中國學者劉峰的研究統計，今日《瀛嶠元音》和《庚壬臺闈》二部詩集中，一共收錄了 169 首默君詩作〔註5〕，蓋劉峰是以臺北的中國國民黨中央委員會 1983 年版之《張默君先生文集》，作為其研究與統計之基礎底本；然而本文則以 1960 年臺北市中華叢書編審委員會為張默君印行的《大凝堂集》七卷，作為主要考察的文獻，由於使用版本的有異，遂造成不同的統計結果。

如：在張默君《大凝堂集》中的所收錄的《玉尺樓詩‧庚壬臺闈》之詩作，以詩之標題而論，共有 14 首，若將其中某些單一詩題裡、又以組詩形式呈現的作品合而計算，則有 25 首；而《瀛嶠元音》若以詩之標題而論，共有 165 首，若將其中單一詩題裡、又以組詩形式呈現的作品合而計算，則有 215 首。這即是說，統觀張默君赴臺後的詩作，合計 179 首；若將一些以組詩形式的詩作拆開來分別計算，則有 240 首。雖然因為使用版本的有異，造成不同的統計數字，但筆者此處並無意作孰是孰非的分判，僅提供一不同的研究成果，與其他的研究學者作一相互的參照。

張默君在民國四十九年（1960 A.D.）來臺之後，將歷年所作諸集，以及來臺之後所作《瀛嶠元音》等詩集，取荀子〈議兵〉：「凝士以禮，凝民以政，禮修而士服，政平而民安，士服民安，夫是之謂大凝」之意，合之為《大凝堂集》付梓；前後凡七卷，三十萬言，萃為一編，由中華叢書編審委員會出版。

其中默君的晚期作品《瀛嶠元音》，是作者在六十六歲之後、亦即 1949 年赴臺之後，因遭遇國家與人生的雙重劇變，而心繫國運蒼生的血淚交織著作。此時的默君，偏愛五言體，不少「懷鄉」與「哀悼」的主題，是作者晚期最具藝術價值之作，大抵思致深遠，意境開闊，但是總讓孤獨之感和忠愛之情相互交織，不僅思想極為複雜，詩風也在略帶蒼涼之感。

〔註5〕劉峰：《張默君詩歌研究》（湖南大學中國古代文學碩士論文，2009 年），頁38。

二、學界研究成果

　　張默君的生命經歷與近代中國歷史息息相關，其一生撰寫漢詩不輟，在詩作中呈顯出歷史的傷痕和個人生命的詠歎。但是，考察今日學術界對於張默君其人、其作品的相關研究與討論，卻沒有非常豐碩的研究成果。以撰寫專書的形式而論，除了一些在介紹當代的文學社團——南社；論述清末女傑的作品中，或有學者能夠在其專書中，偶爾涉及張默君的生平事蹟，捨此而外，能夠利用專書形式介紹張默君者，僅：《志同道合：邵元沖、張默君夫婦傳》一部〔註6〕，惟此部亦誠屬文學性質的紀傳式書籍，並非專門性的研究論著。又：中國學者劉峰的《張默君詩歌研究》〔註7〕，是目前學界能利用碩士論文以專論張默君其人、其詩者，劉氏針對張默君的生平事蹟、張默君的詩作主題，嘗試將其作品作系統性的分類與分期，是目前學界中，較為專門且完整的學術論著。

　　相較於專書形式，關於單篇的期刊論文方面，研究成果稍為豐碩一些，除了在論述過程中，偶有涉及張默君其人其詩的相關課題者，諸如：郭延禮主編的《中國文學精神》〔註8〕、楊力行的《中外古今女傑》〔註9〕、朱小平的《現代湖南女性文學史》〔註10〕等，關於利用專篇以專論張默君者，在臺灣相關論文研究方面，有張壽平〈藝文小品——張默君書〈自勵〉詩二首之一手卷〉〔註11〕、林秋敏〈張默君傳〉〔註12〕、吳智梅〈三湘女傑張默君〉〔註13〕、阮毅成〈張默君女士遺札〉〔註14〕、思聖〈彤管衡文第一人——張

〔註6〕張健：《志同道合：邵元沖、張默君夫婦傳》（臺北：近代中國出版社，1984年。）

〔註7〕劉峰：《張默君詩歌研究》，湖南大學中國語言文學學院碩士論文，2009年7月。

〔註8〕郭延禮：《中國文學精神（近代卷）》（濟南：山東教育出版社，2003年。），頁259～260。

〔註9〕楊力行：《中外古今女傑》（臺北：海岱書局，1951年出版）。

〔註10〕朱小平：《現代湖南女性文學史》（長沙：湖南師範大學出版社，2005年。），頁32。

〔註11〕張壽平：〈藝文小品：張默君書〈自勵〉詩二首之一手卷〉，《公務人員月刊》第113期（2005年11月），頁51～53。

〔註12〕林秋敏：〈張默君傳〉，《近代中國》第100期（1994年4月），頁222～227。

〔註13〕吳智梅：〈三湘女傑張默君〉，《中外雜誌》第35卷4期（1984年4月），頁19～21。

〔註14〕阮毅成：〈張默君女士遺札〉，《湖南文獻》第12卷1期（1984年1月），頁35～37。

默君〉〔註15〕、陳哲三等人〈中華民國七十二年屆滿百齡先烈先進事略〉〔註16〕、
蔣勵材〈張默君先生的革命精神〉〔註17〕、李志新〈革命先進張默君先生〉
〔註18〕、阮毅成〈張默君女士遺札──張默君女士百年誕辰紀念〉〔註19〕、
沙門本慧〈慈暉永沐偉業長昭──紀念先義母張默君先生〉〔註20〕、胡有瑞
等人〈張默君先生百年誕辰口述歷史座談會紀實〉〔註21〕、王梓良〈南社詩
人多奇才（2）──陳其美、徐自華姊妹、呂碧城、張默君、葉楚傖、于右
任〉〔註22〕、魏詩雙〈懷念張默君女士〉〔註23〕、周蜀雲〈追懷張默君先生〉
〔註24〕、彭醇士〈張默君先生家傳〉〔註25〕、姚谷良〈偉大的張默君先生〉
〔註26〕、劉紹唐編：〈民國人物小傳・張默君〉〔註27〕等單篇性質的論文。
　　在中國大陸方面，有馬振犢〈邵元沖與張默君〉〔註28〕、馮月華〈民初

〔註15〕思聖：〈彤管衡文第一人：張默君〉，《湖南文獻》第 12 卷 1 期（1984 年 1 月），
　　　　頁 38～39。
〔註16〕陳哲三等人：〈中華民國七十二年屆滿百齡先烈先進事略〉，《近代中國》第 38
　　　　期（1983 年 12 月），頁 165～173。
〔註17〕蔣勵材：〈張默君先生的革命精神〉，《近代中國》第 37 期（1983 年 10 月），
　　　　頁 198～201。
〔註18〕李志新：〈革命先進張默君先生〉，《湖南文獻》第 11 卷 4 期（1983 年 10 月），
　　　　頁 25～28。
〔註19〕阮毅成：〈張默君女士遺札──張默君女士百年誕辰紀念〉，《大成》第 118 期
　　　　（1983 年 9 月），頁 2～7。
〔註20〕沙門本慧：〈慈暉永沐偉業長昭──紀念先義母張默君先生〉，《近代中國》第
　　　　36 期（1983 年 8 月），頁 82～91。
〔註21〕胡有瑞等人：〈張默君先生百年誕辰口述歷史座談會紀實〉，《近代中國》第 36
　　　　期，（1983 年 8 月），頁 65～81。
〔註22〕王梓良：〈南社詩人多奇才（2）──陳其美、徐自華姊妹、呂碧城、張默君、
　　　　葉楚傖、于右任〉，《中外雜誌》第 31 卷 6 期（1982 年 6 月），頁 81～85。
〔註23〕魏詩雙：〈懷念張默君女士〉，《中外雜誌》第 20 卷 6 期（1976 年 12 月），頁
　　　　105。
〔註24〕周蜀雲：〈追懷張默君先生〉，《中外雜誌》第 16 卷 2 期（1974 年 8 月），頁
　　　　18～23。
〔註25〕彭醇士：〈張默君先生家傳〉，《湖南文獻》第 5 期（1971 年 8 月），頁 102～
　　　　103。
〔註26〕姚谷良：〈偉大的張默君先生〉，《中國一周》第 355 期（1957 年 2 月），頁 3
　　　　～4。
〔註27〕劉紹唐編：〈民國人物小傳・張默君〉，《傳記文學》，第 155 期（1975 年 4 月），
　　　　頁 99～100。
〔註28〕馬振犢：〈邵元沖與張默君〉，《民國檔案》1986 年第 1 期（1986 年 1 月），頁
　　　　119～120。

女傑郭堅忍和張默君〉〔註29〕、余力文〈民國女傑張默君〉〔註30〕、何藝兵
〈民國才女張默君〉〔註31〕、秦燕春〈情深而文明—張默君的鄉邦記憶與詩
骨清剛〉〔註32〕、董俊玨〈陳三立與近代女詩人張默君的文學因緣〉〔註33〕。
此外，針對張默君詩歌的研究，有上文所述及的劉峰《張默君詩歌研究》，及
其所撰之兩篇論文：〈晚清女性作品中的英雄氣力與慧心抒寫——以女傑張默
君詩詞爲個案〉〔註34〕、〈非常之人值此非常之境——南社女傑張默君詩歌創
作歷程談〉〔註35〕。

　　經由上文所述之相關研究論文，足見目前海峽兩岸關於張默君的研究成
果，篇幅數量誠非多數，且大多局限在張默君個人生平事蹟的探究與書寫，
對於張氏文學面向的研究討論甚少，僅有劉峰的碩士論文，其初步針對張默
君詩作的主題和意象進行專門研究，實有一定程度的學術成果，惟劉氏的研
究重心，大抵放在張默君在中國大陸、亦即赴臺之前的詩歌作品，對於張默
君渡海至臺灣之後的作品與生平，著力較少。

　　這即是說，截至目前爲止，尚未有人針對默君晚年渡臺之後的詩作，進
行細部的剖析與研究，以瞭解這一位歷經戰亂的女性詩人，晚年來臺的心境
與思維。因此，本文擬以張默君來臺後的詩集《瀛嶠元音》爲最主要文本，
分析這位具有進步思想的近代女性其晚年詩作的特質，並觀照其來臺後的文
學活動，盼能利用此論文，還原其文學與歷史的價值。

〔註29〕馮月華：〈民初女傑郭堅忍和張默君〉，《民國春秋》1999 年第 5 期（1999 年 5
　　　　月），頁 24～25。
〔註30〕余力文：〈民國女傑張默君〉，《世紀行》2002 年第 7 期（2002 年 7 月），頁 36
　　　　～38。
〔註31〕何藝兵：〈民國才女張默君〉，《文史春秋》2004 年第 12 期（2004 年 12 月），
　　　　頁 49～50。
〔註32〕秦燕春：〈情深而文明——張默君的鄉邦記憶與詩骨清剛〉，《書屋》2011 年第
　　　　4 期，頁 1～8。
〔註33〕董俊玨：〈陳三立與近代女詩人張默君的文學因緣〉，《長春工業大學學報（社
　　　　會科學版）》第 25 卷第 6 期（2013 年 11 月），頁 98～100。
〔註34〕劉峰：〈晚清女性作品中的英雄氣力與慧心抒寫——以女傑張默君詩詞爲個
　　　　案〉，《湖南科技大學學報（社會科學版）》第 13 卷第 4 期（2010 年 7 月），
　　　　頁 98～100。
〔註35〕劉峰：〈非常之人值此非常之境——南社女傑張默君詩歌創作歷程談〉，《中南
　　　　大學學報（社會科學版）》第 16 卷第 3 期（2010 年 6 月）頁 121～124。

第三節　思考進路與研究架構

誠如上文所述，筆者擬利用張默君來臺後的詩集《瀛嶠元音》為最主要文本，論述默君來臺之後的心境、思維與創作歷程。不過，為了方便關照張默君赴臺之前的寫作狀況，使張默君晚年赴臺之後的作品特色，能有更清楚的體現，故筆者嘗試利用比較法，亦即論述張默君赴臺之前的詩歌創作，用以對照其赴臺之後的作品。又張默君赴臺之後，其所身處的臺灣政治環境、學術圈、文藝圈與詩壇等，對於張默君的詩歌創作，是否產生一些影響，此也是筆者關注的研究課題之一，此是本文願意針對國民黨政府遷臺之後所施行的政策方針、當時詩壇的大體狀況，作一系統性的分析。換言之，本文的研究課題，涉及了張默君來臺之前的詩歌創作、赴臺之後的詩歌創作、國民黨政府的文藝政策，以及張默君當時的詩壇概況等四大議題，合而作為本文最主要的論述範圍，盼能利用這些研究主題，得以清楚展現張默君一生、尤其是晚年赴臺之後的詩歌寫作特色。

一、研究進路與問題意識

（一）本論文的研究進路，大抵有二

第一，是縱向的研究方式：即利用張默君所身處的時代環境為主線，配合詩人的人生階段以及本身的心境，擬配在當時政治，社會等時空的環境中，考察其如何在當時的時空背景之下，詩歌寫作的不同風貌，以透顯默君不同時期的詩作風格與特色。

第二，是橫向的研究方式：即針對張默君如何融合手邊的各項題材，創作出獨具個人風格與特色的詩篇，故筆者試將默君詩作的主題與內容，作系統性的分類。如此縱向與橫向的交互考察，則張默君的詩歌風格與特色，自能有一清楚而全面性的完整脈絡，也自能彰顯其在近代中國文學史上的地位與藝術價值。

（二）本論文撰著之問題意識有四

其一，戰後來臺古典詩人的社群分布、書寫概況為何？張默君在來臺古典詩人社群中有何研究價值？

其二，是以張默君（1884～1965）以其《瀛嶠元音》作為主要考察對象，研究張默君來臺之後的心境思維與創作歷程。

其三，耙梳張默君的早年與中期的詩作，與赴臺後的作品《瀛嶠元音》相互參證，以透顯張默君來臺前後有何不同詩歌風格與特色，從而呈現其作品的藝術價值及歷史定位。

其四，在《瀛嶠元音》中，臺灣傳統詩人與大陸來臺詩人有何互動？大陸來臺詩人參與臺灣詩壇後，本土傳統詩社有何因應與轉變？

二、論文章節安排

本文在第一章〈緒論〉，除了撰寫研究動機與問題意識、作概論性質的文獻回顧之外，也試圖介紹張默君的生平事蹟，以及目前張氏作品的收錄狀況等，並論述目前學界對於張默君其人其詩的研究成果。

第二章〈戰後來臺詩人與臺灣詩壇環境概述〉部分，本文旨在論述國民黨政府在遷臺之後，因特別重視軍事、經濟的安定、以及刻意提倡反共文學等政治氛圍下，使臺灣文藝主流傾向於愛國思想與反共主張等的宣傳。但並非所有的文學工作者，皆完全受制在此等環境背景之中，尤其是 1949 年甫來臺的外省籍作家，他們擁護國民黨政權之餘，也不忘利用真實生活的寫照，從而創作出對神州大陸的懷想與思念，以及居住在臺灣之後、對寶島人文風貌的好奇與感想等之優秀作品，此是戰後來臺文人在來臺之前、來臺之初，以及來臺之後的真實心境，更是吾人在研究戰後來臺文人時，頗為珍貴的文獻資料。

此外，本文也欲利用《臺灣詩選》的編選內容，管窺外省來臺詩人的分布情形，包括：戰後來臺詩人的來歷以及其主要職業、本省詩人與外省詩人之比例、戰後來臺詩人的各種不同心境以及其主要書寫內容，以及戰後來臺詩人如何書寫心目中的臺灣等課題。其中，在《臺灣詩選》中，也可以發現許多大陸來臺的女詩人，筆者也特將其單獨引舉出來，逐一作介紹。最後，探討張默君在臺灣詩壇的地位及研究價值。

第三章〈張默君的重要生平與詩觀〉，本文的研究範疇與研究進路，主要是利用時間線索，將張默君的文學生涯及風格特色，作一歷史進程的系統性分期。職是，筆者將張默君的一生，概分成三個階段，並分別剖析這位跨越舊時代的新女性，在三個人生階段的不同特質，包括：其一，是早年的投身革命事業。其二，是與丈夫邵元沖的傳奇戀情。其三，是晚年來臺後的抑鬱悲涼。其次，是論述張默君的詩學養成與創作，本文將張默君的工於詩詞，

以及其詩學的風格特色,歸功於默君的家學淵源、個人生平的歷練,以及默君的交友圈。最後,是綜論張默君的詩觀,諸如:特重詩教、追步楚騷等,並利用當時著名學者的評價,盼能以此體現張默君的文學地位與詩歌的藝術與歷史價值。

第四章〈張默君來臺前詩作表現〉,筆者區分張默君的不同時期的詩歌特色,以及一生的詩作主題,補足劉峰《張默君詩歌研究》上分類方式的不足。本章利用張默君渡臺前的詩歌研究,擬配在當時政治社會時空的環境中,考察其詩作風格的變遷,以透顯其詩作風格與特色;再針對張默君寫作的題材,對其詩作的主題與內容,作系統性的分類,呈顯張默君的詩歌風格與特色,建構全面性的完整脈絡,以彰顯其渡臺前詩歌創作的藝術價值。亦可為張默君晚年赴臺後的詩歌創作,提供一可以相互參照與對比的鮮明對照。

第五章〈《瀛嶠元音》的離散情懷與政治書寫〉,五、六〇年代的臺灣文學界,也出現了上述「離散」的氛圍,可以視為臺灣「離散」書寫的起點。而「大陸移民潮」所造成的離散書寫,即是本文欲深入探討的重要課題。蓋1949年前後的國共內戰,造成中國人民的大規模遷徙,在陸續遷徙的過程中,渡海來臺的民眾,其心緒或者不斷地擺盪在祖國和居留國兩種文化之間而難以調適,進而產生了對身分認同上的困惑與迷惘;或者身居異地,卻始終心繫祖國,甚至無法融入當地的文化與生活。本章意欲探討的是,張默君做為國民黨政權的黨政高層,其來臺之後有何離散情懷的書寫面向?而在離散情懷的醞蓄下,其詩歌寫作呈顯出何種政治書寫的特殊性。

關於第六章〈《瀛嶠元音》的性別跨越與陽剛書寫〉,此章在於深究《瀛嶠元音》中的陽剛意象之書寫。筆者嘗試以《瀛嶠元音》中的陽剛意象之書寫,透過分判此類詩作的內涵與詩人心緒,以更深入的體現張默君赴臺之後,其人物性格、個人情感,以及詩風特色等課題。蓋今日考察《瀛嶠元音》中的詩作主題,不論是懷鄉書寫、政治書寫,甚或詩壇交遊的書寫,其在淺詞用字之間,皆呈顯出個性鮮明的特質、豪邁沈鬱的特色,以及充滿陽剛意象的書寫。這是張默君來臺之後,在創作傳統詩的共同特色,尤其陽剛意象方面的書寫,其創作的內涵與過程等,實具有一定程度的特殊意義與價值。

第七章〈《瀛嶠元音》的遺民書寫與詩壇交遊〉,故國之痛、新亭對泣,是歷代遺民共同生命經驗,由這樣的經驗,往往轉化為轉化為藝文創作基調。張默君的遺民詩創作,由於地理環境的的遷徙流動,造就了詩人遺民書寫的

脈絡。在詩作生產過程中，漢詩「離散體驗」成為核心。因此，遺民與詩，顯然形成有一個時間與地理相互勾連的軌跡，因此形成張默君的詩，有三大基本主題：一是堅持與追憶反共鬥爭，二是抒發故國之思，復國之志，三是堅決擁護黨國的政治。這類主題的創作，散見於張默君的記遊寫景、時事書懷、題贈酬應的詩作中。本章企圖藉由張默君的遺民詩人、本土詩人勾勒其戰後詩壇參與與文學交遊的網絡。並藉由張默君與臺北瀛社詩人的互動，探討臺灣本土詩社在面對政權更迭下，其應世與轉變的軌跡。

第八章〈結論〉，彙整本論文各章研究成果，進行統整性的重點整理與研究成果展現。

第二章　戰後來臺詩人與臺灣詩壇環境概述

　　1949 年 12 月 7 日，國民黨南京政府在國共內戰中，失去大陸地區政治主權之後，正式宣佈遷往臺灣，以臺北爲臨時首都，行政主權包括臺、澎、金、馬地區，在國民黨的計畫性撤退之下，逐造成中國大陸的軍民，大量渡海、遷徙來臺的逃難風潮。隨之而來的官員軍民中，即有爲數不少的古典詩人，這一批隨著國民政府播遷來臺的古典詩人，主要以政府官員、官眷與軍人爲主。其中著名的政府官員，諸如：張默君、于右任、賈景德、張昭芹等人，而隨國民黨軍隊來臺的軍人，則有黃杰、何志浩、李漁叔、羅尚等人。

　　黃得時在〈臺灣文學史序說〉中，曾對「臺灣文學作者範疇」做了定義，其定義之第二條中說：「作者出身於臺灣之外，但在臺灣久居，他的文學活動也在臺灣實踐的情形。」〔註1〕而上述文人，在渡海來臺之前，即充分具備了古典詩歌的書寫能力，也經常性的發表相關的文學作品；來臺之後，是輩亦長期居住臺灣，並參與、進行古典詩的相關活動，這一批古典詩人雖出身於臺灣之外、其古典詩的知識學養，也多非在臺灣所獲得，但他們長年在臺久居，更有書寫、發表等活動，並在戰後五、六十年期間，參與了臺灣既有的民間詩社活動，讓臺灣既有的本土詩社成員的組成，與日治時期不同；或者另組詩社組織，諸如：「中華學術院詩學研究所」、「嶺南詩友聯誼會」、「春人

〔註1〕參見黃得時〈臺灣文學史序說〉，葉石濤編譯《臺灣文學集》(1)，(高雄：春暉，1996 年)，頁 4。或參見葉石濤編譯《臺灣文學集》(2)，(高雄：春暉，1999 年)，頁 2。

詩社」與「網溪詩社」等〔註2〕，從而造成戰後臺灣古典詩壇的新樣貌。職是，這一批1949年前後、自由中國移入臺灣的古典詩人，自然是吾人論述臺灣文學時，必須關注的一大區塊，更是探討臺灣戰後古典詩壇時，值得探究的重要對象。

　　因此本章擬就戰後來臺的古典詩人其族群的分布、來臺的方式，進行耙梳與概述，並進一步對其渡臺的書寫、臺灣景物的書寫進行描述，以便對大陸來臺的文人有概略性的瞭解。最後，試圖從這群來臺詩人中，找出張默君在臺灣詩壇的重要性與研究價值。

第一節　戰後來臺詩人概述

　　在1949年的大型遷徙之前，已有不少一般人民、或者奉政府派任的官員，陸續來臺，其中亦有許多學術界的文人雅士，這些來臺的學人或作家，依學者的研究與統計〔註3〕，大致可以被分成三種類型：其一，是30年代資深老作家。其二，是戰前生活在大陸的臺灣省籍作家。其三，是40年代末，隨著國民黨政權來臺的大陸作家〔註4〕。

　　這些來臺的人士之中，其中精擅於文藝創作者人數極多，能詩者亦不少，較著名者如：于右任（1879～1964）、賈景德（1880～1960）、陳含光（1879～1957）、李炳南（1891～1986）、彭醇士（1895～1976）、戴君仁（1901～1978）、曾今可（1901～1971）、李漁叔（1905～1972）、孫克寬（1905～1993）、何志浩（1905～2007）、成惕軒（1911～1989）、周棄子（1912～1984）、蕭繼宗（1915～1996）、吳萬谷（1914～1980）、羅尚（1924～2007）、葉嘉瑩（1924～）、張夢機（1941～2010）、等，但能詩不見得就工詩，善詩、甚至成家，近日學者孫吉志即特別標舉：陳含光、李漁叔、彭醇士、吳萬谷、周棄子、羅尚、

〔註2〕李知灝：《戰後臺灣古典詩書寫場域之變遷及其創作研究》（國立中正大學中國文學系博士論文，2009年），頁38。

〔註3〕陳康芬：《政治意識形態、文學歷史與文學敘事——臺灣五○年代反共文學研究》（國立東華大學中國語文學系博士論文，2006年），頁34。

〔註4〕第一類型作家或從20年代開始，或在3、40年代都在大陸從事文學活動，許多人在文壇上享有盛名。例如：許壽裳、李何林、臺靜農黎烈文、李霽野等；第二類型作家多出生於臺灣，都是在日治時期先後到大陸從事各項工作。例如：洪炎秋、張我軍、林海音、鍾理和等。劉登翰：《臺灣文學史》（福建：海峽文藝出版社，1993年），頁8～14。

張夢機等人，作爲 1949 年左右來臺古典詩人的主要詩家代表，並論述是輩的詩學觀，雖然大抵承襲前人，但仍可細分爲主要六點：一、強調風騷精神、時代感；二、要求性情之眞、寸心自得；三、多學多識，反對祧唐祖宋、拘泥門戶之見；四、要求詩人品格；五、強調古體詩的創作；六、重視剛健詩風〔註5〕。此是 1949 年以降，臺灣古典詩的發展，雖然因爲整個文藝環境的一些緣故，使古典詩壇有逐漸被邊緣化的趨勢，但也因諸多來臺詩人的加入，在戰後初期仍顯得朝氣蓬勃。

　　孫吉志〈1949 年來臺古典詩人對古典詩發展的憂慮與倡導〉的研究論述，1949 年前後來臺的詩人，其足以作爲日後詩壇或學界的典範，除了能有意識地倡導正確的詩觀，最主要因素，在於是輩泰半主張詩歌應獨立於政治功能之外，並與個人的道德情感合流〔註6〕。蓋「詩教」自古以來，本是許多中國古代詩人創作的目的之一，但統治者的執政風向，也往往牽繫著時代風尚，不論是對歷代詩壇的正向或反向發展，實有推波助瀾之效。

　　尤其 1949 年後，國民政府遷臺初期，各項體制與建設尙未完全復原，益之以中國共產黨政權的虎視眈眈，國民政府在對內如履薄冰、對外飽受威脅的時局下，其主要的施政方針，遂以力求穩固、安定爲主，故《臺灣全志》云：

> 「此階段政府政策主要以『安定』爲核心。」、「1980 年代中期以前，
> 臺灣的經濟發展是以政治考量爲核心，充份展現出政治資本主義的
> 運作方式，所有經濟政策的核心關懷是『安定』。……要穩定臺灣社
> 會的秩序，首先必須發展經濟。」〔註7〕

此足見當時的國民黨政府，在百廢待興的局勢下，將施政重心全然置於物質建設之上，此等忽略精神文明的政治考量，自有其不得已的時空背景，而時代的兵革荒亂，也往往影響了文學的教化功能，此本無可厚非，吾人自能有同情的理解。

　　另外，當 1949 年 12 月，國民黨政府正式遷往臺灣之後，來臺的政府面對中國共產黨的層層進逼、國內政權的不確定性，在多方面危殆的情勢下，

<hr />

〔註5〕孫吉志：〈1949 年來臺古典詩人對古典詩發展的憂慮與倡導〉，《高雄師大學報‧人文與藝術類》2011 年 12 月，頁 115。

〔註6〕孫吉志：〈1949 年來臺古典詩人對古典詩發展的憂慮與倡導〉，《高雄師大學報‧人文與藝術類》2011 年 12 月，頁 103～105。

〔註7〕張翰璧等：《臺灣全志（社會志－經濟與社會篇）》（臺北：國史館臺灣文獻館，2006 年 12 月），頁 40、頁 71。

急欲維持文學政治化的正當性，以鞏固政權與民心，故在政府積極、刻意的宣傳之下，以計劃性的文藝政策，輔助反共文學的生成，成為反制中共、激勵民心的重要工具。由是，「反共文學」儼然成為臺灣當時文壇創作內涵的主流之一。

　　當時統治臺灣的國民政府，雖被視為是「民主」陣營的一份子，但政府的實際作為，卻一直以壓制言論自由的開展為主。客觀而言，國民黨政府利用計劃性的文藝政策，以輔助反共文學的生成，是源自歷史的經驗法則，蓋中國共產黨在草創時期，即懂得善用文學或文藝的力量，其在 30 年代實已經計劃性的控制文壇，使得文藝知識份子，有意識地自願為黨服務；此外，在抗日的國共合作時期，共產黨利用民族統一戰線以抵禦外敵的方便性，指揮擁護其黨派的知識份子們，利用國民黨組織的力量，將共產思想成功的滲透到一般民眾的意識之中，從農村一路蔓延到城市，間接導致國民黨的軍政勢力，在大陸的逐漸崩盤。因為這樣的歷史教訓，使得國民黨的領導高層，意識到文藝政治化與鞏固政權之間的密切關係，以及文藝政治化的具體施為，必須借助知識份子的力量。因此在來臺之初，旋即以政治和軍事力量，控制臺灣的文藝圈〔註8〕，從 1949 年 5 月 20 日開始，國民政府實施戒嚴，以軟硬兼施的方式控制言論，同時也利用政治力量引導文藝書寫的樣貌，諸如：「文化清潔運動」、「中華文化復興運動」等多次政治性質的運動，就可明顯得見當時之政治力量，影響文藝創作的情況。

　　依此，在國民黨政府特別重視軍事、經濟的安定、以及刻意提倡反共文學等政治氛圍下，不論是戰鬥文藝、中華文化復興運動，其政治性遠大於文化的本質〔註9〕。戰後臺灣學界在文學、美術、音樂、戲劇等方面的文化政策，

〔註8〕例如：在 1954 年 7、8 月間，以民間文藝人士自行發起為包裝的「文化清潔運動」，就是在民主表象下控制言論與文藝書寫的偽裝。運動的開端始於 7 月 26 日，在《中央日報》的頭版，罕見的以匿名的方式刊登「文化界某人士」的呼籲：〈文化界某人士談文化清潔運動：籲請各界人士一致奮起撲滅赤色黃色黑色三害〉。8 月 7 日更刊出〈肅清文化三害：陳紀瀅昨發表談話呼籲各界全力支持〉一文，而翌日又有〈展開文化清潔運動足以轉移社會風氣：文協發言人王藍談話〉一文。到了 8 月 9 日，又刊出了〈自由中國各界推行文化清潔運動厲行撲滅三害宣言〉。諸篇文論，依次參見《中央日報》，1954 年 7 月 26 日，頭版。《中央日報》，1954 年 8 月 7 日，三版。《中央日報》，1954 年 8 月 8 日，三版。《中央日報》，1954 年 8 月 9 日，三版。

〔註9〕關於此類論述，可參見孟祥翰等：《臺灣全志（文化志—文化行政篇）》（臺北：國史館臺灣文獻館，2009 年 6 月），頁 64～67。

自然也被納入反共的脈絡中，而詩壇亦復如是，成為主張積極進取、卻忽略精神本質的戰鬥文學。這即是說，古典詩歌對於倡導當代政府政策、關心社會國家課題的「政教功能」雖屹立不墜，但主張抒寫個人情志、遙想士人道德理想的「文教功能」的發展則在相形之下自然受限了。

　　雖然臺灣當時的文學主流，是愛國思想與反共主張等的宣傳，但並非所有的文學工作者，皆完全受制在此等環境背景之中，本省籍的詩人文士也好、戰後來臺的學人也罷，仍多少能秉持個人的真實情感以抒寫情志，遂創作出許多優美動人的詩篇。尤其是 1949 年甫來臺的外省籍作家，他們在來臺之前對於臺灣的想像、來臺之後對神州大陸的懷想與思念，以及居住在臺灣之後、對寶島人文風貌的好奇與感想等，此類源於真實生活的寫照而創作出來的作品，是吾人在研究戰後來臺文人時，頗為珍貴的文獻資料。職是，筆者在接下來的數篇章節中，即試以曾今可編輯的《臺灣詩選》，作為考察戰後來臺文人的研究根據，盼能重現這些戰後來臺的文人，其來臺之前、來臺之初，以及來臺之後的真實心境。

第二節　由《臺灣詩選》管窺來臺文人分析

一、曾今可與《臺灣詩選》

　　曾今可（1901～1971）本名國珍，江西泰和人﹝註10﹞。曾今可是「南社」成員之一，常以君荷、金凱荷作為筆名。五四運動時為贛南學生聯合會負責人之一。民國十五年，蔣介石北伐時，加入國民黨，後任國民革命軍第三軍第八師二十四團黨代表、第五方面軍總政治部秘書。北伐結束後，至上海從事新文學創作，曾發表〈三等火車〉於魯迅主編之《語絲》週刊。民國十八年，加入南社。翌年，於上海開設「新時代書店」，創辦《文藝之友》週刊、《新時代》月刊。

　　中日戰爭八年間，曾氏擔任中央文化運動委員會委員，在各戰區及敵後致力文化宣傳工作，並曾任中央軍官學校政治教官、各戰區政治部上校科長、中央軍官學校少將主任。抗戰勝利後，由閩來臺，任上海申報駐台特派員兼

﹝註10﹞ 曾今可生平，參曾今可編：《臺灣詩選》，（臺北：龍文出版社，2006 年 6 月），頁 342。及劉紹唐：〈民國人物小傳：曾今可〉，《傳記文學》226 卷（1984 年 7 月），頁 139～140。

台省行政幹部訓練團講師。民國三十五年夏，專任正氣學社及正氣出版社總幹事，主編《臺灣詩報》、《正氣月刊》、《建國月刊》，但因在報上攻擊「臺北號」走私、批評陳儀等事而被拘捕，不久又旋即獲釋。民國三十七年，就任台省文獻委員會主任秘書，發行《臺灣詩壇月刊》，主編《臺灣詩選》，兼《鯤南詩苑》月刊社社長。民國五十二年端午，當選桂冠詩人，旋由國際桂冠詩人協會聘爲該會中國代表。民國六十年9月，病逝於臺北。

曾今可的文學作品，以《亂世吟草》爲代表，共分六卷〈五四集〉、〈東遊集〉、〈北伐集〉、〈滬杭集〉、〈抗戰集〉、〈蓬萊集〉；來臺後的詩作皆收錄於〈蓬萊集〉。瀛社詩人林佛國爲《亂世吟草》撰序，稱其詩曰：「初學杜少陵，後宗黃遵憲，隨遇隨時，直抒胸臆，喜白描，寫性靈。」〔註11〕。此外，胡迎建亦稱其詩：「宗尚黃遵憲，喜用新名詞，以白描寫性靈，直抒胸臆，筆力精悍。」〔註12〕。兩者的評價頗有共通之處。

今日學者普遍認爲，戰後本省文人與外省文人之間，從原本隔閡的狀況，進而相互交流、溝通，乃至重構詩壇的人際網絡，有相當大的程度是源於曾今可的努力〔註13〕。在《臺灣詩選》序文中，可以看出曾今可來臺後，與臺灣傳統文人接觸的情形：

> 三十四年冬，應邀來臺講學於台省行政幹部訓練團，學員來自全省各縣市，因知台省之制度、文物、風俗習慣。臺灣詩人故具有潛伏之力，非日偶然。因於假期遍遊全台各勝地，並訪各地之名詩人，藉聆教益、參加雅集、詩酒留連。〔註14〕

民國三十五年，臺灣各界爲慶祝總統蔣介石六十大壽，發起徵詩，得詩數千首；因公務機關無經費發行，故在三十七年，經由曾今可建議，由《建國月刊》出版。同年，曾氏建議臺灣省政府於端午詩人節，設宴招待臺灣各地名詩人，爲「臺灣光復後第一次盛會」〔註15〕。民國四十年，曾今可並與于右任、賈景德、黃純青等人，聯合發起「全國詩人大會」，共有男女詩人千餘人參加，開啓臺灣傳統詩壇50年代活動之熱潮。

〔註11〕曾今可：《亂世吟草》（臺北：臺灣詩壇，1948年10月），頁3。
〔註12〕胡迎建：《民國舊體詩史稿》，（南昌：江西人民出版社，2005年），頁176。
〔註13〕參見黃美娥：〈戰後初期的臺灣古典詩壇（1945～1949）〉，收入《「紀念二二八事件六十週年」學術研討會論文集》（中央研究院臺灣史研究所主辦，2007年2月），頁12。
〔註14〕曾今可編：《臺灣詩選》，頁12。
〔註15〕曾今可編：《臺灣詩選》，頁12。

此外，依戰後相關報紙所刊載，足見曾今可參與臺灣詩壇的情形。民國四十一年 5 月，「壬辰全國詩人大會」於臺北召開，傳統詩人約千餘人出席。會後由瀛社社員鄭品聰提議，由大會通過推請曾今可等人，草擬文稿向總統蔣介石及三軍將士致敬〔註 16〕。民國四十二年 6 月，臺灣詩壇邀集在臺北的詩人，于右任、賈景德、張默君等 50 餘人，召開「癸巳詩人節自由中國詩人大會籌備會」，會中公推于右任爲名譽會長，賈景德爲會長、曾今可爲祕書長〔註 17〕。同年 12 月，由林熊祥校訂曾今可編輯的《臺灣詩選》出版〔註 18〕。民國四十五年，由曾今可擔任社長的《鯤南詩苑》月刊創刊，當時報載如下：

> 南部唯一之定期詩刊《鯤南詩苑月刊》，已獲内政部核准發行，並定本年詩人節（六月十三日）創刊，由曾今可任社長，陳皆興任副社長，發行人爲沈達夫，内容分詩選、徵詩、聯吟、課題、詩餘、詩話、詩學講座、各地采風及藝文、通訊等〔註 19〕。

民國四十五年 3 月，「丙申全國詩人大會」，於嘉義中山堂揭幕。當時曾今可以秘書長的身份，與大會名譽會長于右任、會長賈景德，出席主持大會揭幕禮。全國詩人約有 800 餘人參加〔註 20〕。民國四十八年 4 月，鳳山鯤南詩苑主辦「己亥春季鯤南七縣市詩人聯吟大會」，由被譽爲「詩人縣長」的高雄縣陳皆興縣長擔任會長。《鯤南詩苑》社長曾今可邀同臺北詩友多位專程南下，並與大會名譽會長賈景德共同主持〔註 21〕。

除了積極參與詩壇活動與出版詩刊外，曾今可亦民國四十六年與于右任、賈景德、黃純青、梁寒操、陳紀瀅等人，創立「中國文藝界聯誼會」。當時報紙曾記載活動情形，如：民國四十七年 5 月，由中國文藝界聯誼會副會長陳紀瀅等發起，慶祝于右任八十大壽：

> 「臺灣詩壇」社長賈景德，「中華詩苑」社長梁寒操，「詩文之友」社長張昭芹，「鯤南詩苑」社長曾今可，「瀛社」社長魏清德，「心社」社長林熊祥，中國文藝界聯誼會副會長陳紀瀅等發起，於四日「五

〔註 16〕《聯合報》1952 年 5 月 29 日，第 2 版。
〔註 17〕《聯合報》1953 年 6 月 2 日，第 3 版。
〔註 18〕《聯合報》1953 年 12 月 4 日，第 5 版。
〔註 19〕《聯合報》1956 年 5 月 12 日，第 5 版。
〔註 20〕《聯合報》1956 年 6 月 13 日，第 3 版。
〔註 21〕《聯合報》1959 年 4 月 10 日，第 2 版。

四」文藝節在臺北市中正路悅賓樓公宴于右任院長，祝賀其八十大
慶。〔註22〕

同年九月，中國文藝界於靜心樂園舉行第十二次聯誼會，曾今可被聘爲《中
國文藝》季刊編輯委員〔註23〕。

二、由《臺灣詩選》管窺外省來臺詩人的分布

1953年，主編曾今可幾經徵搜編選，終於出版了《臺灣詩選》。此書共
收錄405家的詩作，上自監察、考試院長、省府委員，下至部隊軍人、公
所職員、商業人員。關於《臺灣詩選》的編輯緣起，依曾今可自述；民國
四十年，戰後臺灣首次「全國詩人大會」於臺北中山堂光復廳舉行。於大
會席上，曾今可有感於「吾人同遭離亂，感慨良多，各有篇章，流離難廣。
蒐羅佳篇，集爲鉅著，實有必要」〔註24〕。此外，曾氏也認爲「寒士所交
者亦多寒士」，其平生佳作並無力刊行使之流傳。因此決心編印《臺灣詩
選》，使「若干無力刊行其詩集者，亦有機使人欣賞其佳作，或佳聯佳句而
藉以流傳不朽」。〔註25〕

（一）《臺灣詩選》的文人社群分布

1. 黨政高層的詩人社群

關於黨政高層的詩人社群，又可細分作三類：其一，是具有前清功名者。
其二，是具有將官身份者。其三，是擔任黨政要職者。

（1）科舉功名：具有前清功名者

在《臺灣詩選》中，可以發現有許多大陸來臺的詩人，皆具有前清的功
名。如：被譽爲「詩壇三老」的賈景德、于右任、張昭芹三人，便具有進士
與舉人的身分；賈景德是光緒三十年進士，于右任與張昭芹都是前清舉人。
此外，當時來臺的外省傳統詩人中，具有進士功名者，尚有雲南籍的胡商彝；
具有舉人功名者，有李鴻文、鍾伯毅、陳含光等人；具有秀才功名者，有史
鳳儒、杜宴、趙阿南、管笠、周遺直、孫奐崙、陸文饒等人。

〔註22〕《聯合報》（1958年5月5日），第2版。
〔註23〕《聯合報》（1958年9月6日），第6版。
〔註24〕曾今可編：《臺灣詩選》，頁13。
〔註25〕曾今可編：《臺灣詩選》，頁14。

于右任擔任監察院長三十多年，賈景德也曾任考試院長等職，二人來臺後也長期擔任「全國詩人大會」的會長；賈景德去世後，張昭芹繼任會長，張氏並擔任《詩文之友社》社長及榮譽社長。三人推廣全國詩人節活動、主導臺灣詩壇的發展，以及進行傳統詩創作文藝的政策宣導，在詩壇間具有極大的影響力。

（2）將星灼灼：具有將官身份者

在《臺灣詩選》中，可以發現許多大陸來臺的詩人，在軍中擔任要職。如：曾經擔任江蘇省政府主席的丁治磐、廣東省政府主席的羅卓英、湖南省政府主席的黃杰。是輩不僅是國民政府中的要員，也都具有總司令及上將的軍階；這些高階將官，來臺後不但加入傳統詩的創作，部分也有詩集行世〔註26〕，丁治磐甚至擔任《詩文之友社》的榮譽顧問。此外，在詩集中的外省詩人，具有中將軍階者，有何志浩、胡競先、姚琮、趙家驤、賴愷元等人；其中何志浩在戰後，長期擔任《詩文之友社》之社長，而姚琮也擔任《詩文之友社》的榮譽顧問。

具有少將軍階者，如：王廷拔、葉邁、何緝生、張慕陶、張揚明、鈕先銘、吳垂昆、方定凡、陳孝強、曾今可、申丙等人。其中張揚明著有《萍梗吟草》，方定凡著有《韋園稿存》，申丙著有《雙穗樓吟草》等詩集。曾今可於戰後來臺，主編《臺灣詩報》、《正氣月刊》、《建國月刊》，民國三十七年，就任臺省文獻委員會主任秘書，發行《臺灣詩壇月刊》，主編《臺灣詩選》，兼《鯤南詩苑》月刊社社長。

（3）冠蓋雲集：擔任黨政要職者

在《臺灣詩選》中可以發現，當時許多外省來臺的國民黨政府高層，也在詩集之中。如：曾經擔任教育部總長、北大校長、國史館副總裁的劉哲；孔子七十二代孫、擔任孔聖奉祀官的孔德成；來臺後，擔任教育部長的程天放。以及被譽為「開國耆老一女傑」、曾任考試院委員、中央監察委員會常務委員、中央政治委員會委員、中央評議委員的張默君，都可以在詩集中看到傳統詩的創作。

此外，來臺的詩人中，不乏在國會殿堂擔任立法委員者，如彭醇士、王大任、王漢倬、梁寒操、王觀漁、邵鏡人、姜伯彰、劉錫五、陳穎昆、許紹棣等人。這些黨政高層，部分皆有詩集行世；如：張默君有《白華草堂詩》、

〔註26〕如：丁治磐著有《補閑齋詩稿》，黃杰著有《澹園隨興》等詩集。

《正氣呼天集》、《揚靈集》、《大凝堂詩》、《紅樹白雲山館詞》等；王漢倬著有《顛沛詩集》；王觀漁著有《燕南行卷》；劉錫五著有《浮海心聲編》；陳穎昆著有《觀行室詩稿》等。除了有詩集行世，部分詩人也在臺灣詩壇中擔任重要職務，如：梁寒操擔任《中華詩苑》的社長；王觀漁身兼《詩文之友社》與《中華詩苑》兩社的副社長。

2. 其他寓臺詩人及其活動表現

除了上述諸詩人以外，當時還有許多詩人，雖不是政府重要要員、或擁有顯赫背景，但仍在詩壇閃亮、佔有一席之地者，筆者概以「寓臺詩人」稱之。此類詩人，又可以細分作三類：其一，是任職於公務機關者。其二，是擔任軍職人員。其三，是任職於教育機構者。

（1）任職於公務機關者

在《臺灣詩選》中，有不少傳統詩人，來臺後任職於國民政府的中央部會，如：周覃，浙江奉化人，來臺後任職總統府，著有《檳陰疑詩錄》。吳履莽，江蘇寶應人，著有《澹園詩棄》、《雙虹樓詩抄》。李漁叔，湖南湘潭人，來臺後，任行政院簡任秘書，曾擔任《中華詩苑》的副社長兼主筆，著有《花延年室詩集》。鄧華卿，廣東英德縣人，來臺後擔任監察院秘書，著有《可園詩稿》。成惕軒，湖北人，曾擔任《詩文之友社》編輯委員，著有《康廬叢稿》、《康廬駢體文》、《藏山閣詩》。馬璧，湖南人，著有《默廬吟草》。宋希尚，浙江嵊縣人，來臺後，任臺灣水利局總工程師、交通部設計委員兼台大教授等職，著有《西北謳歌集》。錢逸塵，江蘇武進縣人，來臺後，任教育部特約編審，曾擔任《詩文之友社》總編輯及「春人詩社」首任社長。許葛，江西臨川人，來臺後於立法院工作，著有《從征吟》。

此外，來臺傳統詩人在臺灣省政府及各縣市政府任職者，如：李翼中，廣東梅縣人，來臺後任職臺灣省黨部主任委員、臺灣省政府委員兼社會處長，著有《帽簷詩抄》。何友棠，廣東中山縣人，來臺後，任臺灣省財政廳專員，著有《浪萍詩抄》。施景崧，福建長樂人，來臺後寄身公營機關，著有《飲緣移詞存》。此外，亦有任職法院者，如：秦漾生，安徽舒城人，來臺後任臺中地方法院檢官、台南高分院庭長，著有《耽吟樓初稿》。

（2）擔任軍職人員

在《臺灣詩選》中，有一些詩人是擔任軍職人員。如：葉桐封，湖北蘄春人，來臺後任陸軍總司令部第一參謀署參謀，著有《三餘齋詩鈔》。和榮先，

中央軍校步科畢業，雲南麗江人，著有《銘軒詩存》、《望雪樓詩稿》。吳寅，海軍總部副官、研究員等，著有《飄蓬集》。韋北海，江蘇高淳人，服務於空軍，著有《風浪集》。周蘭孫，浙江杭州人，服務於空軍，著有《天樵詩稿》、《清平詞》。譚元徵，湖南衡山人，著有《辰陽吟草》。疏影，名植，楷號笑梅，安徽桐城人，著有《笑梅吟草》。高犖，雲南蒙化人，著有《超凡廬詩稿》。劉子靜，湖南瀏陽人，著有《噓雲樓詩詞》。

（3）任職於教育機構者

在《臺灣詩選》中，有不少傳統詩人，來臺後任職相關教育機構，如：吳承燕，江西寧岡人，來臺後曾任教於國立藝專、臺灣師範學院，著有《吾愛廬主詩稿》。龔嘉英，江西靖安人，來臺後任國立中正大學旅台校友會理事長、臺灣省立商業職業學校教師，著有《旅台詩稿》。陳槃，字槃庵，號澗莊，來臺後擔任國立中央研究院歷史語言研究所研究員，著有《疏桐高館草》。丘春漢，福建上杭人，來臺後擔任國校校長，著有《春遊詩草》。施秉莊，福州名詩人施景琛之次女，來臺後任省立台中女中教席，著有《延暉樓詩稿》。

3. 其他行業的詩人

除了上述諸類詩人，在《臺灣詩選》中，也能發現從事其他行業的詩人。如：杜如明，廣東番禺人，著有《懷雪樓詞》、《夢滄詞話》。鄭烈，福州人，三十七年冬退休來臺，是執業律師，著有《嘯餘吟草》。桂華岳，福建晉江人，來臺後任臺北市衛生院長，著有《鶴樓吟草》。李客夢，福建晉江人，晚年來臺後任基隆新榮公司董事，開設新新商店、洽興雜糧行、大森木材行，著有《聽雨齋詩集稿》。施禹勤，江蘇崇明島人，在中國從事紗花、輪運等業，晚年來臺，著有《歇浦吟》、《西遊草》、《金陵小詠》、《南行稿》。王澤宏，廣東汕頭人，來臺後居北投，興建「映黎軒書屋」，操勘輿擇日之業，著有《映黎軒詩集》。黃啓濤，福建仙遊人，來臺後從事金融工作。

4. 外省來臺女性詩人

在《臺灣詩選》中，也可以發現許多大陸來臺的女詩人，筆者特將其單獨引舉出來作介紹。如：王佩芸，字巽宜，浙江人，是申炳的夫人。張慧中，字雅英，安徽桐城人，溫靜聰穎、力學不倦，常執教於鄉縣諸小學，適疏影後、賞月評花，與其兄白翎，亦不時酬唱。汪品春，安徽績溪人，北平大學畢業。歷任大學講師、高級助產學校校長、醫院院長、是婦產科名醫，尤擅手術，其秉性剛毅，為學為事皆不讓鬚眉，平生不用脂粉，所居極為整潔，

所爲詩亦清剛如其人。施秉莊，字浣秋，福州名詩人施景琛之次女，北平藝術專門學校畢業，歷任中國各地教席，來臺後任省立台中女中教席，著有《延暉樓詩稿》。馬靜儀，浙江餘姚人，是詩人陳海珊的夫人。

又：張默君，湖南湘鄉人，美國哥倫比亞大學教育學院畢業，歷任上海神州女學校長、江蘇省立第一女師校長、杭州市教育局長、立法委員、考試院委員、中央監察委員會常務委員、中央政治委員會委員、中央評議委員，著有《白華草堂詩》等多部著作。程蘅，字芝仙，安徽休寧人，適杭州紹幼棠，民國元年畢業浙江女師範，早年服務教育界，二十歲在武昌沈伯華姨丈家與易實甫（易係沈家婿）共命題爲詩，著有《繡餘吟》，其子祖恭，其女祖敏、佐新，其孫定康、定亮均在臺灣。 楊紹莊，北平市人，北平中國大學文學士，曾任教楊梅中學、板橋中學。葉嘉瑩，號迦陵，北平人，十三歲學爲詩，十七歲入輔仁大學國文系。廿一歲任職志成中學教員，廿四歲嫁夫趙氏；民國三十七年冬，隨夫來臺，任彰化女中、光華女中等教員。台大教授譚雪影，名眞，皖南旌德人，幼承庭訓，嫻習詩禮，首都女子法專法律系畢業，抗戰時，先後任皖南及湘北女子戰地服務團團長，並從事教育文化工作，曾任湘西女中校長、桂林小春秋主編，並參加榕湖詩社，抗戰勝利後由渝還都，任南京市婦女會理事、女職校校長，民國三十七年來臺，著有《雪影詩集》。關綠茵，廣東南海人，日本女子大學文科畢業，高雄大眾晚報社長林斌之妻，著有《秋水集》。

這些外省女詩人，來臺後也投身於臺灣傳統詩壇，並發揮十足的影響力。如：張默君曾擔任《詩文之友社》顧問，並被推選爲「桂冠詩人」之一；譚雪影曾擔任《詩文之友社》編輯委員。

（二）《臺灣詩選》文人社群比例分析

1.《臺灣詩選》中本省詩人與外省詩人之比例

曾今可在《臺灣詩選》中，共輯錄 405 位詩人；依筆者統計，405 位詩人之中，外省籍詩人有 273 位，臺灣籍的詩人有 128 位。根據比例計算，外省籍詩人約佔 67%，本省籍詩人約僅佔 33%，本省詩人未達詩集的三分之一。此足見《臺灣詩選》雖以「臺灣」爲詩集名稱，然而詩集中所收錄，卻以外省籍詩人爲主。此外，集中所收錄之本省詩人，除林獻堂、張李德和等中南部詩壇大老之外；似乎以北臺灣爲主，如：瀛社社團成員，以及魏清德、李

建興、李建和、林佛國、林熊祥、黃純青、鄭品聰、駱子珊等人，皆列名詩集之中。然而或許因為編選的視角，當時較為本土的民間文人，如《詩文之友社》的核心人物，洪寶昆、林荊南、王友芬等人，皆未被詩集收錄。這樣的編輯取向，是否引發日後本土詩人在編輯詩集時的反動，頗值得觀察。

民國五十五年，彰化詩人洪寶昆編輯《現代詩選》第一集，匯集臺灣傳統詩人的詩作；筆者發現《現代詩選》共收集 245 名詩人，其中本省籍詩人有 231 人，外省籍詩人僅收錄 14 人。依照比例計算，本省籍詩人約佔 94%，外省籍詩人僅佔 6%。僅將上述兩本詩集選輯之詩人比例，表列於下：

詩集名稱	編輯者	詩人總數	本省詩人比例	外省詩人比例
《臺灣詩選》	曾今可	405 位詩人	33%	67%
《現代詩選》第一集	洪寶昆	245 名詩人	94%	6%

由上表可見《現代詩選》雖以「現代」為詩集名稱，然而其詩集的輯錄，是以本土詩人為主，所輯錄的外省詩人，僅有于右任、賈景德、張昭芹、曾今可、何志浩、梁寒操、方定凡、李客夢、翁宇光、秦蒙生、閔修昭、郭濟生、傅紫眞、王澤宏，共計 14 人。除了「詩壇三老」于右任、賈景德、張昭芹三人之外，因為何志浩是《詩文之友社》的社長，梁寒操是《中華詩苑》的社長，曾今可是《鯤南詩苑》的社長，因此名列詩集中。此外，許多當時重要的外省籍詩人，如：民國五十三年經行政院推薦為「國際桂冠詩人」中國代表的外省籍詩人張默君、李鴻文、彭醇士三人〔註27〕，均未被選入詩集中。

由此或可推論，戰後臺灣古典詩壇，藉由詩集的出版，在本土詩人社群與外省詩人社群之間，存在著文化權力與文學認同的糾葛，以及「文學場域」間的焦慮與角力。

2.《臺灣詩選》中外省詩人之職業比例

曾今可在《臺灣詩選》中，共輯錄 273 位外省詩人，分析其背景，其中任職公務部門、擔任公務人員者有 107 人；任職軍方部門，擔任軍職者有 63

〔註27〕 參見《聯合報》，1964 年 6 月 2 日，第 2 版。民國五十二年，國際桂冠詩人協會，核定中華民國可推薦十名桂冠詩人，經行政院新聞局邀請全國詩人舉行大會，推選于右任、魏清德、林熊祥、梁寒操、曾今可、何志浩六人擔任，並經新聞局函告國際桂冠詩人協會。民國五十三年，再推薦張默君、李鴻文、彭醇士、吳夢周四人，經當選為「桂冠詩人」，以補足中國桂冠詩人之餘額。

人；任職各級學校，擔任教職者有 38 人；合計任職軍公教者共有 208 人。依照比例計算，外省詩人中，於各級機關任職公務者約有 39%；擔任軍職者約有 23%；擔任教職者約有 13%。合計 273 位外省詩人，約有 76% 爲軍公教人員。這種詩人社群的職業類型之集中傾向，呈顯出戰後外省來臺人士的特色。

對於 1949 年前後甫來臺的外省籍人士而言，因爲逃難的關係，多數都是隨著軍隊、機構隻身前來，並非整個家族一同遷移過來，因而切斷了與原鄉的血源、地緣關係，唯一的依靠，就是帶領他們來臺的政府。因此來臺後，這些人也多仰賴政府生活，繼續任職於軍公教機構中〔註28〕。前立委齊世英在接受訪問時也曾指出，1948 年秋，東北陷落時：「眞正能出來的都是與政府、黨有關的軍公教人員，尤其是國大、立、監委與黨的關係深，政府給予許多交通上的方便，所以出來最多」。〔註29〕

此外，根據《臺灣省統計年報》的統計，1946 年時，臺灣的外省公務員比例爲 22.3%，到了 1949 年便增爲 33.3%，1951 年更高達 39.1%，比該年外省人口所佔之比例 7.6%，顯然高出許多〔註30〕。這種情形一直到 90 年代，一些研究發現，外省人在職業上，仍集中於軍公教，而自行創業或受雇於私人機構者，遠較本省人爲少〔註31〕。

第三節　戰後來臺詩人渡臺書寫梗概

民國三十八年，國共內戰激烈，蔣中正於一月宣布下野，由李宗仁繼任總統。四月李宗仁與共產黨展開北平和談，期望劃江而治；不久談判破裂，共軍發動渡海戰役，南京、武漢、上海相繼淪陷。此時國民黨高層相繼撤退至臺灣；而後軍隊、物資、民眾相繼來臺。根據調查，在民國三十四年至三十九年間，自大陸避難來臺的外省居民，將近 120 萬人〔註32〕。

〔註28〕 胡台麗：〈芋仔與蕃薯——臺灣「榮民」的族群關係與認同〉，收於張茂桂等著：《族群關係與國家認同》（臺北：業強出版社，1993 年 2 月），頁 302～308。
〔註29〕 沈雲龍、林泉、林忠勝訪問，林忠勝記錄：《齊世英先生訪問記錄》（臺北：中央研究院近代史研究所，1993 年 5 月），頁 284。
〔註30〕 臺灣省政府主計處：《臺灣省統計年報》54 期，（1995 年），頁 152～155。
〔註31〕 林忠正：〈你不能說，外省人是經濟上的弱者〉，《商業週刊》（1991 年 4 月），頁 58～65。
〔註32〕 依 1956 年戶口普查，當年外省籍人口有 928729 人，加上外省籍的軍人 27 萬人，總數約 120 萬人。參李棟明：〈居臺外籍人口之組成與分布〉，《臺北文獻》1971 年第 11、12 期合刊，頁 62～86。

對於國共內戰的情景，李炳南曾寫下〈聞濟南失陷〉，表達對故鄉陷落的擔憂：

　　徒抱靈均恨，難求子貢才；遙瞻墳墓國，高築髑髏臺。

　　心欲凌風去，人方呵壁來；天閽無處叩，黯黯障塵埃。

　　增我離憂淚，天涯多問書；曾傳墮城郭，復敢卜田廬。

　　南北途猶梗，災祥語或虛；殷勤謝友好，持此報瓊琚。

　　何事棄家去，戚休慚未同；秋襟兩行淚，客路一衰翁。

　　骨肉狼煙外，興亡蝶夢中；江天多雁字，爲我日書空。〔註33〕

詩中呈顯對於濟南陷落、骨肉親友安危未卜的擔憂；同時對於國家戰亂連年，放眼遍地墳墓、滿地髑髏的景象，因刀兵之劫令生靈塗炭而感到痛心。而「增我離憂淚，天涯多問書」、「秋襟兩行淚，客路一衰翁」則道出李氏年屆六十歲，仍在戰亂中流離的辛酸血淚。此外李氏在〈徐蚌之圍〉一詩，更寫下當時的感憤：

　　自壞屏藩盡，南都計大非；只憑江塞險，欲障敵軍飛。

　　謀慮老成去，風沙殘騎歸；千村化烽火，有淚不勝揮。〔註34〕

詩中對於國民黨軍隊情勢判斷錯誤、想憑藉江濱之險，阻止敵人飛機，舉措失定，導致戰爭的失敗有所批評。而在徐蚌戰役之後，國民黨政府情勢危急，長江以南各地紛紛陷落，三十八年2月，李炳南奉命押運奉祀官府卷宗行李，隻身浮海來臺。在〈避亂舟發臺灣〉一詩中寫下當時心境：

　　鯨濤翻墨怒排空，回首神州一夢中；

　　國社輸棋餘錯子，親朋落葉散秋風。

　　孤帆衝霧人千里，遠島橫天綠萬叢；

　　隨處因緣應有契，不妨萍絮轉西東。〔註35〕

詩中描述渡海來臺所見的情景和心境，其以「鯨濤翻墨怒排空」描述臺灣海峽風浪的險惡；以「遠島橫天綠萬叢」描述對臺灣的第一印象。「國社輸棋」則是描述國共內戰中，國民黨兵敗南撤，國家社稷即將淪亡的感嘆，更因自身隨著戰亂而四處流亡，而有「隨處因緣應有契，不妨萍絮轉西東」的感慨。又：〈舟中吟〉詩作中，也是描寫渡臺時的感觸：

〔註33〕參《雪盧詩集》上冊《還京草》，收入《李炳南老居士全集》第十四冊，頁240。

〔註34〕參《雪盧詩集》上冊《還京草》，收入《李炳南老居士全集》第十四冊，頁240。

〔註35〕參《雪盧詩集》上冊《浮海集》，收入《李炳南老居士全集》第十四冊，頁277。

　　誕我六十載，避兵春復秋；命同危局碁，活向死中求。

　　幾度屋廬燬，更番苟且謀；稻粱每不足，尚爲琴書憂。

　　披霧上巴峽，排濤訪瀛洲；憐身若淳水，隨決東西流。〔註36〕

其以六十歲之高齡，因戰亂而渡海來臺，回首前塵，四處漂流，而有「憐身若淳水，隨決東西流」、「吾生胡爲者，片絮藩溷飄」之嘆；在戰爭中屢屢遭遇險惡，正是「命同危局碁，活向死中求」，足見詩人生命歷程的艱難。除了李炳南的渡臺經驗書寫，當時來臺的文人們的渡臺經驗，也多呈顯的詩歌之中，筆者以民國三十八年爲界，分別敘之。

一、合向蓬萊作散人：三十八年以前的來臺詩人

　　民國三十二年 11 月，開羅會議召開，會後於宣言中聲明日本戰敗，應將東北、臺灣、澎湖列島歸還中國。據此，蔣介石回國後，成立了「臺灣調查委員會」，由陳儀擔任主任，進行規劃戰後臺灣的施政方案。民國三十四年，「臺灣省行政長官公署」成立，由陳儀擔任戰後初期臺灣最高統治機關首長，兼臺灣省警備總司令。戰後初期的臺灣，經過日本 50 年的殖民統治，可說是處於日本文化圈之中；在此情況下，戰後初期派往臺灣從事文化或教育工作者，必需具備留學日本的教育背景〔註37〕。因此，當時具有留日背景的學者或文人，如：許壽棠、曾今可、陸志鴻等人，紛紛應邀渡海來臺。曾今可在〈隨軍抵臺灣〉一詩中，寫下當時渡海來臺的心情：

　　開羅議定復臺灣，得慶遺珠合浦還；

　　急務端宜除日毒，賢人始可濟時艱。

　　無邊美景良堪戀，有路青雲不肯攀；

　　我伴王師來海外，爲尋詩料合投閒。〔註38〕

詩中足見當時負責接收臺灣之外省官員的來臺心態；「急務端宜除日毒」是曾氏對臺灣的觀點，認爲被殖民的臺灣是被「奴化」與「毒化」，因此爲「去日本化」而來臺。此外，「無邊美景良堪戀」、「爲尋詩料合投閒」等句，也說明來臺的輕鬆心態。在〈日本無條件投降臺灣光復應邀來臺執教用丘逢甲

〔註36〕參《雪盧詩集》上冊《還京草》，收入《李炳南老居士全集》第十四冊，頁 244 ～245。

〔註37〕參見黃英哲《「去日本化」「再中國化」戰後臺灣文化重建 1945—1947》，（臺北：城邦出版社，2007 年 12 月），頁 84。

〔註38〕曾今可：《亂世吟草》，頁 47。

走生答陳頤山韻書感〉一詩中，曾氏也說明了對建設臺灣，以及島外遊歷的心情：

> 劫後重逢淚滿巾，廿年戎馬老風塵；
> 凱旋愧我無勛績，合向蓬萊作散人。
> 遺民華髮岸綸巾，無恙湖山未染塵；
> 霸業應隨烽火盡，勵精圖治待賢人。〔註39〕

依「合向蓬萊作散人」一句，足見其渡海來臺的「閒散」心情。此外，曾今可抵達臺灣當日，也寫下〈抵台之夕友人招飲仍用前韻〉，詩云：「浪遊自笑誤儒巾，又累良朋為洗塵；多謝王師收失地，無邊風物屬詩人。」〔註40〕，詩中看出來臺尋幽訪勝的心態。又：民國三十四年奉調來臺、擔任省訓練團工作的邱漢春，初抵澎湖時，亦寫下渡臺的心情：

> 踏上吾台舊版圖，一憂一喜一歡呼；
> 河山劫後瘡痕在，村里兵餘荊棘麤。
> 泛海浮槎來島國，乘風破浪過澎湖；
> 思量往事應珍惜，百戰功成始沼吳。〔註41〕

在邱漢春的想像中，臺灣「島國」經過大戰之後，必定遍地「瘡痕」、布滿「荊棘」，亟待建設。經由以上渡臺經驗的詩句，足見戰後初期，渡海來臺的外省籍文人，是以「建設臺灣」的心態來臺，甚至是抱持著海外遊歷、尋幽訪勝的心情；如此心情，隨著國共內戰的加劇而逐漸消失；取而代之者，是對國家前途的擔憂。

　　民國三十六年臺灣省政府設立，曾留學日本、來臺後任臺灣省交通處專員的卓宷謀，於〈丁亥渡臺作〉一詩中，描述當時渡海來臺的心情：

> 極目寒空月色新，可堪湖海遠行人；
> 遙聞冀北風飄雪，詎意天南草似茵。
> 瀛島林泉堪隱逸，中原戰火嘆揚塵；
> 此來權作桃源谷，長老布衣好避秦。〔註42〕

〔註39〕曾今可：《亂世吟草》，頁12。
〔註40〕曾今可：《亂世吟草》，頁12。
〔註41〕丘春漢　號正權，福建上杭人，畢業廣東嘉應大學。歷任縣市政府主秘、中學校長等職。來臺後任省訓練團，縣訓練所教育長，後擔任國校校長。參見丘春漢：〈卅四年十月奉調來臺初抵台澎賦感〉，曾今可選編，《臺灣詩選》，頁39。
〔註42〕卓宷謀　字補林，福州人。曾留學日本。來臺後任臺灣省交通處專員。參見曾今可選編：《臺灣詩選》，頁110。

詩中描述對中原戰亂的擔憂，而在此國共內戰方殷、生靈塗炭之際，臺灣成
為渡海詩人躲避戰火的「桃源」；「瀛島林泉堪隱逸」，正說明臺灣乃躲避亂世
的好去處。這樣的詩句呈顯出渡海文人在苦於長年戰亂之下，對臺灣的「樂
園」想像；如此想像，也出現在廣東詩人杜宴的詩句中〔註43〕。

杜宴生於清光緒七年，擁有秀才功名，民國三十七年來臺，已六十八歲
高齡；來臺後居苗栗，擔任建台中學英文教師。他在〈戊子渡臺感賦〉一詩
中，寫下當時渡海來臺的心情：

> 又作人間夢一場，驚心世變幾滄桑；
>
> 已看荊棘無全土，不信桃源在此鄉。
>
> 求福自多寧失馬，補牢應莫悔亡羊；
>
> 緣何海晏河清日，猶是滔滔勢若狂。〔註44〕

詩中展現詩人對於戰亂「世變」的驚心，眼見大陸「荊棘遍地」，很難期待再
有「海晏河清」之日，只得來臺尋求避難的「桃源」之地。詩中雖有「不信
桃源在此鄉」之句，但卻對大陸情勢抱持著相當悲觀的看法，而期待在臺灣
能「自求多福」。此般猶似「避秦」的心境，成為大陸文人東渡臺灣的另一種
想像。

二、東來慚恨劇崢嶸：三十八年以後的來臺詩人

民國三十八年後，因為國共內戰，大量人士遷移至臺灣，其實當時大部
分的中國人，並不願意逃亡離家，畢竟他們經歷了八年抗戰，受盡戰爭的迫
害，備嘗顛沛流離的辛酸，好不容易戰事方歇，得以回到生長的地方，無不
渴望就此在故鄉安享太平歲月，因此不願意輕易地再度離鄉背井〔註45〕。

國共內戰在中日抗戰結束後隨即展開，戰況逐漸對國民黨不利，到了1948
年上半年，國民黨僅能守住一些重要城市，如：東北的長春、瀋陽、錦州，
以及華北的太原、大同、榆次、濟南、青島、煙台、天津、臨沂等城市。而
該年年底，東北全為共黨佔領。1949 年，戰局對國民黨更為不利，華北地區

〔註43〕 杜宴，號鹿生，廣東番禺人。生於清光緒七年，二十歲應童子試，獲受知於
朱疆邨先生，補弟子員。後遊學香港，專攻英文，歷任交通部秘書、輔仁大
學、鐵路學院等英文教授，民國三十七年來臺，居苗栗，擔任建台中學英文
教師。參見曾今可選編：《臺灣詩選》，頁 95。

〔註44〕 曾今可選編：《臺灣詩選》，頁 95。

〔註45〕 余幸娟：《離開大陸的那一天》（臺北：久大文化，1987 年 9 月），頁 106。

先後爲共黨所佔據，4 月共軍渡長江，又陸續佔領南京、上海，10 月攻下廣州，11 月底取重慶，該年年底，除了西藏外，中國皆爲共黨佔領。〔註46〕

隨著內戰情勢升高，在 1948 年下半年，已逐漸出現了逃亡人潮。待至 1949 年，國民黨政府正式撤退臺灣，當時逃難的民眾，以及準備撤離的機關、軍隊，主要是經上海和廣州二地來到臺灣。蓋上海近首都南京，又是重要的對外口岸，當共軍突破江陰要塞，脅及首都時，上海自然成爲輸送逃難者出海的重要口岸。而廣州可以說是國民政府在大陸的最後一個據點。當首都南京情勢危急時，許多政府機關都南遷至廣州，等待進一步撤退的命令，到了最後，以臺灣爲圖謀長久計畫之處，因此這些機關便從廣州撤退來臺。劉安祺將軍當時奉命保衛廣州，在他的回憶錄中提到：「這時在廣州的機關很多，像立、監兩院、國民大會等。…。我們咬著牙，掩護這些機關撤完之後就奉命撤退。」〔註47〕，當時許多東渡來臺的黨國大老，也用詩句寫下撤退當時心情；主掌監察院 30 多年的黨國大老于右任〔註48〕，在〈渝台機中〉一詩中，寫下渡臺時的景況：

　　　　粵北萬山蒼，重經新戰場；白雲飛片片，野水接茫茫。

　　　　天意抑人意，他鄉似故鄉；高空莫回首，雷雨襲衡陽。〔註49〕

自共軍發動渡江戰役後，長江以南之地，皆陷入戰火之中，在飛機上凌空眺望湖廣等地，白雲遮日、野水茫茫，烽煙滿天，不堪回首，詩句中呈現詩人對國事的擔憂。

相較於黨國大老的深刻的「國仇家恨」，當時許多撤退來臺的外省文人，實是抱著「避難」的心態赴臺，因此在詩句中，大多呈顯出重獲「更生」的喜悅，如：宗孝忱〔註50〕在〈自舟山至臺灣〉一詩中寫到：

　　　　鼓輪頓覺一身輕，百丈樓船自在行；

　　　　絕似鳥鳴出幽谷，還如龍蟄入滄瀛。

〔註46〕「國民革命建軍史」編輯委員會：《國民革命建軍史》第三部（二）（臺北：國防部史政編譯局，1993 年 1 月），頁 1107～1110，頁 1244～1254。

〔註47〕張玉法、陳存恭訪問，黃銘明記錄：《劉安祺先生訪問記錄》（臺北：中央研究院近代史研究所， 1991 年），頁 139。

〔註48〕于右任，陝西三原人，曾任監察院長，是詩人節的發起人，著有《右任詩存》。參見曾今可選編：《臺灣詩選》，頁 4。

〔註49〕曾今可選編：《臺灣詩選》，頁 4。

〔註50〕宗孝忱，字敬之，江蘇如皋人，曾留學日本，來臺後任行政院參議、師範學院教授等職，著有《浮海集》。參見曾今可選編：《臺灣詩選》，頁 111。

　　排空氣笛雞籠近，映月華燈鯤島呈；

　　畢竟東坡不易死，南來又幸慶更生。〔註51〕

迥異於大部分逃難者的慌張、不安，或者對茫茫前途的恐懼；宗孝忱反而呈顯來臺的喜悅，「一身輕」、「自在行」是其渡海來臺、慶獲「更生」的感受。此外，來臺後任職省政府民政廳的馮可培〔註52〕，渡海來臺的首日，目睹臺灣的景色後，更譽為避難的桃源，其〈基隆登岸坐汽車至臺北〉云：

　　水綠群山秀，眼簾入畫圖；道平車馭速，林密鳥呼名。

　　不啻桃源好，休言蓬島無；通衢臨頃刻，舉袖拂吟鬢。〔註53〕

山水如畫、道路平整、綠林成蔭，「不啻桃源好，休言蓬島無」一句，正是詩人對臺灣的美好第一印象，因此踏入蓬萊之島，彷彿進入了想像中的桃花源地。

三、鯉魚門外難民居：經由香港逃難來臺的詩人

　　1948年，國共內戰的戰事，由黃河流域蔓延至長江流域，許多戰敗及受傷的國軍和眷屬，南逃到廣州，但最後皆失守。不少國軍官兵以及欲躲避赤化的大陸人士、原國民政府官員和商人，大量湧入香港。1950年4月18日，香港政府行政局舉行會議，決議將原本居住於摩星嶺的難民營，搬遷到大嶼山的梅窩。然而，在1950年6月18日端午節，發生「秧歌舞事件」。當時一群約80餘人的毛派、共產檔的學生，前往摩星嶺難民區，大跳中共慶祝活動時常用的秧歌舞，向老兵們挑釁，最後更演變成流血衝突，結果香港的英國政府在同年6月26日，利用渡輪把這些國民政府難民遷往調景嶺。

　　調景嶺最初的難民約有7000人，當時的香港政府，希望臺灣可以接收整批難民，但臺灣基於種種考慮，一直未有安排。調景嶺難民就在一片荒蕪的環境中，困苦的生活，當時臺灣的民間組織「中國大陸災胞救濟總會」（後改名為「中華救助總會」）即為調景嶺提供了生活上各方面的安排，儼如當地政府，而當地居民也視救濟總會為臺灣政府的代表，此遂成為調景嶺在往後的幾十年裡，具有強烈的政治意識形態之原因，而調景嶺也因此又有「小臺灣」之稱。當時許多身處難民營的外省文人，用詩寫下當時的景況。如：

〔註51〕曾今可選編：《臺灣詩選》，頁111。

〔註52〕馮可培，浙江省杭縣人，來臺後任職省政府民政廳。參見曾今可選編：《臺灣詩選》，頁245。

〔註53〕曾今可選編：《臺灣詩選》，頁245。

吳國俊〔註54〕在民國三十八年後，由成都喬裝到香港，在逃難的過程中，曾
寫下〈逃抵港九投身難民〉一詩：

> 九龍為我託孤蹤，甫定驚魂斂笑容；
>
> 漫擬有心堪報國，那知無路可殲兇。
>
> 巍巍景嶺頻彈鋏，寂寂桃源好練鋒；
>
> 志士枕戈期待詔，敢教胡馬出居庸。〔註55〕

雖然詩中豪氣萬丈，彈鋏以待時、枕戈以待旦；然而也凸顯出逃難後的驚魂
甫定。難民營位置十分偏僻，自成一角，山上沒水、沒電，生活條件極差，
對外的交通工具，只能依賴由鯉魚門往返筲箕灣的小木船。吳國俊曾寫下〈難
民營即事〉描述當時情景：

> 鯉魚門外難民居，傍海依山遍紙盧；
>
> 百戰忘勞原不忝，兩餐難飽又何如。
>
> 靜觀漁火愁遍結，悶臥沙灘意轉舒；
>
> 指點蓬瀛應未遠，暫時棲息莫躊躇。〔註56〕

當初香港政府在調景嶺安置難民，曾興建超過 1000 座以油紙塔建立而成的簡
陋「A 字形」屋棚，每個紙棚可住 4 人；因此吳氏所謂「傍海依山遍紙盧」，
應當是指當時居住的簡陋紙棚。據估計民國四十九年 12 月，調景嶺的人口已
逾萬人。當時居民以難民自居，因此由香港社會局派發糧食，後期由港九熱
心人士組成「港九救委會」展開救濟工作，並在營內設立難民服務處提供協
助；「兩餐難飽又何如」蓋指難民依「飯票」領餐的艱困窘況。雖然在難民營
中生活辛苦，然而「指點蓬瀛應未遠，暫時棲息莫躊躇」，心中仍然企盼能早
日渡海來臺。

　　吳國俊等人在香港調嶺的難民營中，異地飄零，益增國破家亡之感，因
此與數十同好，同組「嶺梅詩社」，而浙江姚江人陳海珊〔註57〕，便曾擔任該
社的社長。其在〈調景嶺偶成〉云：

〔註54〕吳國俊，字楚白，別號磨劍書生，湖北應山人，服務於政府機關，國民政府
　　　　播遷後，由成都喬裝到香港，異地飄零，益增國破家亡之感，遂邀數十同好，
　　　　同組「嶺梅詩社」，藉申孤憤。參見曾今可選編：《臺灣詩選》，頁 58。

〔註55〕曾今可選編：《臺灣詩選》，頁 58。

〔註56〕曾今可選編：《臺灣詩選》，頁 58。

〔註57〕陳海珊，別署落拓公子，浙江姚江人，曾任香港嶺梅詩社社長。參見曾今可
　　　　選編：《臺灣詩選》，頁 199。

　　　　一角桃源許避秦，自成村落自成鄰；

　　　　地無南北還同懍，國在艱難不計身。

　　　　塞外老鄉逾故戚，客中難友似家人；

　　　　相期共致中興業，好教中華正義伸。〔註58〕

詩中偏僻的調景嶺，成為躲避戰亂的桃花源；而在難民營中，也自成村落，難友之間彷彿家人。又：湖北漢川人葉恆敬〔註59〕，在〈香港調景嶺難民營週年紀念〉中，也有「任我飢腸逐歲月，幾人瑟足覺更殘」、「夢舊故里驚魂斷，身到異鄉做容難」等句〔註60〕，正是詩人當年逃難的真實心情寫照。

　　這群文人的渡臺書寫呈顯出「流亡」、「逃難」的心境，在空間的移動中驚慌、躊躇、表現出對未來環境的陌生與不安，構成臺灣漢詩寫作中新的篇章。

　　由上所述，戰後來的的大陸文人，東渡來臺之後，在傳統詩的創作上呈現豐富多彩的面向，不論是詩歌藝術層面或題材多元的開創，都是臺灣古典文學研究不可漠視的一環。然而在這群詩人中，張默君的詩歌創作在戰後臺灣詩壇具有何等地位和研究價值，以下試概述之。

第四節　小結：張默君在戰後詩壇的地位與研究價值

　　在戰後數量頗多的渡臺詩人社群中，張默君實佔有一定的地位，由各家詩選的採編而言，張默君的詩作備受肯定，如曾今可編《臺灣詩選》、賴子清編《臺灣詩海》都有選錄其詩作，而李猷《近代詩選介》與高越天的〈臺灣詩壇感舊錄〉都給予極高的評價。

　　根據顧敏耀的研究，在李猷的《近代詩介》、《紅竹樓詩話》以及《龍磵詩話》中，屬於臺灣戰後古典詩人的篇章有 34 篇，其中女詩人只有張默君一人〔註61〕。此外，顧敏耀在 2003 年訪問張夢機的時候，曾請張夢機若選出十位臺灣戰後詩作寫得最好的詩人，夢機以「陳含光、于右任、賈景德、彭醇

〔註58〕曾今可選編：《臺灣詩選》，頁 199。

〔註59〕葉恆敬，湖北漢川人，幼習詩文，負笈千里，問難於最高學府，愛文學特甚，大陸陷後，由香港來臺。參見曾今可選編：《臺灣詩選》，頁 265。

〔註60〕曾今可選編：《臺灣詩選》，頁 266。

〔註61〕詳參顧敏耀：《臺灣古典文學系譜的多元考掘與脈絡重構》（桃園：中央大學中文所博士論文，2010 年），頁 217。

士、李漁叔、周棄子、駱香林、張達修、魏清德、張默君等人應之」，其中唯一的一位女詩人正是張默君〔註62〕。

　　高越天的〈臺灣詩壇感舊錄〉述述臺灣戰後古典詩壇的期刊論文，提及的臺灣戰後古典詩人多達 101 人，而女性詩人惟有張默君與林寄華〔註63〕。陳慶煌在〈傳統文學式微了？〉一文亦提舉于右任、賈景德、陳含光、張默君、溥心畬、伍叔儻、狄君武、李漁叔、戴君仁、易君左、劉太希、成惕軒等十二人，並曰其「皆足以傳世」〔註64〕，其中唯一的一位女詩人也是張默君。

　　除了上述詩選編輯的青睞及當代詩人的肯定，張默君的詩作同樣備受同光派詩人的讚賞。如同光派詩人陳三立為張默君《玉尺樓詩》題詞時，高度的讚揚張默君，其認為默君「所為詩，天才超逸格渾而韵遠，為閨媛之卓犖不群、效古能自樹立者。〔註65〕」，並稱默君之詩作，實是「以濡朱大筆，淋漓寫之，異數美談，夸越前古，固不徒試院唱酬之盛，可傲視歐梅諸公矣。」可見其對張默君詩文的評價之高。此外，同光派詩人之代表的石遺老人陳衍，也曾讚譽張默君之詩作，實為「華實並茂」；陳衍認為，張默君天資穎悟，且「少負俠氣」，而其詩作總是能「推陳出新，脫羈絏而遊行」，可謂「豪傑之士」〔註66〕。而張夢機也曾如是評斷張默君之詩：「正氣呼天，所作古近體詩，皆高華健朗，不讓鬚眉，七言古詩，尤具氣勢」。

　　由上述可知，不論是同光派詩人的評價，或是戰後相關詩集的編選，以及近代詩人對其詩歌藝術的肯定，張默君在臺灣詩壇實佔有重要的地位。而目前在研究成果上，學位論文方面僅有中國學者劉峰的《張默君詩歌研究》，該文專論張默君之詩，實顯不足，特別是在戰後張默君來臺書寫與文學交遊等層面，尚未有相關論述。因此張默君的詩歌作品時具相當的研究價值，值得進一步整理與闡釋。

〔註62〕「筆者在 2003 年訪問張夢機老師的時候，曾問他，『若選出十位臺灣戰後詩作寫得最好的詩人，應該是哪些？』張夢機則以『陳含光、于右任、賈景德、彭醇士、李漁叔、周棄子、駱香林、張達修、魏清德、張默君』等人應之」。詳參顧敏耀：《臺灣古典文學系譜的多元考掘與脈絡重構》，頁 217。

〔註63〕高越天，〈臺灣詩壇感舊錄〉，《中國詩季刊》，15 卷 2 期，1984 年 6 月，頁 42。

〔註64〕參引自陳慶煌：〈傳統文學式微了？〉，《國文天地》第 12 卷（1986 年 5 月），頁 20～21。

〔註65〕陳三立：〈大凝堂詩集序〉，收入《白華草堂詩》，頁 1。

〔註66〕陳衍：〈白華草堂詩集序〉，收入《白華草堂詩》，頁 1～2。

第三章　張默君的重要生平與詩觀

　　張默君生在封建統治、國家積弱不振的朝代，目睹外強相繼入侵；出生那年正值中法戰爭，十歲時中日戰爭爆發，隔年清廷與日本簽定馬關條約；十六歲時，八國聯軍發動侵華戰爭，隔年「辛丑條約」簽訂。這是個喪權辱國的年代，同時也是各種新舊思潮交替、風起雲湧的關鍵時刻，少女時期的張默君，即目睹戊戌變法、實務新政的推動與失敗；風聞義和團事件、以及投身同盟會，參與辛亥革命後的蘇州光復，成為舉國皆知的巾幗英雄；在這新舊朝代交替、山河板蕩的時代裡，造就她一生不平凡的經歷。張默君雖然出生於傳統士大夫家庭，不過其父母卻能採取較新式開明的教育，使她早年即有意識地勇敢挑戰封建體制，打破傳統舊思維；身為女性，更是試圖衝破性別框架，解放性別桎梏，以爭取女性主權。

　　本文試圖整理張默君重要的生平事蹟、詩學養成過程、詩學創作的觀點，最後瞭解同光派陳三立等人對張默君在詩歌創作的評價。

第一節　張默君的重要生平事蹟

　　綜看張默君的一生，可以經由三個階段，分別剖析這位跨越舊時代的新女性；其一，是早年的投身革命事業。其二，是與丈夫邵元沖的傳奇戀情。其三，是晚年來臺後的抑鬱悲涼。

一、巾幗奇英：投身革命事業

　　張默君出生於書香世家，其祖父張海英，曾任浙江嚴州知府，並與陳三

立等人交遊甚篤〔註1〕。而其父張伯純，諱通典，號放天樓主，晚號志學齋老人〔註2〕，為前清舉人，曾入陳寶箴、張之洞、劉坤一等人之幕府，參與創辦湖南省礦務局、時務學堂、製造槍砲局、電燈廠、火柴局等重要事務；並曾在四川省訓練新軍、創設官布局、爭回粵漢鐵路自辦等變法事務。張默君在〈默君自傳〉一文中，對其父親曾有以下描述：

> 考伯純公（諱通典）少歧嶷，負才略，盱衡世局，以為非開民智、勵氣節、致富強、圖改革，不足以立國。先後游湘撫陳寶箴、鄂督張之洞、蘇督劉坤一、桂督張鳴岐等幕。創辦湘省礦務局、時務學堂。製造槍砲局、電燈廠、火柴局。鄂省練新軍、官布局。爭回粵漢鐵路自辦、蘇省學務、桂省墾務等。生平服膺孫總理主義，加入同盟會。辛亥冬光復蘇州，以奠定東南大局。任臨時大總統府秘書、實業司司長。〔註3〕

清季末年，外強入侵，朝綱敗壞，民心動搖；光緒二十六年（1900A.D.）孫文創設興中會於檀香山，陸浩東、史堅如等人於廣州起義。是年，張伯純與章太炎、容閎等人創建「救國會」，與會者數千人，朝野震動。適時，兩江總督劉坤一，調任張伯純督辦廣方言館及製造局，張默君隨父就任淞濱，於官署中獲讀《船山全集》，由是張氏「經世致用之志，衛道匡時之念，自勵彌堅」〔註4〕。其後，復讀岳飛、文天祥、鄭成功、史可法等人傳記，激憤悲昂之際，不禁「仰天長嘯，仗劍悲歌，或繞室疾走」，淚不可禁，竟泣數行下曰：「天下興亡，匹夫有責，匈奴未滅，何以家為？」〔註5〕，從此萌發革命救國之思。

　　清光緒三十年（1904 A.D.），張默君考入上海務本女學師範本科就讀，胡適對當時年方二十歲的張默君曾有以下描述：

〔註1〕張默君：〈默君自傳〉記載：「曾祖雲門公才兼文武，義聲滿里閭。祖考海英公諱鑑南，祖妣李。海英公淹通經史，志在輔世長民，知浙嚴州府有聲。義寧陳三立（散原丈）為譔墓志，極許其政績。」參見張默君：〈默君自傳〉，收入《大凝堂集‧玉渫山房文存》（臺北：中華叢書編審委員會出版，1960年6月），頁109。

〔註2〕參見高夢弼：〈大凝堂年譜〉，收入中國國民黨黨始委員會編：《張默君先生文集》（臺北：中華印刷廠，1983年），頁516。

〔註3〕參見張默君：〈默君自傳〉，收入《玉渫山房文存》，頁109。

〔註4〕參見張默君：〈默君自傳〉，收入《玉渫山房文存》，頁109。

〔註5〕參見張默君：〈默君自傳〉，收入《玉渫山房文存》，頁109。

四十多年前，我在上海務本女學看運動會，台上有個女學生，揮大
筆寫「我武維揚」四個大字，那個女學生就是後來在首都典試鎖闈、
衡文賦詩的默君女士。當日在幾千小學生隊裡拍手讚嘆的我，今天
在默君這本詩冊上題字時，也是白髮滿頭的了。很想做首小詩，寫
這段故事，不幸寫不出來，只好寫幾句白話，恐怕典試委員還要認
作交白卷，罰入四等罷〔註6〕。

文中看得出在清季末年，在務本女學讀書時，青春洋溢、朝氣蓬勃的青年張
默君。適時革命烈士秋瑾自日本歸國，拜訪張默君，二人抵掌縱談，相見恨
晚；臨別前張默君贈詩曰：「不是當筵苦譽君，亦狂亦俠亦溫文。明朝驛路相
思處，回首梅花盡白雲。」〔註7〕光緒三十三年（1907 A.D.），張默君受黃克
強與龔百鍊之介紹，加入同盟會。同年，秋瑾、徐錫麟秘密返國，密刺安徽
巡撫恩銘。行前，秋瑾造訪張默君，適張氏外出不遇。事發不久，秋瑾就義
於紹興，張默君爲之痛哭數日，愴慟靡窮。

宣統三年（1911 A.D.），辛亥武昌起義，張默君聞訊，電約其父同赴蘇州，
說服巡撫程德全起義。張默君以白布二丈八尺，大書「興漢安民」四字，懸
於北寺塔頂，復撰安民佈告；兵不血刃，蘇州反正，自此江南底定。針對當
時情景，張默君有詩紀之：

東南戰禍幾時休，昨夜沙場白骨浮。
地動殺機龍起陸，天開霧障劍橫秋。
誓將肝膽連秦越，差幸文章絕比侔。
大漢山河未全復，同盟匡濟敢忘憂。〔註8〕

蘇州反正後，程德全聘張默君主辦江蘇大漢報，張氏利用報紙鼓吹革命，散
佈新思想。辛亥年間，戰和未定，國民黨底定東南半壁江山，張默君爲激勵
同志士氣，撰寫社論〈敬告國民書〉，其意興風發、慷慨激昂，充塞於紙上：

今日者，乃吾輩激發知，犧牲一身，以拯四百兆於水火，爲萬世子
孫造無量幸福唯一之時機。縱肝腦塗地，暴骨沙場，亦我天職，奚
所顧惜。更當效華盛頓之功成追，爲國史增大光輝，他日銅像峨峨
垂千載而立。……惟我義旗所指，決無反顧，興師纏及兩月，已光

〔註6〕胡適：〈玉尺樓詩序〉，收入《玉尺樓詩》，頁1。
〔註7〕參見張默君：〈默君自傳〉，收入《大潊山房文存》，頁115。
〔註8〕張默君：〈辛亥秋侍 家君光復吳門後主辦江蘇大漢報次韻酬徐小淑詩見今存
大漢報〉，收入《白華草堂詩》，頁20。

　　復大半神州。伐罪弔民，貴能徹底，中興偉業，群望所歸。還冀吾

曹始終堅持，毋苟安、圖銳進、毋妥協、絕後患。振乾坤之浩氣，

揚大漢之天聲，不躋大同，誓無和局。〔註9〕

文中剛烈悲昂、慷慨激越，爲誓達革命大業，默君鼓勵同志們，必須堅持到
底，「毋苟安、圖銳進、毋妥協、絕後患」，義旗所指，決無反顧，尤其神州
大陸尚未光復，與清廷之間「誓無和局」。民國元年，大局未靖；二月，孫文
辭臨時大總統職，由袁世凱繼任。張默君進謁孫文，並倡組女子北伐隊，謀
全國統一；復組神州女界協濟社，發刊神州女報，創辦神州女學校，從事文
化教育事業。

　　民國五年（1915 A.D.），袁世凱與日本簽訂「中日協定」，喪權辱國，輿
論大嘩。張默君悲憤國恥，以油畫自寫其相，作倚馬仗劍狀，寓意騰赴國難
之狀。同時作〈自題倚馬看劍圖〉七言古詩，中有句云：「豈云衛國男兒事」、
「劍魂珠光回斗宿」、「大陸將沈海水闊，國恥未湔萬古辱。忍以春秋度等閒，
誓理蒼生不平局。」〔註10〕，氣勢磅礴，大有巾幗不讓鬚眉之勢。同年12月，
袁世凱稱帝，廢除共和體制，張默君在〈乙卯述懷〉詩前有〈序〉云：「時袁
世凱謀復帝制，群小披昌，摧戮異己，廉恥道喪，人欲橫流，舉國晦冥，有
淪胥之感慨，賦此章示同志諸子。」〔註11〕。其詩曰：

　　神州黯陸沈，世運日以憊。當道逞豺狼，中原紛逐鹿。

　　忍看雞鶩爭，寧追九霄鷺。臨江擷荃蕙，荊蔓不可斬。

　　騷心淒以哀，肯效靈均哭。濁世奚足論，吾自抱奇璞。

　　南山築幽居，超然隔塵俗。泉石弄清響，安用絲與竹。

　　危崖騰玉龍，滌煩有飛瀑。心境絕纖埃，魍魎莫予毒。

　　至言通慧觀，豈厭百回讀。霜鐘落曉風，悠然啓妙覺。〔註12〕

詩中描述默君對國家前途的憂心，面對豺狼當道、神州黯淡，心中之淒楚，
已在此詩自明。民國七年（1918A.D.），張默君三十五歲，赴美國哥倫比亞大
學，攻讀教育。當時正值歐洲第一次世界大戰，國際動盪不安，張默君旅渡
太平洋間，有詩誌其心情：「俛仰蒼茫萬感陳，天風紫浪寄吟身。浮槎二九神

〔註9〕　張默君：〈敬告國民書〉，收入《玉渫山房文存》，頁2。
〔註10〕　張默君：〈自題倚馬看劍圖〉，收入《白華草堂詩》，頁9。
〔註11〕　張默君：〈乙卯述懷〉，收入《白華草堂詩》，頁3。
〔註12〕　張默君：〈乙卯述懷〉，收入《白華草堂詩》，頁3。

仙侶，半是臥薪嘗膽人。」〔註13〕。民國九年，張默君歸國，出任江蘇省立第
一女子師範學校校長。民國十三年九月，由戴季陶介紹、于右任證婚，張默君
與邵元沖在相識八年之後，結婚於上海，當時孫文也特地拍電報以表達祝賀。

二、革命鴛鴦：與邵元沖的戀情

在張默君的生命史中，與邵元沖的相識、相戀，是他生命中最重要的一
段歷程；張邵之戀，不但是國民黨革命史的傳奇，更對張默君的文學創作，
產生重要的影響。張默君與邵元沖相識甚早，但結褵甚晚，二人恩愛逾恆，
卻因西安事變，邵元沖為楊虎成、張學良之士兵所誤傷而遭槍擊致死，使得
這段膾炙人口的戀情故事，終究劃下遺憾的句點。邵氏死後，張默君追悼之
思綿延數十年不絕，在作品中，常見悼亡之作；因此如吾人欲深入張默君的
文學內涵，則必須先瞭解張邵之戀的過程和發展。

（一）邵元沖的生平事蹟

關於張默君夫婿邵元沖的生平事蹟，根據張健等人的彙整〔註14〕；邵元
沖初名驥，字翼如，浙江省紹興府山陰縣人。生於清光緒十六年（1890 A.D.），
是中國民主革命家、政治家，也是《中華民國國歌》的作詞者之一。今日有
《各國革命史略》、《孫文主義總論》、《西北攬勝》、《邵元沖日記》等著作傳
世。

邵元沖在光緒二十九年（1903 A.D.）考中秀才，光緒三十二年考入杭州
浙江高等學堂，同年加入同盟會。宣統元年考取拔貢，次年考取法官，任江
蘇鎮江地方審判廳庭長。宣統三年赴日本留學，並於辛亥革命後返國，任上
海《民國新聞》總編輯。國民黨二次革命失敗後，邵元沖渡海至日本，加入
中華革命黨，任《國民》雜誌編輯、中華革命軍紹興司令官。回國之後，在
浙江、上海、山東幾次舉事均失敗，其後孫中山建立廣州軍政府，邵元沖被
任命為大元帥府機要秘書代行秘書長職務。

民國八年，邵元沖至美國哥倫比亞大學、威斯康辛大學留學，其後奉孫
中山命，視察海外國民黨的工作。民國十一年，與蔣中正一起赴蘇聯考察，

〔註13〕張默君：〈戊午春被命之歐美考察教育渡太平洋赴美同舟有嚴范孫范靜生諸老
　　　　計十八人次均範老〉，收入《白華草堂詩》，頁33。
〔註14〕關於邵元沖的生平，謹參照邵元沖著、王仰清、許映湖標注：《邵元沖日記》，
　　　　（上海：上海人民出版社，1990年。）。及張健：《志同道合──邵元沖、張
　　　　默君夫婦傳》，（臺北：近代中國出版社，1984年。）。

回國之後，邵氏被選爲中國國民黨第一期候補中央委員，旋即成爲正式委員。
歷任中央常務委員會委員、政治委員會委員、粵軍總司令秘書長、黃埔軍校
政治教官並代理政治部主任、法制委員會委員等職務，可謂深受孫文重用。
民國十三年底，隨孫中山北上，在孫文去世時，與孫科、戴傳賢等人，共同
見證孫氏之遺囑。

　　民國十六年，國民革命軍在北伐中攻陷浙江，邵元沖被任命爲浙江省政
治分會委員兼杭州市市長，是南京國民政府建立後，第一任杭州市市長。邵
元沖在杭州市長任內制定《杭州市暫行條例》，仿照廣州市建置進行改造；還
頒布八項便民興革，如調查戶口、興辦自來水、增加茶場、設遊民習藝所發
展貧民教育、修理道路、浚理西湖改進西湖風景等，設置杭州市參事會等；
對杭州市的總體規劃和民主政治建設有貢獻。後因涉嫌挪用公款〔註15〕，在
任5個月便下臺。民國十七年初，邵元沖任廣州政治分會秘書長，4月到上海
創辦《建國》周刊，後遷南京改爲月刊，任社長。民國十八年三月，當選爲
中央執行委員、中央政治會議委員。民國十九年以後，任國民政府委員、立
法院副院長；後因立法院長林森不就職，而任立法院代理院長。

（二）張劭相戀的過程

　　張劭二人伉儷情深，吾人可以依今日張默君的一些現存文獻，看到默君
對丈夫邵元沖的描寫，亦能在邵氏《邵元沖日記》的隻字片語中，尋得邵元
沖對默君的仰慕、愛戀之情，以及婚後二人的鶼鰈情深。如：邵元沖在其1924
年7月3日的日記寫道：「閱《南社社集》，見白華作數首，慨然興嘆」〔註16〕、
又7月26日：「今日接白華一函，意仍悱惻，……」〔註17〕白華亦即白華草
館，是張默君的齋號，邵元沖在日記中，皆暱稱默君以「白華」或「華姊」。
今考察《邵元沖日記》，舉凡邵元沖接到默君信件、與默君相見，皆興奮地記
載其事；若見默君憂心忡忡、煩躁不安，亦感同身受、恨不得即刻爲默君解
決難題。《邵元沖日記》1924年7月14日：

　　　午後至總部辦事，得白華一緘，蓋答余前次貽書籍者，雖寥寥數言，

　　　知其意未能忘情於我，回憶舊誼，悵然不怡，以爲今日之能解決白

〔註15〕 此參見1927年9月6日《北平世界日報》，報載：「邵元沖吞公款，曾匯七萬
　　　　元至滬…被清黨委員查出」。
〔註16〕 邵元沖：《邵元沖日記》1924年7月3日，頁26。
〔註17〕 邵元沖：《邵元沖日記》1924年7月26日，頁33。

華問題者，捨我而外，殆無第二人，我不亟爲之謀，則長負斯人，

何以自安？〔註18〕

邵元沖對默君的情深義重；欲默默守護默君、陪伴默君的心願，充滿在其日記中的隻字片語，又：「彼攘日之舉，雖處我有似逾分，然爲我所捱之辛酸，已足相償。」〔註19〕且當天日記之全文，有八成的分量，話題皆圍繞在默君身上。再如：1924 年 8 月 7 日：「嗟乎！十三年來，吾負白華之愆，百身莫贖，此後惟有努力完成晚蓋之誼，且重圓舊夢也。」〔註20〕對默君的寬容和體諒，以及其款款情深的愛戀之情，這些眞情至性的大膽表露，就中國古典男性的傳統思維而論，誠屬少見。

民國二十八年（1939 A.D.），邵元沖罹難後三年，張默君撰寫〈玄圃言行恫憶錄〉一文，開篇即對邵氏個人的學養讚譽有加，其云：「翼公生有異稟，灝氣貫胸。」，又提到：「翼公沈默寡言笑，而觀人於微，往往一二面能判其人畢生賢愚忠佞。」張默君認爲邵氏具有眞性至情，「盱衡古今，有幾至人哉」〔註21〕。民國三十三年，張默君在〈玄圃遺書特輯序〉一文中，也對於邵元沖的文學創作盛讚備至，文中曾經提到：

翼公立命生民，志在輔世，未暇治詩，尤無意於今之所謂詩也。故生平殊鮮爲詩，偶爲之，天籟自鳴，不假雕琢，眞誠至性，盎然流露。其境澹遠，其骨清剛，雋上襟期，孤風傑立，獨謠短什，感人自深。殆足揚浩氣於兩間，繼元晉乎千祀。夫詎非船山所謂欲以詩教滌濁心、震暮氣，興起群氓，以救人道於亂世者歟。〔註22〕

張默君認爲，邵元沖志在救國輔世，並無閒暇投入文學創作，所以生平鮮少作詩；但偶然爲之，竟是眞情流露、不假雕飾，有如天籟自鳴、清剛澹遠，感人甚深。此外，張默君亦引王船山之言，認爲邵元沖之詩，寓意頗深，其欲以整頓世風，在亂世之間，「滌濁心、震暮氣」。綜觀上引〈玄圃言行恫憶錄〉、〈玄圃遺書特輯序〉等文獻所述，張默君對邵元沖之學養人格以及文學創作，可謂推崇備至。這一位跨越新舊時代，受新思潮洗禮，一生以革命爲職志的巾幗英雄，爲何遲至四十歲，才與邵元沖共結連理？

〔註18〕邵元沖：《邵元沖日記》1924 年 7 月 14 日，頁 29。

〔註19〕邵元沖：《邵元沖日記》1924 年 7 月 14 日，頁 29。

〔註20〕邵元沖：《邵元沖日記》1924 年 8 月 7 日，頁 39。

〔註21〕參見張默君：〈玄圃言行恫憶錄〉，收入《玉渫山房文存》，頁 23。

〔註22〕參見張默君：〈玄圃遺書特輯序〉，收入《玉渫山房文存》，頁 68。

關於兩人相識、相戀的過程，許師慎、彭醇士、張健等人，曾有相關的文獻記載。

根據許師慎參酌國民黨相關史料記錄〔註 23〕，默君先生和邵元沖先生的認識，大概是在江蘇的南社，當時二人皆是文學社團南社的社員。民國元年，同盟會改組為國民黨，同時在全國各省設立分會支部；國民黨的分會在上海、漢口不叫支部，改稱交通部。當時上海交通部的部長是居正，部內下設業務單位，張默君當時任編輯課課長，而邵元沖是編輯課的課員；當時邵氏二十三歲，張默君大其六歲，同時張默君也是邵元沖的上司。

民國二年，二次革命討袁失敗，邵元沖赴日本任《國民》雜誌編輯，從此兩人分開。自相遇後，邵氏對張默君一直情有獨鍾，雖經多方撮合，但張氏皆處之淡然；此外張默君當時對婚嫁曾提出三個條件：「要留學、武要將官、文要掌印」〔註24〕。為達成這三個目標，邵氏於民國二年開始擔任孫文秘書，工作認真，曾受派到日本協助成立中華革命黨。而孫文也為了協助邵元沖完成這三個條件，首先授與他將官的資格。為解決邵元沖文人身份任職軍中將官的問題，當時中華革命黨在各地都有革命軍，民國三年，孫文首先派邵元沖擔任中華革命軍紹興司令官；民國五年，中華革命黨東北軍司令官由居正當任，蔣介石是參謀長，同時特派邵元沖為警備司令，因此具有將官身份。民國八年邵元沖受孫文之命，至美國哥倫比亞大學、威斯康辛大學留學，而後奉命視察海外國民黨的工作。根據許師慎等人的敘述，邵元沖在美國留學其間，非常認真，但因外語能力較差，晚上認真看書，幾至暈倒在地上。民國十三年，邵元沖結束六年的留學生涯，返回廣州，孫文寄予重任，賦予中央常務委員會委員、政治委員會委員、粵軍總司令秘書長、黃埔軍校政治教官並代理政治部主任、法制委員會委員等職務。

當時，邵元沖在廣州，張默君在南京；回國後，邵對張依然縈懷牽繫，於是在黃季陸的鼓勵下，將他編寫的《美國勞工狀況》一書寄給張默君，並附上一封長信，以通情愫。不久，張默君回函，並附上民國八年的舊作〈莫秋海上聞笛懷翼如〉，其詩云：

〔註23〕 胡有瑞等人：〈張默君先生百年誕辰口述歷史座談會紀實〉，《近代中國》第36期（1983年8月），頁68。

〔註24〕 參見許師慎口述。胡有瑞等人：〈張默君先生百年誕辰口述歷史座談會紀實〉，《近代中國》第36期（1983年8月），頁68。

何處梅花落，依稀歇浦東。哀音涼到海，秋意澹搖風。

舉目河山異，論交患難中。天涯儻相遇，揮涕話飄蓬。〔註25〕

詩中隱隱透露出兩人分隔兩地之後，張默君對邵元沖的思念與懷想；其中「論交患難中」一句，乃意指民國元年，二人同事於國民黨上海分部時的過往情景。同時信中亦附上新作之詩數首，其中有〈自丙辰別翼如八載彼此音塵斷絕昨忽得自歐美歸後一書縢以近製極道離懷別苦感而有作時甲子秋孟也〉詩六首，其一為：

放眼蒼茫萬劫餘，八年一得故人書。

天荒地老傷心語，忍死須臾儻為予。〔註26〕

「忍死須臾儻為予」一句，依張默君詩後所自注之語，是援引邵元沖在紐約時的詩作，詩中有謂「忍死須臾為阿誰」，可視作張默君對邵元沖詩作的回應，足見二人的愛戀情誼之深。不久，邵元沖赴南京、上海與張默君相見。張默君在〈別翼如八載於甲子秋仲重晤海上即次其舟中寄懷均〉一詩中，描述了兩人分隔八年，再次相見時的心情。

八年艱鉅驚昨夢，浩蕩秋風百感縈。

忍再纏綿腸已斷，未曾相見淚先傾。

齊心早誓同匡濟，孤志難回任死生。

痛定劫餘肝膽在，撐持天壤此貞盟。〔註27〕

詩中「忍再纏綿腸已斷，未曾相見淚先傾」等句，顯見這位以清剛風骨著稱的巾幗英雌，內心深藏的澎湃情感。同年十月間，在于右任的證婚下，二人便在上海結婚，一時傳為佳話。結婚當日，邵元沖有詩紀之：

昔日女牛愁隔遠，今朝鸞鳳喜雙飛。

比肩經國從茲此，慚愧寒筠倚紫薇。〔註28〕

上引此詩，是依張健《志同道合——邵元沖、張默君夫婦傳》一書所記載，其中第三句「比肩經國從茲此」，在《邵元沖日記》中，則作「洞房春色知

〔註25〕張默君：〈莫秋海上聞笛懷翼如〉，收入《白華草堂詩》，頁15～16。

〔註26〕張默君：〈自丙辰別翼如八載彼此音塵斷絕昨忽得自歐美歸後一書縢以近製極道離懷別苦感而有作時甲子秋孟也〉收入《白華草堂詩》，頁38。

〔註27〕張默君：〈別翼如八載於甲子秋仲重晤海上即次其舟中寄懷均〉，收入《白華草堂詩》，頁25。

〔註28〕張健：《志同道合——邵元沖、張默君夫婦傳》，（臺北：近代中國出版社，1984年），頁112。

何限」。礙於筆者之篇幅與筆力，本文無法考證二書在援引詩作時，稍有落差之因，不過在此並不影響二人情思之表達，亦不影響本文之論述，茲不再深究〔註29〕。詩中「昔日女牛愁隔遠」意指兩人相識十二年，睽違八年的相思之苦；「今朝鸞鳳喜雙飛」則呈顯出兩人共結連理後的喜悅。最後詩中，邵元沖以「寒筠」即青竹自況，並以「百日紅」的紫薇比喻張默君，足見張氏當時的風華。

（三）婚後情景

張、邵二人，可謂亂世兒女的最佳代表，自相識相戀之後，仍然日以繼夜地為了國家政事而四處奔波，二人之間實聚少離多，故當1924年9月初，友人詢問起二人的婚事時，邵元沖還以「尚未決定」應答，隨後在當月的5號，即開始籌備，經過9月8日、9月12日等的討論與準備，二人在9月13日舉行文定、9月19日就完成了〔註30〕。在今日安定、太平的現代生活裡，以近20天的時間，即完成終身大事，確實頗為倉促，尤其9月19日婚禮的前夕，邵元沖的焦灼與熱烈，張默君的矜持與猶豫，在《邵元沖日記》中，也多有充分的體現，蓋這是一段當時並不多見的「姐弟戀」，二人在當年也都算是「名人」，身為政治上的公眾人物，這場締姻似乎還多少有些政治掛礙：如：邵元沖記載，張默君曾在婚後三個月後，在外地寄了一封信給邵元沖，其中提及：「黃炎培向蔣維喬等處詆毀，謂華（即張默君）結合民黨予彼等不利」〔註31〕，張默君在信中表達自己的無奈，更期望夫妻二人，今後能致力於教育著述，並且量遠離政治利害。不過，回顧張、邵二位主角在籌備婚事、以及結婚的過程，實是在百忙之中，抽空辦妥這件事，二人竟也樂在其中，尤其婚後的晚上閒暇之餘，邵元沖為妻子「剪爪通髮」：「（髮）勻澤而長，觸手膩然，因為編成單辮，對鏡相看，為之心醉。」〔註32〕這般情節與邵元沖所謂的「愛妻厚我，一字足值百吻」兩相映照之下，其夫妻二人的纏綿無間，自不待言。

《邵元沖日記》實記載了許多張、邵二人的婚姻生活，這些第一人稱的真實史料，對於吾人研究張默君生平、觀察夫妻之間的互動，以及平日生活

〔註29〕 此外，《邵元沖日記》中所載詩作的第一句，亦作「昔日女牛愁永隔」，參邵元沖：《邵元沖日記》1924年9月19日所載，頁56。

〔註30〕 詳參邵元沖：《邵元沖日記》1924年9月1日到9月19日的一連串記載，頁49～56。

〔註31〕 邵元沖：《邵元沖日記》1924年12月13日，頁88。

〔註32〕 邵元沖：《邵元沖日記》1924年9月30日，頁61。

起居所涉及的各項事務等，皆頗有助益。如：在婚後十三載的夫妻生活中，年年逢張默君生辰，邵元沖總是鄭重其事、並且逐一載入日記，關於自己，卻只記錄了「四十初度」聊以自勵。而每當張默君身體不適，邵元沖一定會想盡辦法騰出時間，在家「伴疾」　；若是因爲公務而不得不外出，則「殊感不安」。尤其今日考察《邵元沖日記》中對張默君性格方面的描述，足見默君的性情往往「性剛使氣」、「肝氣又作，語多牢騷」，似乎頗爲激進，甚至有些褊急躁鬱，而性格看似較爲溫吞和善、實是外柔內剛的邵元沖，對默君其實頗多體諒、偶亦稍有出現一些無奈之語。如：《邵元沖日記》曾經記載：

> 昨今精神不快，故幾次欲下筆寄華而毀稿數次，蓋不快之辭，易流於感慨激蕩，若以是累華以增其感痛，豈餘所忍！華多感人也，餘當善慰喻之，以盡憐憫之誼，決不能因其牢騷，而亦與之強辯，以身明我之爲人，則我寧耐之耳。〔註33〕

此足見即便夫妻之間有了爭執或芥蒂，退讓、忍讓的實是邵元沖，他設身處地從張默君的觀點以思考，甚至反求諸己、將爭執的原因，歸咎於自己。換言之，這對夫婦在日常生活上的互動，反而是男方更有隱忍，包容的精神。不過，若是從另一種角度去檢視，則吾人自然可以發現，正因爲邵元沖的性格使然，使其與外剛內柔的默君能夠十分契合、交相互補，成就一「婦唱夫隨」的和諧婚姻生活。

　　自 1912 年，張、邵相識之後，二人相篤情深、聯句不斷。1924 年，默君和邵元沖在上海結婚，婚後兩人不但以國事相互相砥礪，更經常連袂出遊，以詩歌相聯。考察今日張默君的現存作品，其寫景記遊類的詩作中，有不少是與邵元沖同遊相互唱和之作。如：張默君的《黃海頻伽唔》和《西陲吟痕》兩部詩集中，寫景記遊類的詩作，計有 20 餘首，其中偕邵元沖同遊之作，即佔了 9 首，諸如：〈甲子九日南海舟中偕翼如〉、〈乙丑仲春白門曉發車中聊句偕翼如〉、〈梁谿返滬遇雨車中聊句偕翼如〉、〈秋日醉翁亭偕翼如〉、〈清風頂坐海月偕翼如〉、〈少白渡頭同翼如〉等，皆是詩風輕快、悠閒欣悅之作，此不僅充分展現張默君愉悅的心境，更足見夫妻二人的情趣相投、伉儷情深。

　　民國十六年（1927 A.D.），北伐軍隊克復上海，張默君被任爲中央政治會議上海分會教育委員，旋即改任杭州市政府教育局局長。十八年，考試院初建，改任考選委員會專門委員。二十年，任立法委員，並受命典試第一屆高

〔註33〕邵元沖：《邵元沖日記》1925 年 2 月 19 日，頁 119。

等考試，於入闈前數日，偶得周鎮圭尺及漢黃律琯尺各一件；古玉專家王玉斧認爲，考試院以玉尺爲證章，張默君受命典試，衡文國士，有「天人相應」之兆〔註34〕。故張默君作〈入闈詩〉：「天開文運此堂堂，玉尺還憑玉手量」等句以紀之〔註35〕；此外，陳三立更題張氏之書房爲「玉尺樓」。從此，終張默君一生，皆任職考試院，典試各屆的高普考。彭醇士在〈張默君先生家傳〉一文中亦云：張默君「持文衡最久，門下之盛，冠絕古今。畢生盡瘁，搜求遺才，明揚側陋，人以此稱之，君亦用自喜也」〔註36〕。

此外，〈張默君先生家傳〉文中，也曾述及張邵二人婚後的情景：

二十三四年間，河朔無事，海內麤安，君夫婦同官京師。築室玄武湖側，有亭園之勝，多聚圖書，蓄金石環器，照爛几席。休日，則摩娑琮璜，披覽卷軸，召客飲酒，爲文會，與鵷生碩士敦龐之儒，商兌舊學，賞析佳篇，品題古今名蹟，嶄嶄出流輩，爲一代大家。〔註37〕

民國二十三年，張邵二人同在南京，在玄武湖畔建別墅，名之曰「玄圃」，屋中藏書數十萬卷，風光明媚，有庭園之勝。依據高夢弼的記載，邵氏伉儷在玄圃的生活：每當春秋佳日，兩人行吟嘯傲於竹苑梅畦之間，「或坐月清谿，靜忘宵永；或聽鸝百囀，逸韻遄飛」〔註38〕。由上述可知，兩人恩愛之情景，實讓人欽羨。而張默君的詩作中，也確實可以常見她與邵元沖的撰詩聯句。如：〈己丑仲春白門曉發車中聯句偕翼如〉，觀其詩作，吾人自能想見夫婦二人欲偕隱山林的心願：

淑景媚勞人，飛車破曉春。江浮詩夢綠，（張默君）

月落古潭清。（邵元沖）

縱目漁煙斷，還憐鷗夢眞。（張默君）

買山曾有約，偕隱及芳辰。（邵元沖）〔註39〕

〔註34〕 參見張默君：〈中國古玉與歷代文化之嬗晉〉，收入《玉渫山房文存》，頁87。
〔註35〕 參見張默君：〈中國古玉與歷代文化之嬗晉〉，收入《玉渫山房文存》，頁87。此詩〈二十年七月六日典試入闈口號〉收錄在張默君《玉尺樓詩·辛未京闈》，頁1。
〔註36〕 彭醇士：〈張默君先生家傳〉，《湖南文獻季刊》第5期（1971年8月），頁102～103。
〔註37〕 彭醇士：〈張默君先生家傳〉，《湖南文獻季刊》第5期（1971年8月），頁102～103。
〔註38〕 高夢弼：〈大凝堂年譜〉，收入《張默君先生文集》，頁540。
〔註39〕 張默君〈己丑仲春白門曉發車中聯句偕翼如〉，收入《白華草堂詩》，頁16。

由夫婦二人間的聯句唱和，可見其伉儷情深；而買山有約，偕隱山林等詩句，則足見二人在亂世之中，兩相契合的心願；在綠江、清潭、古月、村煙之中，攜手漁樵、白頭終老。

　　但時代的巨變，動盪不安的政治環境，讓張默君和邵元沖，必須不停地為國事而奔忙，不免分隔兩地。是張默君曾撰〈春日寄翼如書牋一束〉詩，遙寄其對丈夫的無限情思：

> 懷人況是早春時，細雨花前鬢欲絲。
>
> 鳳紙慇懃千里寄，供君日日寫相思。〔註40〕

在早春時節，乍暖還寒之時刻，閨中人物在花前攬鏡自照，見濛濛細雨飄落，恐年華之易逝；懷想對方此刻應如我一般，也是相思無處可寄託，只得玉手親裁鳳紙，遙寄千里，君應知我心。此外，在兩人同遊時，也常在古寺中、渡頭畔留下深情雋永的詩篇，如：〈丁卯秋天童寺偕翼如作〉：「太白山頭一明月，娟娟長照兩幽人」〔註41〕，以及〈少白渡頭同翼如〉：「漫道秋郊祇清颯，萬松飛翠護鴛鴦」〔註42〕等，由上引詩句可知，不論是古寺中、明月下的一對幽人，或者是渡頭畔、松壑下的鴛鴦，都兀自呈顯出夫妻兩人的愛戀深情。甚是可惜者，是這樣的一對令人欣羨的神仙眷侶，其夫妻緣分只維繫了十二年，民國二十五年12月12日，西安事變的一陣槍響，終究拆散了這一對亂世的鴛鴦。

（四）鴛鴦夢碎

　　民國二十五年，邵元沖遊歷廣西，與李宗仁、白崇禧等人會晤後，赴西安面見正在指揮剿共的蔣中正；不料正好遭遇西安事變，於京西招待所，為張學良、楊虎城的部隊開槍擊中，兩天後即不治身亡。當時張默君在南京，驟聞噩耗，肝裂膽摧，淚枯腸斷。事變兩個月後，默君終於在民國二十六年2月6日夜晚，寫下〈秦變後之血淚〉一文：

> 哀吾翼子死國今五十餘日矣，默自驚秦變及聞子受傷，已將兩月。
> 在此六十晝夜，吾無不在肺裂肝摧，淚枯腸斷之時，累月不寐。痛
> 一見之無期，並魂夢亦不可得。每欲茹痛致誠，為文以誄子，為詩
> 以哭子，輒因手顫心碎而止。〔註43〕

〔註40〕參見張默君：〈春日寄翼如書牋一束〉，收入《白華草堂詩》，頁40。
〔註41〕參見張默君：〈丁卯秋天童寺偕翼如作〉，收入《白華草堂詩》，頁40。
〔註42〕參見張默君：〈少白渡頭同翼如〉，收入《白華草堂詩》，頁40。
〔註43〕張默君：〈秦變後之血淚〉，收入《玉漵山房文存》，頁21。

文章中明顯呈顯了張默君遭受喪夫打擊的悲痛，六十晝夜之間，累月不寐，因手顫心碎而無法舉筆。在文中，張氏亦云：「惟應知我天長地久，此慟無窮，此恨亦無窮也。」此外，也自云撰寫此文時，雖是勉強爲之，但筆墨與眼淚俱下：「不知是淚是血，深夜孤鐙，擲筆大慟」〔註44〕。

　　民國二十七年12月，邵元沖殉難二週年，張默君捐贈五千元國幣給武漢、廣州之軍隊，作爲禦寒衣物之添購，以及賑濟長沙災後婦孺，用爲紀念邵元沖氏爲民族犧牲兩週年紀念。在其發給蔣介石的電報〈翼公殉難西安二周年在滇捐貲勞軍上蔣委員長電〉一文中，依然表達出心中的哀痛，電文中敘述道：「痛念翼如殉難二載，邦國珍瘁至斯，緬懷遺烈，切齒同仇，四海瘡痍，椎心何極。」〔註45〕。同年，張默君亦撰〈哀憤十二篇〉，將滿腹的血淚，化爲詩篇。其第十一首詩云：

> 爲止滂沱淚雨來，遺書欲展故低佪；
> 人言我瘦形同鶴，自覺神清冷若梅。
> 天壤須教撐骨氣，精靈還看走雲雷；
> 毀家紓難吾曹事，寸裂丹心總未灰。〔註46〕

其他尚有「擲下離觴指洛陽，從此生死兩茫茫」、「春風凄絕橋陵月，忍照城崩哭孟姜」等句〔註47〕，皆足見其哀痛之深。而彭醇士在〈張默君先生家傳〉一文中，亦側面記載了張默君喪夫之後的生活，其文曰：「自翼如殉國，喪亂洊興，居室文物，蕩焉無存。而羈泊滇黔，崎嶇梁益，竄走於壺嶠之間，垂垂老矣。」〔註48〕。默君傷心欲絕、愁容滿面之景象，在文章中自見。

　　邵元沖自民國二十五年12月，西安事變殉難之後，國民政府明令國葬；事未辦妥，中日戰爭旋即開始，張默君隨同國民政府，西遷重慶。民國三十七年，中日戰之後，張默君爲永久紀念其夫君，曾組織「翼社」，出版《建國月刊》、創設玄圃圖書館及玄圃中學等，皆因爲中日戰爭結束，國共內戰又開始，經費籌措不易，未能有成。直到民國三十七年秋末，才在杭州西湖九里

〔註44〕張默君：〈秦變後之血淚〉，收入《玉溁山房文存》，頁21。
〔註45〕張默君：〈翼公殉難西安二周年在滇捐貲勞軍上蔣委員長電〉收入《玉溁山房文存》，頁22。
〔註46〕張默君：〈哀憤十二篇〉第十一首，收入《正氣呼天集》，頁4。
〔註47〕張默君：〈哀憤十二篇〉第一首，收入《正氣呼天集》，頁4。
〔註48〕彭醇士：〈張默君先生家傳〉，《湖南文獻季刊》第5期（1971年8月），頁102～103。

松，建築墓園。張默君親題一聯，擬榜於墓門兩旁，句為：「學繫梨州船山一脈，葬依鵬舉蒼水為鄰」，並由當時的書畫大家余越園，為之書寫。蓋黃梨州為浙江人，王船山為湖南人，與邵張二人的籍貫相合。張氏有句云：「十二年前夢，驚廻淚不收」、「肝肺依然裂，江山瀰蕩愁」〔註49〕，詩中描述埋葬邵元沖時，心中的悲苦與沈痛。民國三十八年，國共內戰更加劇烈，國民黨軍隊相繼戰敗，張默君終於在同年 5 月離開中國，來到臺灣。

三、終老臺灣：來臺後的應世與心境

民國三十八年 5 月，張默君隨國民政府來臺。當時大陸各地相繼淪陷，蔣介石為了力挽情勢，在廣州召集相關改革會議，張默君曾以代電、亦即利用快遞的郵件代替電報，向蔣介石建議，其中〈對改造本黨及重立政綱之建議上蔣總裁介公廣州代電〉一文，發表數點建言，並誓言：「國際專權侵略之走狗、詐騙人民、滅絕人性之共匪做殊死戰，爭取最後勝利。」〔註50〕。並另撰〈一急待解決之教育問題〉一文，提議解決南北各大學學生流亡來臺後，就學與生活的問題〔註51〕。民國三十九年，中國國民黨中央改造委員會成立，張氏被選為評議委員。民國四十三年，張默君連任第二屆考試院考試委員，兼任考試技術研究委員會主任委員。

民國四十年 12 月 14 日，張默君為紀念夫婿邵元沖殉國十五週年，於國民黨臺灣省黨部舉行紀念會，前往致祭者，多達數百人，由司法院長王寵惠主祭，蔣介石頒輓「榮懷哲人」匾額〔註52〕。兩日後，張默君與邵元沖之獨子邵天宜，疑因醫師誤診，於十二月十六日病逝於醫院〔註53〕；張氏悲痛之餘，為追查死因，除申請檢驗外，亦向法院提出告訴〔註54〕。當時張氏已高

〔註49〕 參見張默君：〈三十七年戊子秋赤流既迫大局亦危翼公先烈死難十二載始請得中央續撥微資暨浙江省府協助為買定武林九里松石蓮亭國葬墓址兼割讓京腐玄圃地犯險急籌營葬感賦〉，收入《正氣呼天集》，頁 27。
〔註50〕 張默君：〈對改造本黨及重立政綱之建議上蔣總裁介公廣州代電〉，收入《玉溪山房文存》，頁 70。
〔註51〕 張默君：〈一急待解決之教育問題〉，收入《玉溪山房文存》，頁 72～73。
〔註52〕 參見《聯合報》1951 年 12 月 15 日，第 2 版。
〔註53〕 參見《聯合報》1951 年 12 月 20 日，第 7 版。
〔註54〕 參見《聯合報》1951 年 12 月 21 日，第 7 版。報載：「邵天宜命案，省刑警總隊法醫正繼續調查其死因中，……並悉：本案死者邵天宜的母親張默君，已向臺北地方法院檢察處控告中心診所主治邵天宜之醫師過失致人於死，檢察處並於昨日下午四時首次開偵查庭偵查，被傳的計有中心診所醫師楊東坡、吳迪、郭護士、馬醫師等四名，均準時應傳到案。」

齡六十八歲，在緬懷先夫的紀念會後，又突遭喪子之痛，心中的悲愴，無法言喻。

民國四十六年二月五日，張默君將歷年收藏三代秦漢古玉五十餘件，贈與國立歷史博物館。由當時的教育部長張繼主持典禮並授與獎章，並由副總統陳誠代表致謝。當時報載如下：

> 黨國元老張默君女士以其半生珍藏價值新台幣二千萬元之古代玉器五十件捐贈給國立歷史文物美術館，教育部特於昨日中午在國立歷史文物美術館舉行隆重贈送典禮，陳副總統親自蒞臨代表政府及國人向張默君女士深致謝忱。〔註55〕

張默君在捐贈的儀式中，曾敘述玉的歷史、個人蒐集研究玉器的經歷以及捐贈的意義。她認為其捐贈的意義有三：第一、國寶應由國家永遠寶藏之。第二、希望人人能瞭解這批古玉的歷史價值，因而對中華民族歷史文化有更深切之認識。第三、這些東西的捐贈是她對政府在反攻復國大業中小小的貢獻。

然而此次的捐贈活動，在光彩的捐贈儀式背後，似乎另有隱情，根據張默君的表姪女周敏的回憶，當初捐贈這批古玉，是因為張默君在台的生活日益困窘，又出售古玉乏人問津的緣故。周敏在《周阿姨的故事》中寫到：

> 民國五十四年，小兒麻痺大流行，邵延平罹患小兒麻痺，當時二表姑已經沒有什麼錢了，由於她生平喜好收藏古玉，就從中選了上古圭瑗、古白玉精刻雙龍三星圭，以及夏、商、周兩漢古璧等五十件，希望能賣到二十萬元，我就跟表姊邵英多和表嫂商量，在臺北市中山堂租了一個廳來賣古董，惟無人問津，一個禮拜過去了，都沒有任何一個人來買。於是，我就去找蔣夫人，跟他說：「沒有辦法活下去了」，後來蔣夫人就去告訴蔣公，乃協調國立歷史文物美術館收購，名義上係贈與國立歷史文物美術館，並於民國四十六年二月五日舉辦捐贈儀式〔註56〕。

民國五十一年10月4日，張默君七十九歲壽辰，友人、後輩群集祝壽，是輩於臺北市中山堂光復廳設置壽堂，一時高官雲集、盛況空前〔註57〕。同時亦

〔註55〕參見《聯合報》1957年2月6日，第2版。
〔註56〕參見周敏著《周阿姨的故事》，（臺北：商周出版社，2011年），頁119。
〔註57〕參見《聯合報》1962年10月5日，第2版。

在木柵寓所接待貴賓，總統蔣介石、副總統陳誠、院會首長張群、于右任、
莫德惠、王雲五、蔣經國等人皆親臨祝壽。報載如下：

> 考試委員張默君女士，四日在木柵寓所度過她七十九歲生日。這位
> 傑出的女書法家，雖年近八十，依然滿頭黑髮，而且讀書甚勤。她
> 昨天上午在木柵溝子口的山村中，接待了很多貴賓。蔣總統伉儷和
> 陳副總統都曾先後到張委員寓所祝壽。張女士的友好昨天在中山堂
> 設壽堂為她祝嘏。 壽堂設在中山堂光復廳，正中懸掛著總統親書的
> 壽字立軸，四壁掛滿了祝壽詩文屏聯，包括蔣夫人的畫冊，陳副總
> 統的詩屏，于右任院長的對聯。前往祝壽的有張群、于右任、莫德
> 惠、王雲五、黃國書、蔣經國等二千餘人。〔註58〕

民國五十三年，當張默君八十一歲壽辰時，總統蔣介石親頒壽額「開國耆勛」。
民國五十四年 1 月，因疾發不支，入空軍傯醫院治療，於三十日子時病逝，
享年八十二歲，總統蔣介石親臨致祭，前往致哀者達數千人〔註59〕。當時，
報紙以「一代奇女子」稱之，並刊載其一生傳略〔註60〕。張健認為，其中程
天放所撰的輓聯，最能綜括張默君的一生：

> 突破世俗藩籬，開國建功勛，允稱女傑。
>
> 掌握量才尺度，秉公擢俊賢，不愧人師。〔註61〕

張默君在七十九歲壽辰時，曾撰〈七十晉九述感〉詩，有句：「百折千磨骨，
一生九死身；尚餘填海志，彌奮補天心。」〔註62〕，其「百折千磨」應是意
指其在中年遭逢喪夫、晚年遭逢喪子的愴痛。

　　綜觀張默君一生，作為跨越舊時代的新女性，他始終不向封建傳統低頭，
不論是婚姻或事業，永遠保持自我主體上的獨立。在政治上，她勇於向傳統

〔註58〕 參見《聯合報》1962 年 10 月 5 日，第 02 版。

〔註59〕 參見《聯合報》1965 年 02 月 08 日，第 03 版。報載：「考試院考試委員、中
　　　　國國民黨中央評議委員張默君之喪，昨（七）日在臺北市立殯儀館開弔。……
　　　　蔣總統曾於昨日上午十時零五分親臨致祭，在張故委員靈前行三鞠躬禮，並
　　　　慰問遺屬。昨日參加公祭者有三十二個團體單位，政府首長和各界人士前往
　　　　致祭者有嚴家淦、何應欽、莫德惠、謝冠生、李嗣璁等數千人。」

〔註60〕 參見《聯合報》1965 年 01 月 31 日，第 02 版。

〔註61〕 張健：《志同道合——邵元沖、張默君夫婦傳》，頁 171。

〔註62〕 關於張默君〈七十晉九述感〉，詳參《張默君先生文集》，頁 482。筆者以 1960
　　　　年臺北市中華叢書編審委員會為張默君印行的《大凝堂集》七卷，作為主要
　　　　參考文獻，卷中並未收錄此詩。

封建體制挑戰，參加革命事業，推翻滿清政權，參與民國創建。在婚姻上，她突破傳統束縛，寧願不婚、晚婚，也要追尋自我愛情的認同，與理想婚姻的模式。此外，更在女性主權的解放上，跨越了性別的框架，樹立了新時代女性的最佳風範。

第二節　張默君的詩學養成與創作

彭醇士在〈張默君先生家傳〉一文中，對於張默君的文學成就，曾提出頗爲客觀的評析，彭氏認爲張默君「生平嗜學，於書無所不讀」，而其「文章尚氣勢，類陳同甫」；在詩學成就方面，張氏之詩「詩精博奇麗，於謝靈運，顏延年爲近；如枭冒鶴亭先生，以謂：『珠光劍氣，英濯逼人』」〔註63〕。

此外，筆者亦發現，因世家交遊之緣故，其父張伯純與同光體詩人相互熟識，因此張默君之詩，深受同光體陳衍、陳三立等人之影響；益之以其後的積極投身革命事業、加入南社，在飽經戰亂，迭遭憂患之後，其寫作題材極爲廣闊，且跳脫傳統閨閣之氣，而塑造出個性鮮明的詩作風格。

一、來自家族的優良傳統

張默君的工於詩詞，在一定程度上，必然與默君的家學淵源有關。蓋默君出身於傳統士大夫家庭，因此其詩學之養成，深受其家庭背景、雙親的指導等因素所影響，益之以自身的長期耳濡目染，從而成就深厚的詩學基礎。

同光派著名詩人陳三立與其父張伯純爲多年知交、並與張氏家族成員交遊甚篤，陳三立曾在1934年爲張默君的《白華堂詩》作序：

> 伯純素負經世志，爲文章倚几立就，詩亦如之。其夫人何（懿生）及夫人兄璞元並工詩，伯純詩才氣縱橫，逸宕若不可羈罩，璞元兄妹則規撫六朝初唐，紛披古藻，雅麗鏗鏘，互爲唱酬，各挾其體相高，儕輩稱詩者頗莫能軒輊也。……而默君詩尤有名，風格類其母夫人與舅氏，而兼負其父馳騁之才，蓋伯純夫婦與璞元當日所挾以相高者，默君實奄有之，可謂奇女子矣。〔註64〕

〔註63〕 彭醇士：〈張默君先生家傳〉，《湖南文獻季刊》第5期（1971年8月），頁102～103。

〔註64〕 陳三立：〈大凝堂詩集序〉，收入《白華草堂詩》，頁1。

陳三立述及張默君的家學淵源，以證張默君能長於詩作，本是其來有自，尤其張默君「風格類其母夫人與舅氏，而兼負其父馳騁之才」，可謂兼具了其父母張伯純、何承徽，以及其舅何承道的詩學之長。

又邵瑞彭（字次公，浙江淳安人）在為張默君《紅樹白雲山館詞》作序時也曾提及：「默君襲承家學，早鏗慧名，驚采壯志，轔轢古今。」〔註65〕陳衍亦云：「默君幼秉庭訓、慈訓，而天資穎悟，實足冠絕時流。」〔註66〕認為默君自小深受父母的身教、言教的雙重影響下，輔以本身的天資聰穎，其詩作能極富盛名，本是實至名歸。依邵瑞彭、陳衍等人所論，足見陳三立對張默君詩的推崇與讚賞，絕非無所依憑之浮譽。

考察張默君的家庭背景，吾人自能得見，默君其父張伯純為前清舉人，雖然側身幕僚，推行實務，然醉心舊學，曾創辦「南學會」，革命黨人蔡鍔、趙聲等人皆出其門下〔註67〕；依陳三立所謂的「伯純詩才氣縱橫，逸宕若不可羈靮」、「為文章倚几立就，詩亦如之」而論，足見陳三立對張伯純的詩文造詣、詩作品質的評價頗高。

其母何承徽，係出湖南衡陽世家，以詩名聞世，並曾與譚嗣同、陳三立等人相互酬唱。譚組菴在為其詩集《儀孝堂詩集》寫序時，更推崇何氏之詩為「沈酣三唐，淵源八代。風骨既騫，芬芳自逮。海內奉為女師，異國求其詩草」〔註68〕。民國三十年，張默君在〈先妣何太夫人儀孝老人行述〉一文中，清楚描寫道：

> 先妣何太夫人，諱承徽，字懿生，晚號儀孝老人。系出湘之衡陽，世稱通隱先生璞元公之女弟也。生而穎異，稟至性，具遠識，通經史，詩才尤天縱。髫齡依外祖母居長沙，所為詩已瑰奇驚凤儒；稍長，與舅氏璞元公、姨母榴生成太夫人、姨丈成贊君公、義甯陳散原、瀏陽譚嗣同諸詩老、益陽謝君玉女史等，裁韻唱酬，胥歎服。往往為之斂手。〔註69〕

另外，根據張默君自述，她三歲時，母親何太夫人便以方紙塊寫日常簡易字教之，已能認得五、六百字，且有「神童」之稱。而後更由何太夫人親授詩

〔註65〕邵瑞彭：〈紅樹白雲山館詞序〉，收入《紅樹白雲山館詞》，頁1～2。
〔註66〕陳衍：〈白華草堂詩集序〉，收入《白華草堂詩》，頁1～2。
〔註67〕參見張默君：〈湘鄉謁父墓述哀〉詩序之記載，收入《白華草堂詩》，頁7。
〔註68〕參見張默君：〈先妣何太夫人儀孝老人行述〉收入《玉渫山房文存》，頁27。
〔註69〕參見張默君：〈先妣何太夫人儀孝老人行述〉，收入《玉渫山房文存》，頁27。

經，默君孜孜不倦，每有心領神會，則樂不可支〔註70〕。又張默君四歲讀唐詩三百首，兼學作聯語，吐屬不凡，時有雋句，往往使諸叔父相顧失色；其所作聯語，後由何太夫人收集成冊，題爲「寶螺墨戲」，可惜此作品之後毀於祝融。六歲之後，默君始隨同諸叔父，入家塾讀書。由此可見，張默君早年的詩學基礎，受到母親的啓蒙之處頗多。

二、文學同好的相互追步

清光緒二十二年（1896 A.D.），張伯純應湖南巡撫陳寶箴之邀，督辦湖南省礦務總局，兼辦時務學堂；張默君當時十三歲，隨父親遷居長沙，並依母親學詩、依父親學經史子集。當時張伯純與黃遵憲、譚嗣同、陳三立等人創設「南學會」，海內名流，皆畢湊於湖南地區，默君頗受其影響；並於當時接觸《明儒學案》，對於黃梨洲、王陽明、顧亭林等人之學，愛不釋卷；而後又讀《王船山全集》，嘆爲觀止，始開啓其「經世致用之志，衛道匡時之念」〔註71〕

在父執輩的交游圈之中，陳三立對張默君的影響最爲深遠。蓋陳三立可以說是張默君的世伯之輩中，她最推崇景仰的一號人物，更是賞識發掘她的伯樂，他們往來頻繁，雙方關係親密，從邵元沖當年 10 到 11 月的日記中，多次記載了他們夫婦拜訪陳三立、一起登高賦詩雅集，參與詩壇盛會、或者與陳三立一起出席名流政要的宴請等活動。而默君詩的詩作中，亦有不少諸如此類之作。

此外，當年受到陳三立獎掖提攜的文壇後進，實不勝枚舉，但張默君無疑是最令陳三立矚目的一位；而默君心目中的陳三立，不僅有著三世知交的長輩般的親近，當然也有人格上的仰慕與思想上的認同，更有詩學風格上的追步，相信默君必定相當珍惜她與陳三立之間的這一段特殊因緣〔註72〕。

民國三年，張默君加入南社〔註73〕。張默君在〈南社春盂集徐園〉一詩

〔註70〕 參見張默君：〈默君自傳〉，收入《王渫山房文存》，頁 109～111。
〔註71〕 參見高夢弼：〈大凝堂年譜〉，收入《張默君先生文集》，頁 522。
〔註72〕 關於張默君與陳三立之間的詳細交游與互動，可參董俊玨：〈陳三立與近代女詩人張默君的文學因緣〉，《長春工業大學學報（社會科學版）》2013 年第 6 期，頁 99。
〔註73〕 高夢弼：〈大凝堂年譜〉記載，張默君於光緒三十二年加入南社，但依據許師慎的口述，張默君於民國三年加入南社，此可參見胡有瑞等人：〈張默君先生百年誕辰口述歷史座談會紀實〉，《近代中國》第 36 期（1983 年 8 月），頁 68。二者說法有異，考校欒梅健：《民間的文人雅集：南社研究》（上海：東方出版社，2006 年 6 月），依南社首次雅集創立的時間 1909 年，以及張默君的編號是 200 號，推究許師慎的說法較爲接近，亦即張默君加入南社的時間，應是在民國三年。

中，寫下當時南社集會情景：

> 雨後氣清穆，花光正好時。晴雲天外合，綠意滿園滋。
>
> 群彥飛豪興，文情鬱古悲。茫茫家國恨，抃作醉吟詩。〔註74〕

南社醞釀成立於晚清封建王朝崩潰之前，興盛於辛亥革命前後；在這一王朝更迭、亂象橫生的緊要關頭，南社社員大多懷著經世濟民、愛國保家的強烈情懷。此可以經由南社的首次「虎丘雅集」得見，其十七位社友中，就有十四位是同盟會會員〔註75〕，由此便可清楚看出南社的政治傾向。當時張默君與社友蘇曼殊、宋教仁、于右任、胡漢民等人，皆留有相互酬唱之作。

第三節　張默君的詩觀

一、特重詩教的雅正

邵元沖在爲默君《白華草堂詩》撰序時，曾援引張默君詩作中的「自有清剛在詩骨，欲扶正雅起騷魂」〔註76〕作爲默君的詩風特色，邵氏所論，頗爲一針見血，蓋吾人在考察張默君的詩學觀點時，總能清楚地發現，默君最特重者，實是《詩經》作者、以至中國傳統文人最關注的詩教：詩歌的教化功能，以及屈原等《楚辭》作者們最引人注目的遷客騷人之心境。

另外，《邵元沖日記》亦記載，張、邵夫妻二人即便在洞房花燭之夜，仍不忘「聯句數章」，交換彼此詩歌創作的心得，默君認爲夫君的運典稍涉綺麗，易違背《詩經》溫柔敦厚之旨，應「力誡注意」〔註77〕。婚後三天，夫妻之間更有如下關於詩歌創作的對話：

> 九時後歸，讀《韓冬郎詩》，音節靡曼。白華謂余詩本雅正，若靡靡
> 及兒女之私，燕婉之辭者，習而不返，必蕩無所歸，匪特格調日趨
> 於凡下，且泪其性靈，此明代七子之詩，所以習於佻纖，而爲大雅
> 所弗崇，今子習耽香豔之詞，殊失雅正之義，宜本《國風》《大雅》，
> 以矯浮習，以端趨向云云。其箴規之意，極爲懇摯。余平日學詩，
> 亦力趨漢唐之醇厚，因邇日流於風華之什，遂稍耽之，白華乃防微

〔註74〕張默君：〈南社春盂集徐園〉，收入《白華草堂詩》，頁15。
〔註75〕參見樂梅健：《民間的文人雅集：南社研究》，頁59。
〔註76〕邵元沖：〈大凝堂詩集序〉，收入《白華草堂詩》，頁1。
〔註77〕邵元沖：《邵元沖日記》1924年9月19日：「中宵與聯句數章，措辭尚雋，惟運典稍涉綺麗。華謂，有異風人溫柔敦厚之旨，力誡注意。」

杜漸，勉我於雅正，我亦何敢不兢兢自勵，以治詩者省身，以省身
者敏事，庶幾天君澄澄，淨洗滓濁，以葆我虛靈納於正軌，日月明
明，庶昭鑒之，以無負白華殷摯之意。華聞言，亦覺稍慰，因共披
覽碑版良久。〔註78〕

依上述資料，張默君在晚間就寢前，竟與丈夫暢談起自己的詩學理論。默君
認爲作詩「宜本《國風》《大雅》」，並勉勵邵元沖作詩當追求「雅正」，至於
明代前後七子之流，大抵「習於佻纖」，更是有失雅正而爲「大雅所弗崇」。
由是觀之，詩教的雅正之風，確實是默君創作時的一把度尺。

張默君一生戮力創作古典詩，在新舊時代交替之際，面臨新文學的衝擊，
她同時也開始思索「漢詩」此等傳統文學的形式，以及其存在的價值和意義。
在詩的定義方面，張氏在〈芝龕吟草序〉一文中曾云：

夫在心爲志，發言爲詩。言者心之聲，詩者心之畫。精誠之謂眞，
協和之謂善，充實之謂美。繪影繪聲，苟弗維妙維肖，則失眞、善、
美之理，其如詩教何。〔註79〕

默君認爲「言爲心聲」、「詩爲心畫」，因此詩作應當以「眞、善、美」爲內涵，
而不應只重視外在形式的講求。此外，她復引邵元沖之言論：「詩者言性情之
學」，從而提出：「言之精也，精者誠之至也。不誠無物，無情非詩，無正心
誠意亦非詩」的詩歌主張〔註80〕，明白指出詩歌的創作，必須力求個人的眞
實情感、秉持詩人的眞實性情。

另外，關於詩的價值方面，民國二十四年張默君在〈西北歸來說中國詩
教〉一文中提出，詩歌作品並非僅是文人的消遣品，而是與一代歷史文化、
民情澆厚、國際地位之高下，關係至鉅。故在該文中，他曾明確指出：

夫詩非僅消遣品也，與一代歷史文化之隆替，民情風俗之澆厚，國
際地位之高下，關係至鉅。而詩人一生之德業志事，所繫亦甚重大。
後人於唐李白之所以稱爲詩仙，杜甫稱爲詩聖，宋陸游、謝翱之稱
爲民族詩人者，有以也。鄙人此次於西北遍禮軒轅、周、秦、漢、
唐諸陵，登華山、訪樊川、謁杜祠，均有詩祀我始祖前皇耿光大烈、
文事武功，及西嶽之詭陋雄奇。謁杜公祠一絕無盡低迴，所以推許

〔註78〕邵元沖：《邵元沖日記》1924 年 9 月 22 日，頁 57。
〔註79〕參見張默君：〈芝龕吟草序〉收入《王渫山房文存》，頁 156。
〔註80〕參見張默君：〈芝龕吟草序〉收入《王渫山房文存》，頁 156。

少陵也，以工部生平志在邦國其憂時憫亂，匡濟孤衷，往往流露於
全部詩集中，實足以補唐史之佚。〔註81〕

張默君在文章中提出，詩人的德業志向與國家文化之隆替息息相關，同時詩
作亦能補一代之史實。她引舉杜甫為例，提到：「工部生平志在邦國，其憂時
憫亂，匡濟孤衷，往往流露於全部詩集中，實足以補唐史之佚。」。因此，對
於詩人的操守與學養，張氏認為應有一定的標準。另外，在詩人的操守方面，
默君曾經提到：

蓋詩人者，三代以下直道而行之民也，能發乎情，止乎禮義者也。

先哲詔吾人曰：「大丈夫富貴不能淫。貧賤不能移。威武不能屈」，

予以為詩人尤應具是操守也。〔註82〕

張默君認為，詩人自有其心靈之境界，自有其安慰，因此本應具備不受外物動
搖的高尚純潔堅貞之志。若是心底不存在高潔風操，便不足以稱為詩人。因此
她批評「今世多浮薄貪污媚外賣國之行者」而喜妄為詩、妄評詩，實在是近代
詩教之浩劫。此外，默君也發現，在現代化的衝擊下，文人對於詩的創作，大
抵有兩派看法：一派認為「詩固雕蟲小技，無裨人文」；另一派則對於詩甚感興
趣，且亦好為之，但「平日不事犖討，不求學養，拾古人之唾餘，而莫窺其風
骨。」因此，所創作的詩作，便無真性情可言，遂成一篇僅是「砌宇之工匠」、
「韻語之僵屍」的蕪詞濫句而已，此實嚴重導致中國之詩教日漸衰弊〔註83〕。

由此可見，張默君的文學觀之形成，乃肇始於其身處動盪不安的時代，
目睹軍閥亂象，國家飽經戰禍連年，職是之故，她認為詩歌應該具備經國致
用的經世功能、必須要有匡時輔世之用。因此，默君特別強調詩人的操守學
養，以及詩的教化功能。

同為同盟會會員、年歲較張默君稍晚的李竟容，其在為張默君撰寫〈大
凝堂詩集序〉時，曾經特別提到：「古人所謂詩教滌邪蕩穢，崇德業而正人心，
以久大民族之歷史。」〔註84〕李竟容所言甚是！蓋中國傳統古典詩的精髓，
是孔夫子所謂「興觀群怨」與「思無邪」，其大旨正是在「滌邪蕩穢」，《論語·
為政》記載孔子云：「《詩》三百，一言以蔽之，曰：『思無邪』。」此等「思

〔註81〕參見張默君：〈西北歸來說中國詩教〉，收入《玉溧山房文存》，頁17～18。

〔註82〕參見張默君：〈西北歸來說中國詩教〉，收入《玉溧山房文存》，頁18。

〔註83〕以上論述，參見張默君：〈西北歸來說中國詩教〉，收入《玉溧山房文存》，頁
18～19。

〔註84〕李竟容：〈大凝堂詩集序〉，收入《白華草堂詩》，頁1。

無邪」的眞義，即是思想上、情性上的眞誠。此是宋代理學家程顥，直以「誠」解「思無邪」之義涵，故云：「思無邪者，誠也。」。朱熹亦謂：「凡詩之言善者，可以感發人之善心；惡者，可以懲創人之逸志。其用歸於使人得其情性之正而已。然其言微婉，且或各因一事而發，求其直指全體，則未有若此之明且盡者。」〔註85〕

這即是說，詩作必須具備眞實的情感，才能達到興觀群怨、思無邪，從而體察民情風俗、考見興衰得失，目的無非是希望自身的詩歌創作，能具有關心政治社會、體察民生疾苦的時代意義。此等追求詩人眞實情感；崇尙堅貞、純潔的志向與操守等觀念，不僅是張默君自我期許的一個大目標，也是千百年來的中國傳統文人，不斷努力追尋的終極價值。

民國四十五年，默君來臺八年後，曾寫下〈詩教〉一詩：

嫩倫成化尼山旨，輔世哀民楚屈心。

應識古今詩教理，撐持天壤此元音。〔註86〕

詩中援引孔子與屈原爲喻，認爲孔學倫理教化的成效、屈原匡時輔世之心，皆寄託於詩教之中；因此詩歌不應僅是文人賞風吟月的消遣物品，取而代之者，是撐持天地的「元音」。

張默君的詩觀最引人注目者，是張默君對此般「元音」之創作的說解。張默君認爲，吾人不應只是強調詩教的倫理教化之功能，同時亦認爲詩歌應具備其藝術性。〈芝儷吟草序〉云：

詩之未可苟作也如是，至抒寫襟抱、低回古今、發揮忠愛、斥撫風雲，縱吐音天授，要寄慨遙深，是殆風人之旨，瓊乎尚矣。或則有美相思，託陵中之菡萏，伊人宛在，感水上之蒹葭。大都取況幽娟，遺思綿邈，倦倦之意彌殷，窈窈之懷斯託。〔註87〕

由是，此般對於詩歌的藝術性、或者藝術價值之呈現等言論，遂成爲吾人在考察默君的詩學觀點時，另一個值得關注課題了。

二、跬步楚辭的騷心

客觀而論，若是細觀張默君詩作，自能發現其特別敬重屈原。她愛慕屈

〔註85〕（宋）朱熹：《四書章句集注》（臺北：大安出版社，1999 年 12 月），頁 70～71。

〔註86〕張默君：〈詩教〉，《瀛嶠元音》，頁 36。

〔註87〕參見張默君：〈芝儷吟草序〉，收入《玉溈山房文存》，頁 156。

原的詩歌，更愛慕屈原的高潔品行和剛直性情，這是默君在詩歌創作時，總是借用《楚辭》中的意象，以表達「楚騷之心」的最主要原因。此外，張默君在 1948 年出版的詩集《揚靈集》，更是取屈原的「大江揚靈」一句，作為自己的詩集名稱。由是，張默君追求屈原這般騷人情結的詩學觀點，自然成就其詩歌的高度藝術性。

　　張默君對於屈原的心境思想，以及寫作方式等方面的熱烈追求，在早期就已露出端倪，如：1915 年所創作的〈乙卯述懷〉：「神州黯陸沉，世運日以蹙。當道逞豺狼，中原分逐鹿。」〔註88〕這一首詩，可謂默君早期的代表作之一，全詩悲涼蒼勁、情感深厚，尤其詩中出現的「香草意象」與「楚騷情結」，充分展現了默君嚮往高潔而又孤寂的內心世界。且〈乙卯述懷〉稍後又隨即寫道：「臨江擷荃蕙，荊蔓不可蘄。騷心淒以哀，肯效靈均哭。濁世奚足論，吾自抱奇璞。」詩人面對國運衰蔽、豺狼當道，內心確實充滿無限的悲憤，不過在感時傷懷之際，又深知自己的力量著實有限，更恨世上的這些荊棘與枝蔓甚多，難以將其逐一斫除，在如此既憤慨、卻又無能為力的情況下，詩人只好兩手一攤、效仿屈原為詩一哭了！

　　又：1923 年，中國境內在軍閥混戰中，全國人民反日的情緒也日益高漲，益之以連日的陰雨綿綿，張默君在夜裡輾轉難眠、百感交集之下，遂寫下〈春雨篇〉。觀此詩作，大抵呈現內容厚重、感情深邃的詩風特色，而默君在詩篇中「駐馬聞鈴悲蜀道，騷心綠入天涯草」一句，充分體現其遷客騷人般的心境，而「風急宛聽疾苦聲，道滿饑溺欲誰皋」、「日月風雨代復代，爛柯幾度江山改」等句，則實已明確表達詩人的心懷國事、情繫蒼生，無奈「山中碧血恨千年，江上紅愁亂如海」，歷史與現實都令人失望，詩人只能「忍取鳴琴彈」，滿懷期待地盼著未來的美好時光〔註89〕。

　　通觀張默君詩作，其總愛自稱「楚狂客」，並利用「騷心」為喻，展現自己感時傷懷的心境。以「騷心」為喻之例，如：上引〈乙卯述懷〉的「騷心淒以哀」以及〈春雨篇〉的「騷心綠入天涯草」。自稱「楚狂客」者，則如：〈己未巴黎和會時於諸專使席間次均偶成〉的「逍遙自笑楚狂客」〔註90〕，

〔註88〕張默君：〈乙卯述懷〉，收入《白華草堂詩》，頁4。
〔註89〕上引〈春雨篇〉諸詩句，詳參張默君：〈春雨篇〉，收入《白華草堂詩》，頁10。
〔註90〕張默君：〈己未巴黎和會時於諸專使席間次均偶成〉，收入《白華草堂詩》，頁21。

以及〈秋日微雨登嶽麓山偕子威翼如次子威均〉的「鴻化直追唐學府，鳳歌猶見楚狂人」〔註91〕等。

　　依上文援引諸例，足見張默君在早期作品中，「香草美人」的意象即十分突出，由是展現其鮮明的楚騷情結。此項特點，其實在默君一輩的湖湘文人之作品中，亦多有所體現〔註92〕，而張默君技高一籌之處，正是其能夠兼具了「俠之骨、仙之氣、騷之心」〔註93〕，誠如其丈夫邵元沖在評述默君詩作時所謂：「多豪宕感激之音，得變徵楚騷之意，雖不刻意求工，而寄託遙深，邈爾孤遐，……。」〔註94〕其在「不刻意求工」之下，又能讓詩歌寄託遙深、豪宕感激，從而呈現屈原一輩的騷人情懷，這也是李竟容所謂：「故其辭要眇淵微，悲憤感激，嗣響屈子船山，洋洋乎，鬱鬱焉，詩壇一大觀也。」〔註95〕正是默君創作的功力所在。

第四節　小　結

　　綜觀張默君一生，作為跨越舊時代的新女性，他始終不向封建傳統低頭，不論是婚姻或事業，永遠保持自我主體上的獨立。在政治上，她勇於向傳統封建體制挑戰，參加革命事業，推翻滿清政權，參與民國創建。在婚姻上，她突破傳統束縛，寧願不婚、晚婚，也要追尋自我愛情的認同，與理想婚姻的模式。此外，更在女性主權的解放上，跨越了性別的框架，樹立了新時代女性的最佳風範。因世家交遊之緣故，其父張伯純與同光體詩人相互熟識，因此張默君之詩，深受同光體陳衍、陳三立等人之影響；益之以其後的積極投身革命事業、加入南社，在飽經戰亂，迭遭憂患之後，其寫作題材極為廣闊，且跳脫傳統閨閣之氣，而塑造出個性鮮明的詩作風格。

〔註91〕張默君：〈秋日微雨登嶽麓山偕子威翼如次子威均〉，收入《白華草堂詩》，頁27。
〔註92〕劉峰：《張默君詩歌研究》（湖南大學中國古代文學碩士論文，2009年），頁頁34。
〔註93〕伍非百：〈大凝堂詩集序〉，收入《白華草堂詩》，頁2。
〔註94〕邵元沖：〈大凝堂詩集序〉，收入《白華草堂詩》，頁1。
〔註95〕李竟容：〈大凝堂詩集序〉，收入《白華草堂詩》，頁2。

第四章　張默君來臺前詩作表現

　　張默君在其八十二年的生命歲月中，親歷了中國近現代歷史上的種種變革，以及文學思潮的各項流變，益之以個人時空環境的種種轉瞬，不僅想法與心境會產生變化，詩風當然也必定隨之不同。筆者於此一章節，即是利用時間線索，將張默君的文學生涯、亦即詩歌風格特色之變遷，作一系統性的分期。

　　張默君的詩歌風格，大致上可以簡單區分成「清麗雅淡」與「悲壯遒勁」兩種〔註1〕。前者如：〈海門疊門存均〉中的「謹謝塵機遯海門，寒鴉流水澹孤村」〔註2〕，其構境清雅，大有六朝風味；後者如〈弔黃花崗〉詩之「大漢鬼雄七十二，精魂直欲走雷霆。」兩句〔註3〕，其造語雄渾、氣蘊深厚，與一般吾人印象中、尋常的閨秀詩相比，絕不相類。

　　本文企圖整理張默君來臺前的詩作，分析其詩作風格、創作題材以呈顯其赴台前詩歌的藝術價值。

第一節　張默君來臺前詩歌分期

　　依照張默君詩集的出版時間、題材與內容，考察張默君寫作風格與特色上的變遷，則其詩歌創作大致上可以分為三個時期：第一，早期作品勇於轉向，故能多方面發展。第二，中期作品由於國家與個人等因素，造就出兼具

〔註1〕張默君詩中「悲壯遒勁」的風格特色，可能是受到陳三立的影響。詳參董俊　　　　玨：〈陳三立與近代女詩人張默君的文學因緣〉，《長春工業大學學報（社會科　　　　學版）》2013 年第 6 期，頁 99。
〔註2〕張默君：〈海門疊門存均〉，收入《白華草堂詩》，頁 20。
〔註3〕張默君：〈弔黃花崗〉，收入《白華草堂詩》，頁 38～39。

了慷慨沉鬱與清麗飄逸的詩風特色。第三、晚期作品則是在多重因素與影響之下，有回歸早期風格的傾向。

上述三個階段性分期的時間分界點，主要以 1936 年與 1949 年爲斷點：早期作品，主要以默君五十三歲以前、亦即 1936 年之前爲主。中期作品，主要以默君五十三歲到六十五歲間、亦即 1936 至 1948 年爲主。早期作品以七言詩較多，其早年學詩多從魏晉詩入手，益之以家學淵源、拜師交友等多重影響之下，詩風雖然多變，但魏晉清剛俊雅的風韻、力求真實情感的堅持，仍是顯而易見。中期作品大多沉鬱頓挫，或者感時傷逝、或者悼古哀今，蓋此時默君正遭遇國家與人生的雙重劇變，即便時常游走於名山大川，然心仍緊繫國運蒼生。默君晚期則偏愛五言體，此時雖然應酬之作增多了，不過仍有不少「懷鄉」與「哀悼」的主題，此是默君晚期最具藝術價值之作，且默君晚期的作品，大抵思致深遠，意境開闊，但是總讓孤獨之感和忠愛之情相互交織，不僅思想極爲複雜，詩風也在略帶蒼涼之際，有回歸早期風格的傾向，是知其宗法已不拘一派、一人，而真正自成一格了。

如此的劃分方式，是利用張默君身處的時空背景、配合其文學生涯，所區隔出來的二個階段，此二階段是相對而言的，很難截然分開。而且這雖然是一種簡單的概略性分界，在某種程度上，亦略顯粗糙，不過也實是目前學界的普遍觀點，不僅方便吾人考察與論述，更足以讓張默君的人生階段、詩風特色及其變遷，呈現一清楚的輪廓。

一、早期作品：勇於轉向，多元發展

張默君在早年即投身革命，從事轟轟烈烈的推翻清廷大業，青年時期亦曾拜師學詩，益之以個人的交友狀況，如：秋瑾、陳衍，陳三立等人，故一方面呈現慷慨而多氣、志深而筆長的魏晉風韻；一方面顯露自己欲反抗舊社會、舊思想等傳統封建思想文化的革新氣度；另一方面、亦即最重要者，是明顯受到秋瑾晚期清高卓然之詩風影響，因此詩作中多豪放鏗鏘之語，風格遒勁豪壯、慷慨悲涼。換言之，張默君早期的詩作，可謂融合了許多不同方面、不同層次的風格與特色，是即便看似篇幅數量甚多而詩歌藝術尚不太成熟，不過其能利用舊式風格而含藏新內容、新意境〔註4〕，使詩作風格有多元

〔註4〕南社女作家呂碧城、唐群英等人，也都曾作革命詩。此類詩作多近體詩，也
　　　屬「舊風格新意境」之流。詳參薛海燕：《近代女性文學研究》（北京：中國
　　　社會科學出版社，2004 年），頁 75。

的展現，正是近日學者所謂：「將清高之意與卓然之志，將孤世之情與憤俗之氣，將陰柔之美與陽剛之美相結合，傳達高雅情志，並以宏闊的意境出之，意韻深厚，清新中不失雄健，……。」〔註5〕

（一）詩風多變，豐富多元

張默君的早期詩歌，泰半收錄在《白華草堂詩》、《玉尺樓詩》與《紅樹白雲山館詞》三部詩集中，是類詩作，以古體詩、擬古詩居多，大抵畫面清爽、意氣風發，且意境闊達，兼具豪邁與清麗之氣。尤其張默君的擬古詩，如：〈登廬山次晉釋慧遠均〉、〈擬古次陶靖節均〉，〈癸酉夏集廬山萬松林得籟字〉等，清麗雅正的風格，極近似魏晉遺韻，不僅文字靈動，詞句清麗，意境亦頗幽深玄遠。〈登廬山次晉釋慧遠均〉：

> 樂山豈辭遠，逍遙窮禹跡。霞寶閟石靈，地肺洩巖滴。
>
> 青冥亂煙樹，猿鶴閒自適。陰冰四時凝，炎塵千丈闢。
>
> 振策事肥遯，峭嶮寧能隔？松吹度鳴琴，目送雲中翮。
>
> 外物此神游，虛靜資永益。〔註6〕

依此詩的風格與寫作手法而論，幾乎與魏晉之風韻無異，蓋全詩的用詞遣詞，大多刻意模仿嵇康，詩歌的意境則趨近慧遠，完全是魏晉清麗、玄遠風格之再現。

再者，張默君曾與當時風靡文壇的復古派之重要成員，如：陳衍，陳三立等人相互接觸，並獲得是輩之指導與幫助，故張默君的一些詩作中，也受到這些重視格律的宋詩派學人之影響，詩歌的創作方向一度稍作轉變，從其詩作〈壬申國難後次均送纕蘅之匡廬訪散原翁〉的「水國春餘窈窕哀，丹心寸裂未成灰」〔註7〕，與〈過夷門用辛丑門存舊均呈散原石遺世丈〉的「長裾孤劍過夷門，老去侯生尚有村」〔註8〕與等詩句可見，默君的詩作竟也變得喜好用典與議論，並刻意呈現蒼勁古奧的風格。

〔註5〕劉峰：《張默君詩歌研究》（湖南大學中國古代文學碩士論文，2009年），頁29。

〔註6〕張默君：〈登廬山次晉釋慧遠均〉，收入《白華草堂詩》，頁2。

〔註7〕張默君：〈壬申國難後次均送纕蘅之匡廬訪散原翁〉，收入《白華草堂詩》，頁26。

〔註8〕張默君：〈過夷門用辛丑門存舊均呈散原石遺世丈〉，收入《白華草堂詩》，頁27。

　　隨後的年代，張默君開始真正走入社會，並投身自己最企盼的革命事業，其作為思想先進、作風前衛的新時代女性，詩作風格當然也敢於嘗試與變化，故此時期張默君的詩作風格，又一變而為雄渾沉鬱、爽朗豪邁，例如：創作於辛亥革命前夕的〈辛亥暮春書感〉、海外遊學、訪查的三年時間裡所作之〈過大西洋口號〉等，大抵皆是沉鬱雄渾、豪邁爽朗，充滿慷慨激昂、熱情奔放氣概之詩作。

（二）嚴格用韻，苦於煉字

　　即便張默君在早期的詩風多變，清麗、幽遠，雄渾兼具，然客觀而論，其受影響最深者，仍是個人的家學淵源，以及陳衍、陳三立等人的同光體。首先，其受到家學淵源與同光體詩派的交互影響之下，表現最明顯之處，是在嚴格用韻，以及苦於煉字。蓋默君的母親何承徽女士，創作時極重聲律，尤擅長近體詩，其詩集《儀孝堂詩集》中，律詩即占七成以上，而張默君的早期作品，也常將其重視聲律的觀點，體現在詞作與模擬、次韻詩之作中，數量竟兩百餘首〔註9〕。如：〈擬王右丞青谿〉、〈擬孟浩然夏日南亭懷辛大〉等，即是早期張默君模擬和次韻之作的代表，〈擬王右丞青谿〉：

　　　　攜竿坐磐石，愛次清溪水。色映眉宇間，聲咽松篁裡。

　　　　泛泛鷗影閒，翻翻菱荇紫。靜對自忘機，豈羨鱸魚美？〔註10〕

又：〈擬孟浩然夏日南亭懷辛大〉：

　　　　山月浮林亭，幽輝媚煙水。修竹生遠涼，方池漾澄沘。

　　　　光瀉荷露白，香吹詩夢紫。援琴復長歌，游聲入清徵。

　　　　知音渺何許？惻惻懷之子。〔註11〕

以同光體詩人中，成就最高的是陳三立而論，其詩取法於黃庭堅和江西詩派，詩歌中好用奇字，工於煉句琢詞，風格拗崛。而吾人若仔細觀察此二詩，也自能得見，張默君無論是從寫法、用語，以至格律，都嚴格地仿照前人，不僅格律謹嚴，用語亦精工。另外，張默君很早即開始學習填詞之證據，可依今日《紅樹白雲山館詞》詞集的收錄年份便可得知，其現存的詞作，皆創在年輕時期，《紅樹白雲山館詞》中，加之補遺的兩首，現存共計41首，此後很少作詞。

〔註9〕劉峰：《張默君詩歌研究》（湖南大學中國古代文學碩士論文，2009年），頁35。

〔註10〕張默君：〈擬王右丞青谿〉，收入《白華草堂詩》，頁2。

〔註11〕張默君：〈擬孟浩然夏日南亭懷辛大〉，收入《白華草堂詩》，頁2。

（三）注重詩人的真實情感

除了嚴格用韻，苦於煉字之外，張默君創作時，極重視自身情感的表達，並在作品內容中多有體現，其在詩作中，總清楚明白地灌注了寫作當下的心境，而「力求抒寫個人情感」，是同光體詩人的共同藝術追求之一。張默君對詩中的真實情感之追求，不啻只有在早期，其一生的詩歌創作，皆相當符合此等信念，尤其是關於思念其夫邵元沖、與邵元沖相互唱和，以及在邵元沖歿後的追憶等作品，更是感情真摯、毫不假飾，〈甲子九日南海舟中偕翼如〉：

> 多難此佳節，悠悠碧海思。眉痕欺黛遠，夢影壓濤馳。
>
> 世變憐無極，秋來感若斯。憑肩銀漢外，浩蕩一吟詩。〔註12〕

此是張默君四十一歲、與其夫邵元沖即將結婚時所創作的詩篇，內容敘述二人在舟中互相吟詩唱和，互相表達思念之情。詩中對於愛戀邵氏的語詞，絲毫無所掩飾，兩人愛情的甜蜜與堅貞，在詩中表露無遺。又〈梁谿返滬遇雨車中聯句偕翼如〉：

> （邵元沖）：飛溆涴輕塵，芳郊萬木春。
>
> （張默君）：桃谿三曲漲，山翠一天新。
>
> （邵元沖）：拾屐香泥潤，同車快語親。
>
> （張默君）：互看襟上句，豪氣薄青旻。〔註13〕

此詩是張、邵二人在搭車返回上海時，在車上即興創作的唱和聯句，亦足見二人平日的相處時光。細觀張默君創作的單句詩，詩之語言明白曉暢，秀曠清麗之餘，仍少有女性閨閣之氣。

然而張默君終究是女性，總有較陰柔細膩的一面，此些風格之作品，大多出現在默君的詞作中。觀其《紅樹白雲山館詞》，仍有女性陰柔性格之作，但數量極少，本文茲援引一例以證：

> 天茫茫，海茫茫，碧海青天秋欲霜，明月人一方。
>
> 行思量，坐思量，浩蕩靈脩那得望，紉蘭哀怨長。〔註14〕

其在詞作〈長相思〉中，利用民歌方式以敘寫思念之情，細膩的筆墨下，飽含著女性較委婉細膩的情思，但整體而言，仍是不矜持、不做作，取而代之者，是一縷質樸明白，平易流暢的清新風格。

〔註12〕張默君：〈甲子九日南海舟中偕翼如〉，收入《白華草堂詩》，頁16。
〔註13〕張默君：〈梁谿返滬遇雨車中聯句偕翼如〉，收入《白華草堂詩》，頁16。
〔註14〕張默君：〈長相思〉，收入《紅樹白雲山館詞》，頁1。

通觀張默君的早期詩作，吾人自能得見，其學詩當是從魏晉風韻入手，期間又受秋瑾、同光體詩派等的影響，造就出多樣化的詩歌風格，但貫串其中最多者，仍以沉鬱雄渾、慷慨豪氣爲主，即便偶有出現極少的女性陰柔閨閣之氣，卻仍是以構境清雅、語言簡潔清俊爲主要的風格特色，總讓人無法想像，此些作品，竟皆是出自於一名纖纖柔弱的女子所作！

二、中期作品：清麗與沉鬱，兼容並蓄

（一）慷慨激越，鏗鏘有力

張默君中期的詩作，大多散見在《西陲吟痕》、《黃海頻伽唪》、《正氣呼天集》，與《揚靈集》等五本詩集中，並以七言詩的數量較多〔註15〕。在此一時期，張默君的詩作，泰半呈現語言淒壯、感情激越；詩句勤於用典；詩風較爲沉鬱頓挫的共同藝術特色。

在張默君〈故鄉六憶〉六首組詩中，有一之〈三戶遺風〉最引人注目：

國殤滿地漫招魂，一炬長沙事忍論。

三戶遺風須記取，年年鐵血鑄乾坤。〔註16〕

默君此詩作於 1940 年湖南常德，詩歌引用「楚雖三戶，亡秦必楚」的典故，旨在說明中日抗戰已逾五年，犧牲了數千名中國將士，戰死的英靈之多，都足以漫地召喚了！但國人的復國信念，並未被時間磨滅，反之屢敗屢戰、越挫越勇，尤其長沙已被戰火燒成灰燼，湖南人民更應記取「亡秦必楚」精神、積極反抗侵略，故默君賦詩勉勵群眾，必當繼續秉持如此信念與信心，直到勝利的那一刻，此正是〈三戶遺風〉之〈序〉能慷慨激昂地說道：「湖南不亡，中國焉能亡哉？」〔註17〕

自 1929 年張、邵二人結婚開始算起，張默君在這十一年間，經歷了丈夫遭殺害、親人相繼去世，而國家又遭敵人入侵，正如火如荼的與其激烈戰鬥、危機重重，這是中國的悲劇時代，也是默君個人生涯中，最感傷悲痛的一段時期。換言之，默君在這一期間，可謂經歷了苦難、嘗盡了挫折，這樣的心

〔註15〕依劉峰的研究統計，《西陲吟痕》計有 15 首、《黃海頻伽唪》計有 13 首、《正氣呼天集》計有 58 首、《揚靈集》計有 53 首，外加《庚辛渝闈》的組詩 3 首，合計爲 142 首。參劉峰：《張默君詩歌研究》（湖南大學中國古代文學碩士論文，2009 年），頁 35。

〔註16〕張默君：〈故鄉六憶〉其六〈三戶遺風〉，收入《正氣呼天集》，頁 21。

〔註17〕張默君：〈故鄉六憶〉其六〈三戶遺風〉，收入《正氣呼天集》，頁 21。

路歷程，促使她的詩作風格愈加沉鬱感慨，故細觀〈三戶遺風〉，其語氣激昂、情感激越，讀來雖然淒壯，卻更顯得鏗鏘有力。

嘆恨國土遭侵略的〈尺土〉，其詩作風格亦然：

地北天南挾夢馳，河聲岳色並淒其。

恤周奇恫空前古，在莒殷憂劇此時。

待整金甌教袖手，半傾大廈孰匡持。

神州尺土先民血，一寸江山一寸思。〔註18〕

〈尺土〉之〈序〉清楚表明，其旨正在「愴懷失地也」〔註19〕，蓋時局的動盪不安，已讓詩人內心無限感傷，如今疆土已缺，中國猶似一即將傾倒的大廈、岌岌可危，故張默君將其悲憤，一一化作慷慨淒壯的詩句，讀來果然振奮人心！

1939年9月，湘北地區傳來中國軍隊成功抗敵的好消息，張默君南難掩興奮之情，隨即寫下〈湘北聞捷〉一詩：

神嶽南中峙縱橫，亡秦三戶有先聲。

洞庭波盪蝦夷骨，蓬島魂銷上國兵。

威走雷霆行掃穴，春迴天壤佇收京。

毋驕哀勝前賢訓，還我河山是此生。〔註20〕

詩中言「蝦夷」為日本島名，在日本本州島東北，為日本四大島之一，即今北海道。中國軍隊這一仗，可謂全面性的勝利，蓋敵軍海、陸、空三軍傾巢而出，兵分六路攻打長沙，面對大軍壓境，中國將士毫不畏懼，利用奇兵策略突圍日軍。此次戰役，剿滅三萬多名日軍，不僅讓敵人聞風喪膽，更是震撼國際視聽、舉世震驚。

因此，觀張默君〈湘北聞捷〉，足見其雀躍之心情，早已溢滿全詩，「威走雷霆行掃穴」、「還我河山是此生」的波瀾壯闊之氣度、豪氣干雲之直爽，實非一般纖纖女子能與之抗衡。捨此而外，她又再次援引「三戶亡秦」的典故，雖同樣在激勵人心，但此時引用典故的興奮心境，實與創作〈尺土〉時的怨嘆悲憤，大有不同。默君在〈湘北聞捷〉之〈序〉裡激動興奮地指出：「謂是足轉捩全局，始奠必勝之基，而中華民族自強復興之精神，今彌著云。」

〔註18〕張默君：〈尺土〉，收入《正氣呼天集》，頁11。

〔註19〕張默君：〈尺土〉，收入《正氣呼天集》，頁11。

〔註20〕張默君：〈湘北聞捷〉，收入《正氣呼天集》，頁11～12。

〔註21〕不過，詩中仍不忘告誡自己、當然也在告誡中國全體軍民，必當「毋驕哀勝前賢訓」，欣喜之下，勿忘「勝不驕，敗不餒」的明訓。

又1942年，美軍在太平洋上，開始對日軍還擊，第二次世界大戰的局勢，已有所轉折，這對中國來說，無非是一良好的契機。不久，中國軍隊在湘北地區，再度接連傳來打勝仗的捷報，張默君聞訊，興奮地賦詩以記之，〈三十一年一月湘北三捷〉：

> 聞捷一沾巾，邦仇此始伸。止戈先有武，無敵乃為仁。

> 湘北江幹骨，倭東夢裡人，楚風從古競，三戶足亡秦。〔註22〕

國軍在湖南地區連連告捷，默君喜極而泣，她以短促有力的文字，歌頌正在三湘大地英勇抗日的戰士，更顯詩作的激情四溢。默君此處，已是三度援引「三戶亡秦」的典故，這當然是為戰事的勝利而高興、為殺身成仁的壯士欣喜，更似是為了自己預言終於獲得印證而高興。全詩言簡意賅、氣勢沉雄，興奮欣然之色四處洋溢，讀來果然大快人心！

（二）靜謐清麗，輕柔飄逸

截至抗戰時期，張默君馳騁於文壇，已長達四十多年，面對千瘡百孔的故國河山，以及個人遭遇的種種轉瞬，其詩歌風格日趨凝重、日益沉鬱。如此結合國破家亡之恨，以及自我的人生巨變，溶出了張默君這般激越淒壯、激昂豪爽，與鏗鏘有力的詩句，時而怨恨、時而悲嘆；時而豪邁爽朗、時而沉靜平淡，不過此也正是「那個如火如荼的革命年代特有的審美風範」〔註23〕，與早期作品相比，其閨閣之氣全脫，蛻變出浩氣十足的壯麗與不羈，或謂：「這一時期的詩歌，主題和格調變化迅速，行文收放不受羈絆，先是情感激越後又復平淡。」〔註24〕這是張默君在中期作品的最重要風格特色。

不過，值得一提者，是默君的中期詩作，慷慨沉鬱佔了極大的部分，但仍有些許看似「柔逸清麗」的點點星光，閃耀在其中。換言之，默君此時雖然整體呈現沉鬱頓挫之風格，但是亦不乏清麗之作。〈初心〉：

〔註21〕張默君：〈湘北聞捷〉，收入《正氣呼天集》，頁11。
〔註22〕張默君：〈三十一年一月湘北三捷〉，收入《揚靈集》，頁4。
〔註23〕徐鵬緒：《中國近代文學史綱》（北京：中國社會科學出版社，2004年），頁112。
〔註24〕劉峰：《張默君詩歌研究》（湖南大學中國古代文學碩士論文，2009年），頁35。

初心澹與野雲飛，曉撥霜根獨采薇。

　　哀澈天難孤鳳噭，風迴餘韻落清暉。〔註25〕

這是張默君《正氣呼天集》詩集中少有的靜謐清麗之作。「初心」顧名思義，是默君作爲一介學子，本該持守著悠然閒適的心境處世，更甚是過著閒雲野鶴的愜意生活，「曉撥霜根獨采薇」雖看似淒冷孤寂，也是個人心之所嚮，無奈國家與個人生活上的巨變，成就了不一樣的自己，詩人似是在自問，不知何時才能回到舊日時光、回到自己眞正嚮往的輕鬆愜意的生活？

　　五言長詩〈歸耕篇〉也是一證：「橘霜朱欲凝，蘭月皎可掇。蒼昊媚孤幽，居我山水窟。」〔註26〕1939年，五十六歲的張默君，赴渝參加國民黨六中全會，突聞太夫人何承徽病危，情急之下，冒險回到家鄉侍疾，〈歸耕篇〉正是寫在母親病癒後，卜居於龍城仙女峰麓之時，龍城仙女峰麓當地，環境優雅、生活愜意，其清楚描寫自己也欲跟著母親，過著「清湘信清絕」、「茲焉止桑梓」的能以山水爲伴之田園生活〔註27〕。

　　職是之故，當默君能身居於心無旁鶩、閒適清淨的自在生活下，家鄉景物皆是美景、鄉居生活皆是快活，愉悅之情油然而生，詩作自然也就平淡輕揚，風韻飄逸了。其他再如：〈莫春久雨初霽〉的「躡蹻快幽探，留春到遠潭」、「谷靜蘭風細，林深鳥唱憨」〔註28〕；〈香祖〉的「臨流一鼓猗蘭譜，萬壑春風叫杜宇」〔註29〕；以及〈郊行〉所云：「侵曉沿谿自在行，亂山重疊四圍迎。遠香流水欲無影，回首梅魂栩栩生。」〔註30〕諸如此類，皆是張默君卜居故鄉山野時，身閒心靜、悠然自得之後，所創作出的輕快詩歌。

　　上述詩作，可謂默君對安定的田園生活之嚮往、表現詩人欲適然自足的心態，其作品的筆觸輕柔飄逸，文詞清麗自然，感情頗爲細膩眞摯。此外，較之張默君的早期詩作，此時邁入中年、「思想成熟」之作品，其借景以抒情的意味減少了，除了對閒適清淨、自由自在的生活之嚮往以外，幾乎看不出個人主觀情感的痕跡，從某些角度而論，亦甚爲可惜！

〔註25〕張默君：〈初心〉，收入《正氣呼天集》，頁12。

〔註26〕張默君：〈歸耕篇〉，收入《揚靈集》，頁2。

〔註27〕張默君：〈歸耕篇〉，收入《揚靈集》，頁2。

〔註28〕張默君：〈莫春久雨初霽〉，收入《揚靈集》，頁14。

〔註29〕張默君：〈香祖〉，收入《揚靈集》，頁12。

〔註30〕張默君：〈郊行〉，收入《揚靈集》，頁14。

第二節　張默君的詩作題材與創作表現

　　筆者於上文旨在利用時間線索，將張默君的文學生涯及風格特色，作一歷史進程的系統性分期。此處則是以張默君所身處的時代環境爲主線，配合詩人本身的心境，考察其如何在當時的時空背景之下，融合手邊的各項題材，創作出獨具個人風格與特色的詩篇。

　　今考察張默君的詩作題材，可概分爲五大類：第一，是描寫關於中國兵馬倥傯、感慨動亂時局之下，詩人憂國憂民、有志報國的時事政治之作。第二，是出國遠遊之際，借景以抒情的寫景記遊之作。第三，是詩人遭逢家國與家庭等重大變故之後，因感慨死生新故而創作的憑弔悼亡之作。第四，是感性眞摯，情深意長的懷鄉思親之作。第五，是瀏覽名勝古蹟之後，感嘆滄海桑田、物換星移的詠史懷古之作，以及師友間相互應和儔唱、文學藝術家興會標舉，彼此標榜作品的題贈詩作〔註31〕。

一、時事政治

　　關於時事政治類的詩作，是默君詩作中頗爲引人矚目的部分。依中國學者劉峰的研究，張氏此類作品又可細分爲兩類：其一，是敘寫動亂時局的憂國憂民之作；其二，是近世新思想推動底下，與女權、倡民生的作品〔註32〕。

〈自題倚馬看劍圖〉：

> 雲濤潢洞春淞濱，晞發荒江棲老屋。
>
> 何當哀感來嵯峨，遙睇神州日初旭。
>
> 神州有美氣如虹，天挺英姿起南服。
>
> 閶風吹衣霧縠舉，驚采飆發清以穆。
>
> 曼睞神涵天地靈，修眉秀奪山川綠。
>
> 山川天地鬱奇雄，孕毓斯人獨邁俗。
>
> 孤襟朗抱弩空冥，劍魂珠光廻斗宿。
>
> 人如神兮驥如龍，我欲從之橫海陸。

〔註31〕　其中題贈詩作，在張默君赴臺後，篇數明顯陡增、佔有量頗重，由於此些作品，涉及張默君來臺後的心境與交友狀況等，是本文析論的重點之一，故此處暫不評述，待至本文第五章《瀛嶠元音》詩作主題與詩風特色〉與第六章《瀛嶠元音》詩作的特殊意象〉，再進行更深入、更詳細的論述。

〔註32〕　劉峰：〈非常之人值此非常之境—南社女傑張默君詩歌創作歷程談〉，《中南大學學報（社會科學版）》2010 年第 3 期，頁 122。

　　大陸將沉海水闊，國恥未湔萬古辱。

　　忍以春秋度等閒，誓理蒼生不平局。

　　陵風倚馬睨吳鉤，凜凜秋霜逼寒玉。

　　亂紅笑指血如霏，醜虜望風咸慴伏。

　　與君敵愾賦同仇，咄嗟莫效新亭哭。

　　豈雲衛國男兒事，肯教坐誤閒憂樂。

　　滔滔眼底幾鬚眉，疆半轅駒徒局促。

　　鷸爭那見危巢傾，遂令島夷恣踐蹋。

　　培風孰是騰層霄，恢弘漢道光河嶽。

　　國魂呼取東陲歸，海立雲垂雷霆飛。

　　騷心畫愷潛孤微，軒轅赫赫張炎威。〔註33〕

1915 年 5 月，袁世凱政府在日本的脅迫下，簽署喪權辱國的「中日協定」，引起社會各界的強烈反對聲浪，張默君亦義憤填膺，以油畫作自畫像，自繪一幅騎馬仗劍衝殺者的油畫以示抗議，並作此詩以抒發自身的壯志和感慨。

　　〈自題倚馬看劍圖〉勾勒出一理想中英姿煥發、豪氣干雲的女騎士形象，她長髮飄逸、倚馬仗劍，同仇敵愾地誓言爲蒼生百姓掃平亂局。此等急欲共赴國難的英雄氣概與愛國熱情，在張默君詩作中隨處可見，如：〈秋夜書感〉的「花魂慘澹香彌永，劍影依稀血未乾」記述她在睡夢中，仍仗劍誅殺民賊〔註34〕。再如：《乙卯述懷》的詩前小序，清楚明白的譴責袁世凱，其爲一己之私權與私利而宣佈帝制，而不肖如豺狼般的政客，也藉此爭權奪利〔註35〕，詩云：「神州黯陸沉，世運日以憂。當道逞豺狼，中原分逐鹿。」〔註36〕正是刻劃袁世凱復辟帝制的醜態，以及統治階層種種倒行逆施、禍國殃民的行爲，讓國家岌岌可危。諸如此類作品，正是郭延禮筆下所謂「抒發抒情主體的報國情懷」之作〔註37〕。

〔註33〕張默君：〈自題倚馬看劍圖〉，收入《白華草堂詩》，頁 9～10。

〔註34〕關於張默君〈秋夜書感〉此詩，本文轉引自郭延禮：《中國文學精神（近代卷）》（濟南：山東教育出版社，2003 年），頁 259～260。筆者以 1960 年臺北市中華叢書編審委員會爲張默君印行的《大凝堂集》七卷，作爲主要參考文獻，卷中並未收錄此詩。

〔註35〕〈乙卯述懷〉之〈序〉曰：「時袁世凱謀複帝制，群小披昌，摧戮異己，廉恥道喪，人欲橫流，舉國晦冥，有淪胥之感。慨賦此章示同志諸子。」參張默君：〈乙卯述懷〉，收入《白華草堂詩》頁 4。

〔註36〕張默君：〈乙卯述懷〉，收入《白華草堂詩》，頁 4。

〔註37〕郭延禮：《中國文學精神（近代卷）》，頁 259。

　　除了憂民傷時、有志報國之作，提倡女權、重視教育、興辦女校，弘揚民主思想等，也是張默君詩詞中的重要主題之一。筆者已在前文的數個章節多處，不斷強調張默君身爲中國近代女性，以先頭部隊之姿，提倡女權、關心女性受教育權益，以及弘揚民主思想等，茲不贅論，故此處乃針對其詩作中所體現之是類思想作申述。

　　1901 年，其父張伯純因受命協助曾國荃、兩江總督劉坤一等人，督辦兩江學務和編纂學務雜誌，遂舉家南遷至長沙，不過當時江南地區的民風較爲閉塞，對乍到此地、爲政府創辦教育事業的張伯純而言，工作之艱辛困難，自不在話下，而當時年僅十八歲的張默君〔註38〕，不僅能體諒父親的辛勞，更爲此賦〈辛丑秣陵秋興敬次兩大人門存均即奉伯嚴石公伯弢諸丈〉一詩，記敘舉家搬遷、父親辦學之過程，詩中「從來文字關興替，放眼千秋一笑存」一句〔註39〕，充分體現年輕的張默君，早已深黯「教育是經世大業」之理，以及詩詞歌賦的社會功能。

　　青年時期的張默君，已深知文化和教育事業的重要性，況且默君自幼接觸較先進的思想和文化，並認同傳統中國所固有的雅正道德觀念，決心立志以自身之力，提筆倡導教育事業，喚起當代因迁愚而無所適從的民眾，故云：「自有清剛在詩骨，欲扶正雅起騷魂」〔註40〕。辛亥革命起義成功之後，張默君正式從事教育和婦女工作，益之以默君中年以降，因事業較有所成，更積極投身辦學、提倡宣揚女權等活動，將年輕時期的理想，化作實際行動，著實有力地推展了近代婦女教育和解放運動，爲中國的教育事業，作出卓越貢獻。

　　1927 年 4 月，國民政府定都南京，四十四歲的張默君，被任命爲中央政治會議上海分會教育委員，兼杭州市教育局長。未料張默君在 1912 年所創辦的「神州女學」及「神州女界協濟社」，也在同年毀於戰火，當時的一女師也因改制，取消師範科，張默君力爭不逮而辭職，其〈丁卯春孟送翼如之武林〉

〔註38〕清光緒二十七年（1901 A.D.），張默君十八歲，就學於金陵養正女學校，兼教授附小的文史倫理，發揮愛國思想。又進入匯文女學，攻讀英文，其一人身兼教師、兩校學生的情況，古今少有。

〔註39〕張默君：〈辛丑秣陵秋興敬次兩大人門存均即奉伯嚴石公伯弢諸丈〉，收入《白華草堂詩》，頁19。

〔註40〕張默君：〈辛丑秣陵秋興敬次兩大人門存均即奉伯嚴石公伯弢諸丈〉，收入《白華草堂詩》，頁19。

悲嘆道：「我生逢百罹，奇抱鬱難展。感物愴所懷，微吟萬花泫」〔註41〕。神州女校和神州社，皆是張默君在年甫三十時，因爲理想而辛苦創辦的學校和社團，尤其神州女校，是她深感要實行眞正的男女平等，必須先求學識上的平等，故而創辦的女子學校，該校依次開設小學、中學至大學專修科班，每年畢業學生一千餘人，日後也大多致力於政教，名聲甚大。如今心血與理想毀於戰火，縱然其夫邵元沖，即將上任杭州市市長〔註42〕，〈丁卯春孟送翼如之武林〉此首五言古詩中，除了些許砥礪其夫之語外，未見欣喜之色，更多的是壯志未酬、有志難伸的哀嘆，默君心中的悲痛，已在此詩自明。

　　1929 年，南京考試院成立，張默君奉命出任考試院考選委員會專門委員，同年 7 月，國民政府於首都舉行第一屆高等考試，更被受命爲典試委員。1931年，張默君正式上任，典試第一屆高考，受任時獲贈「周代鎮圭尺」和「漢代黃律官有王子旁尺」（漢代黃鐘律琯尺）各一件，而後詩人陳三立更爲其題「玉尺樓」於書閣上，張默君知其用深意，遂作七言絕句〈二十年七月六日典試入闈口號〉以記之，一方面砥礪自己，更藉此表明心志：「天開文運此堂堂，玉尺還憑玉手量。青眼高歌邁前古，獨憐崇嘏作男裝。」〔註43〕唐代李白〈上清寶鼎〉詩云：「仙人持玉尺，度君多少才；玉尺不可盡，君才無時休。」張默君是中國建立考試制度以來的首位女考官，且當時的女子，也不再需要偷偷地穿著男裝來應試。職是，正當張默君在沉浸於「爲國選才」的榮耀之餘，也不忘期許自己，必當不遺餘力以完成使命，其深感時代在進步，考試制度也該隨之更新，故遴選人才的方法和眼光，皆必須超越前代，名符其實的做到男女平等。這正是張默君自 1931 年的典試第一屆高考開始，即秉持「忍死誓補金甌完」的極度敬業精神〔註44〕，投身於試場的事前籌備、事後選拔人才等工作。

　　今通觀《玉尺樓詩》所收錄之近六十首詩作，皆是作者在歷屆的典試期間所作，蓋默君在每次典試前後，皆以大量的詩文記敘，其前往各省組織考

〔註41〕　張默君：〈丁卯春孟送翼如之武林〉，收入《白華草堂詩》，頁 5。
〔註42〕　1927 年 4 月，邵元沖任命爲浙江政治分會委員、浙江省政府委員、兼杭州市市長。〈丁卯春孟送翼如之武林〉即是邵元沖上任之初，張默君五古送給他的五言古詩。
〔註43〕　張默君：〈二十年七月六日典試入闈口號〉，收入《玉尺樓詩・辛未京闈》，頁 1。
〔註44〕　語出張默君：〈四十年辛卯臺灣再典試全國高普考中秋對月放歌奉簡煜老暨同闈諸子〉，收入《玉尺樓詩・庚壬臺闈》，頁 11。

試，戮力維持公正、恰當的標準，以評價等第、衡量人才，故〈二十年七月六日典試入闈口號〉詩作一出、益之以默君的處事態度，在當時傳爲佳話，更讓默君博得「操玉尺校士」之美稱，及「玉尺量才」之美名。此後，她歷任國民政府各屆考試委員，先後參與十多屆典試工作，爲國舉才、不遺餘力，數十年如一日，尤其每每有讀書女子在典試中上榜，張默君總是興奮地爲之作詩誌慶，如：〈京闈高試憙女生倪光瓊陳自觀獲雋〉云：「一日聲明四海知，千秋曠典重明時。秉彝畢竟同修好，漫說男兒勝女兒。」又：「玉堂金馬騁娉婷，倦眼今朝爲爾青。越水吳山天下秀，固教有美作榛苓。」〔註45〕此二首詩作，自是對當時應考的倪光瓊、陳自觀兩位女性的讚揚和勉勵，其中「漫說男兒勝女兒」一句，默君的欣喜之色，早躍然於紙上！再如：〈京闈普試女生華甯相以農蠶科獲雋〉：「期爾展經綸，興邦首厚生。堂堂四千載，嫘祖有傳人。」〔註46〕對於華甯相的榜上有名，張默君直以「嫘祖有傳人」大肆讚賞。是類詩作，皆是張默君對於這些願意走出閨閣、與男性一較短長的女性們的高度肯定。此外，勇於擺脫傳統封建禮教束縛、參加考試的女性們值得鼓勵，對於落榜的女性，張默君亦眞情流露的表明其惋惜之情，〈汴省普考放女生劉宇潔獲雋喜賦並視及第諸生〉：

> 人鏡夫容特地妍，輕裾獨曳鳳堂前。
>
> 遺珠滄海非吾願，碩果中州望爾賢。
>
> 漫說空城看龍虎，懸知落筆走雲煙。
>
> 竿頭百尺還須上，萬里鵬程好著鞭。〔註47〕

張默君在此詩「遺珠滄海非吾願」一句之下，自注一饒富趣味的註解：「此次應試，女生有二，竟遺其一，殊爲惜之。」〔註48〕其主觀的希望兩位應考女性，皆能榜上有名，從典試前的雀躍與期待，以至典試之後的失落，此般一連串的天眞性情，總讓吾人會心一笑！

〔註45〕二詩皆出自張默君：〈京闈高試憙女生倪光瓊陳自觀獲雋〉，收入《玉尺樓詩·癸酉京闈》，頁8。

〔註46〕張默君：〈京闈普試女生華甯相以農蠶科獲雋〉，收入《玉尺樓詩·甲戌京闈》，頁8。

〔註47〕張默君：〈汴省普考放女生劉宇潔獲雋喜賦並視及第諸生〉，收入《玉尺樓詩·癸酉汴闈》，頁6。

〔註48〕張默君：〈汴省普考放女生劉宇潔獲雋喜賦並視及第諸生〉，收入《玉尺樓詩·癸酉汴闈》，頁6。

二、寫景記遊

　　由於早年的投身革命，以及日後受到國民政府任用、位居要職，使張默君有機會出國遊歷、四處考察，親身得見中國國土境外的民情風俗；即便在國內，一生也是輾轉大半個中國。這是張默君寫景記遊類的詩作，能在其每個詩集中，皆佔有一定分量的外部因素。

　　不過面對各地不同的景色風土，主觀的詩人總是因個人當時的心境、寓情於景，闡發不同程度的情、景交融之優秀作品，張默君亦復如是，其大多數的寫景抒情之作，泰半借景以抒發個人的豪情壯志，以及感時憂民的愛國情懷，單純寫景紀遊、不帶個人情感與色彩的詩作較少。如：〈明月出滄海〉：

> 明月出滄海，決溣騰雲光。素景彌四野，寒輝流八荒。
>
> 潛壑閟玄籟，遙坰生孤涼。琅玕交遂居，溪瀑鳴山堂。
>
> 幽人契清聖，神采何飛揚。河嶽孕奇秀，蘭芷裹芬芳。
>
> 涉世抱真純，抗古希明良。千祀奮惠心，萬感廻中腸。
>
> 發藻哀以思，稟氣沖而剛。抽豪動灝靈，揮詠排開闔。
>
> 風濤為鼓吹，鸞鳳相低昂。瘡痍紛在眼，狂憤懸遠陽。
>
> 飄飆大布衣，茲志寧可忘。會當起衰罷，佇首歌太康。〔註49〕

詩人由畫面雄渾開闊的自然景色入手，開啓了宏偉而蒼莽的境界，隨後轉入「抗古希明良」、「稟氣沖而剛」的高遠壯志，以及「萬感廻中腸」的強烈感慨，最後詩人乘著風，透露「茲志寧可忘」的些許感傷，憂時憂民的愛國情懷，就在此等「感情一波三折」的詩作中充分展現。又〈日觀峰觀日出〉：

> 日觀峰頭月未殘，惺忪詩夢破高寒。
>
> 為迎朝氣排重霧，試禦天風上遠巒；
>
> 諸界霾開幾今古，眾生光被自悲歡。
>
> 無邊璀璨騰雲海，贏得群仙拍手看。〔註50〕

詩人登高望遠，俯仰於無邊無際的清晨天空，因為高地仍未全然日出，因而伴隨著「月未殘」的自然景色，使人竟也不自覺地睡眼惺忪、一片混沌。此等景象，讓張默君油然興起一陣孤寂，進而「諸界霾開幾今古，眾生光被自悲歡」，想到這個宇宙開闢以來，人世間不知發生多少悲歡離合之事，讓張默君無限悵然，如此天地之大、人類卻渺小無依的孤獨感，頗能與初唐詩人陳

〔註49〕張默君：〈明月出滄海〉，收入《白華草堂詩》，頁1。
〔註50〕張默君：〈日觀峰觀日出〉，收入《白華草堂詩》，頁22。

子昂：「念天地之悠悠，獨愴然而涕下」的心境相合，自然宣洩了詩人內心的憂苦與煩悶。待至日頭初昇、陽光乍現，當「無邊璀璨」的雲海始映入眼簾時，詩人才又重拾溫暖而歡樂的海闊天空之心境。

依上述二詩，吾人自可得見，張默君寫景記遊的詩作，不僅能寓情於景、讓詩人心境和天然景色自然交融，尤其在寫景的歷程中，詩作所呈現者，並非單純的空間之美，而是一自然景物的變幻歷程，此時詩人的心緒，也隨時緊繫著景色而隨之轉化、一波三折，營造出一具有時間線索的立體時空之美感，正如：〈雨中過寒山寺〉的「微撫蒼茫世已非，一天風雨欹禪扉」到「晚風忽送鐘聲出，穿破濃雲滿嶺飛」之心境〔註51〕，此自是張默君寫景記遊類詩作的獨特風格。再如：〈一歠〉：

> 曉發清機天籟微，尋幽割得紫雲肥。
> 愁心欲入寒空盡，一歠霜林葉亂飛。〔註52〕

歠，音嘯，《詩經・小雅・白華》有：「詩人「歠歌傷懷，念彼碩人」之句。「愁心入寒空」，氣韻蕭疏、神韻超逸，頗能與默君自謂「自有清剛在詩骨」的風格相符。又：〈自劍門至藏海寺小憩拂水岩〉：

> 山腰一寺渺溟藏，嵐氣薰衣窈窕涼。
> 圍坐水簾吟影濕，孤情遐抗劍門長。〔註53〕

默君由劍門至藏海寺，在「風氣薰衣」、「水簾吟影」的閒適清幽環境中神遊物外、自得其樂，即便詩中闡明此時此刻的「孤情」，也不妨礙詩人享受空靈虛靜的灑脫心情。

另外，由於張默君曾經旅居歐美各地數年，自然遊覽了不少歐美地區的名勝美景。值得注意者，是默君的家學淵源、以及早期的多師從清末「同光體」作家，故堅持以中學為本位，強調寫詩必須言之有物，抒發自身在當下之真實感受，默君深受影響，尤其在境外創作更為用力，故即便是寫景的詩文，也重在抒寫性情〔註54〕。如：〈美國康橋訪詩人郎霏洛故宅〉：

> 小立空庭花滿襟，孤懷天壤託微吟。
> 詩人自有清緣在，鴻雪還留認淺深。〔註55〕

〔註51〕張默君：〈雨中過寒山寺〉，收入《白華草堂詩》，頁32。
〔註52〕張默君：〈一歠〉，收入《白華草堂詩》，頁31。
〔註53〕張默君：〈自劍門至藏海寺小憩拂水岩〉，收入《白華草堂詩》，頁48。
〔註54〕劉峰：《張默君詩歌研究》（湖南大學中國古代文學碩士論文，2009年），頁17。
〔註55〕張默君：〈美國康橋訪詩人郎霏洛故宅〉，收入《白華草堂詩》，頁33。

又：〈重遊康橋踏雪〉：

　　　疎林斜帶玉爲村，冷豔新招舊屐痕。

　　　異域風光無限好，又牽歸思到梅魂。〔註56〕

張默君在美國，經常在課餘閒暇時間與學友們同遊，蹤跡所至，多寄之吟詠，其詩作總能極致細膩生動的描寫異域風景，如：郎霏洛故宅的繁花似錦、落英繽紛：康橋一帶靄靄白雪的鄉野風光，在默君筆下栩栩如生的展現出來。不過異地風光之美，即便詩人極盡刻劃之能事，也往往是其作爲抒發祖國和故鄉思念之情的旁徵而已，每每看見如詩如畫的異域美景，正似〈紐約月夜奉懷母大人〉的「百尺瓊樓獨倚闌，西風故國淚汍瀾」一般〔註57〕，總不禁觸發詩人濃厚的孤獨之感、勾起詩人無盡的思鄉之情。

　　這即是說，張默君雖然寫下不少描寫異域風光的詩歌，但她的寫景，意在造情，並常以此凸顯個人的歸鄉之情，感情深摯而濃郁，詩作是如此，詞作亦同，〈浪淘沙〉〔戊午夏逭暑東美銀灣雨餘契伴棹舟湖上素波如練山翠照人異域風光感懷去國〕：

　　　雨後景堪憐，山抹涼煙，一艘盪碎鏡中天，天外平蕪青未了，遠道

　　　綿綿。濕翠撲瑤鈿，綠損朱顏，無端清怨到眉尖，故國湖山猶健在，

　　　歸去何來。〔註58〕

山抹涼煙、碧水如鏡，異國的風景確實優美，不過正在欣賞之際，遠道綿綿、綠損朱顏，懷鄉的憂愁無端地湧上心頭：同樣優美的故國河山，現今不知如何了？自己又何時才能重回故鄉、一睹故國之美景？

　　總的來說，關於張默君的寫景遊覽之作，往往眞實表露自己超脫、瀟灑與高潔的眞性情，將當下詩人自己心境的寫照，照映在欲刻劃的自然風景之中。尤其本身思想就已較當時中國人更爲先進的張默君，也是此一時期少數女性能夠走出國門，在歐美環境的風雨沐染下，開拓視野、增長見識，感受異國人民的生活苦樂、欣賞異域的自然風光與美景。

　　捨此而外，如此不同於一般舊時代中國文人的生活經驗，益之以必須經歷國內、外的各種革命的變局，自然造就了其更爲特出的生命旅程與文學思維，從而能有意識地在其詩作中，體現無畏的精神與超出男兒的豁達胸懷。

〔註56〕　張默君：〈重遊康橋踏雪〉，收入《白華草堂詩》，頁33。

〔註57〕　張默君：〈紐約月夜奉懷母大人〉，收入《白華草堂詩》，頁33。

〔註58〕　張默君：〈浪淘沙〉，收入《紅樹白雲山館詞》，頁3。

這當然也是張默君在這一文學時代中，最具社會價值與歷史意義之處，畢竟她是以一女性的角度與觀點，眞實記錄她眼睛底下的中外世界，這對後世學者在研究革命文學、女性文學、乃至於中國近代史，皆有一定程度的參考價值。

三、憑弔悼亡

在張默君八十餘年的人生旅途中，1936 年可說是最關鍵的一年，也是她諸多心境轉變的重要分界點。1936 年其夫邵元沖在西安事變中遭殺害，國家又遭逢危難。換言之，此時正是中國歷史時代，以及默君個人的悲劇開始，不僅國家危機四伏、家庭變故，其自丈夫逝世起，以至於移居臺灣的這十多年裡，又接連失去許多親人與好友，感情豐富的張默君，將這些感懷憑弔的血淚悲痛，一一化作詩篇。是類詩作在張默君的創作裡，數量頗豐，且大多集中在《揚靈集》、《正氣呼天集》和《瀛嶠元音》中〔註 59〕，感情細膩，悲戚傷痛之情，在詩作中自明。

考察張默君的憑弔悼亡之作，大致可概分爲三類：其一，是悼念丈夫邵元沖。其二，是悼念革命英烈。其三，是悼念親人故友。悼念邵元沖者，如：
〈筠廬紫薇初放愴懷翼公〉：

沐浴乾坤娓燼春，搖天猶記倚寒筠。

絳雪如夢君何處，腸斷江山半屬人。〔註 60〕

張默君在此詩下自注：「翼公夙好紫薇，十三年與予結縭春申賦詩，……今公死國八載，兩京隨淪，筠廬花好，失地未還，恫已。」據說張默君聽到丈夫遭槍擊而殞命時，連日失眠，並一度欲歸返故里隱居，從此不再出問政事〔註 61〕。而邵元沖生前素來喜歡紫薇，在丈夫逝世多年，默君住處的紫薇又開放了，她觸景生情，回憶二人從前相聚賦詩的情景，而今景物依舊、人事全非，與丈夫同遊賞花的情景浮上心頭之際，不禁淚流滿面，是「腸斷江山半屬人」一句，無盡的淒楚與揮之不去的感傷，讀來令人鼻酸。

〔註 59〕 依劉峰統計，此類詩作大約集中《正氣呼天集》和《瀛嶠元音》中，共有八十餘首。劉峰：《張默君詩歌研究》（湖南大學中國古代文學碩士論文，2009年），頁 20。

〔註 60〕 張默君：〈筠廬紫薇初放愴懷翼公〉，收入《揚靈集》，頁 12。

〔註 61〕 秦燕春：〈情深而文明──張默君的鄉邦記憶與詩骨清剛〉，《書屋》（2011 年第 4 期），頁 4。

　　再如：〈歌樂山梅下對月愴懷翼如〉：「愁深如海屋如艇，幽人無眠坐孤迥。馨浴姮娥瑩臂寒，夜遙泣抱梅花頸。」〔註62〕、〈二十八年己卯四月十四日滇南哭翼如夫子先烈冥誕時公死國三載矣〉的「哭公豈吾私？恫失天民才。」〔註63〕以及〈翠湖月夜悵懷翼公〉、〈三十一年哭翼公死難六周年尹默題予正氣呼天集韻〉、〈三十二年二月十四日湘中哭翼公殉難西安七周年用旭初題正氣呼天集韻〉、〈三十六年十二月四日悼翼公死難十一周歲暨公手值京邸玄圃竹〉、〈哀憤十二篇〉等諸多詩作，皆是張默君思念已逝的丈夫，每每觸景生情，故連年寫下數十首哀悼詩，就這般陸陸續續、一而再，再而三地悼念。此類詩作「多以暢懷往事、再現景象來回憶和翼如相處日子，以今昔之反差，強調往日之歡、今日之悲」〔註64〕，故感情真摯而執著，充分表現其對昔日美好婚姻生活的追憶，以及亡夫的強烈思念。

　　關於悼念革命先烈的詩歌，也是張默君重要創作代表。〈弔黃花崗〉：

　　　　寥天碑雨洗南溟，花落花開萬古馨。

　　　　大漢鬼雄七十二，精魂直欲走雷霆。〔註65〕

1911年，同盟會發起第十次武裝起義，黃興等人率敢死隊100多人在廣州起義，是輩攻入兩江總督衙門，因敵眾我寡而失敗，死難烈士72人，皆安葬於市郊黃花崗。

　　時年二十八歲的張默君，在此次革命失敗之後，奮起著作詩文，觀〈弔黃花崗〉全篇雖僅二十八字，已將壯志未酬、英勇就義的烈士們之、雄渾氣魄，生動刻劃在詩歌中，其中「花落花開萬古馨」一句，是哀悼、也是頌揚，更是利用自然界循環往復不殆之理，說明張默君及革命鬥士們，並未因起義失敗而動搖革命信念，其暗示革命將持續進行，並以雷霆萬鈞之力，摧毀一切反動的力量。

　　不久，武昌起義雖然成功，但中國境內卻仍潛藏許多危機，宋教仁遭刺殺、袁世凱復辟帝制，與日本簽署不平等條約、日軍在山東登陸，並先後侵佔濟南、青島等地區，內憂外患、國家搖搖欲墜。張默君以筆作劍，憑弔悼

〔註62〕張默君：〈歌樂山梅下對月愴懷翼如〉，收入《正氣呼天集》，頁22。

〔註63〕張默君：〈二十八年己卯四月十四日滇南哭翼如夫子先烈冥誕時公死國三載矣〉，收入《正氣呼天集》，頁4。

〔註64〕劉峰：《張默君詩歌研究》（湖南大學中國古代文學碩士論文，2009年），頁20。

〔註65〕張默君：〈弔黃花崗〉，收入《白華草堂詩》，頁38～39。

亡之餘，不忘美刺時事，如：乍聞宋教仁遭袁世凱派人暗殺而悲憤創作的〈甲寅春悼漁父太一〉；1932年日軍入侵，製造「九一八」和「一二八」事變，中國將士奮起應戰，死傷無數、損失慘重，張默君聞信，熱淚盈眶，作〈壬申春倭寇淞滬悼我陣亡諸將士〉一詩，表明中國將士不畏犧牲的悲壯精神與勇往直前的英雄氣概；又1940年中國抗日名將張自忠，在湖北襄陽與日本大軍交鋒，經過數日血戰，因部隊損失殆盡而殉職，成為二次大戰，中國犧牲殉國的最高將領之一，張默君為此而賦〈義戰兼悼張藎忱將軍〉一長詩，全篇洋洋灑灑四百零九字，除了哀悼英勇就義的戰士，詩中更怒斥日本瘋狂的侵略，無疑是「封豕長蛇」之獸行，不過自古邪不勝正，正如其詩所謂：「寇蔽要承強弩末，看掃敗葉隨風飄，仁者無敵哀者勝，收京總冀期非遙。」〔註66〕敵人已是強弩之末，吾人更不該短暫的失利而動搖戰勝的信念，全詩氣勢磅礴、為民眾發聲，著實震撼人心。

最後，關於悼念親人故友部分，默君丈夫邵元沖死於抗戰前夕，1938年之後，張默君的五妹、八妹也在抗戰時期的輾轉避難之中，相繼殞歿，默君作〈二十七年戊寅春孟秋仲五妹淑嘉蔣夫人八妹俠魂竺夫人相繼病歿鄂贛時值倭亂備經流離嬰恫踰歲詩以哭之〉一長篇五古詩悼念。觀此詩作，足見國破家亡的時局，伴隨著幾位親人故友的相繼逝世，肯定造成詩人極大的痛楚，故云：「堯夫抱國死。人亡邦乃蹙。胡塵撼地來，國破家焉屬。」〔註67〕又：「噩音忽飛來，傷復在手足。腸斷莫撫棺，千里奚由縮。」〔註68〕詩人訴苦著自己在國內時局變動時失去了丈夫，又在戰亂中得知八妹過世的消息，不禁肝腸寸斷、悲痛異常，甚至出現「人海一身孤，血淚時盈掬」終日以淚洗面的消極心態〔註69〕，接連痛失至親的沉重悲戚，已在此詩中自明。

依今日所收錄的張默君詩集，足見默君是一感情極為豐富與細膩的詩人，通觀其憑弔悼亡類之詩作，大抵利用大量沉痛、悲戚的筆觸，一方面描

〔註66〕張默君：〈義戰兼悼張藎忱將軍〉，收入《正氣呼天集》，頁19～20。
〔註67〕張默君：〈二十七年戊寅春孟秋仲五妹淑嘉蔣夫人八妹俠魂竺夫人相繼病歿鄂贛時值倭亂備經流離嬰恫踰歲詩以哭之〉，收入《正氣呼天集》，頁18。
〔註68〕張默君：〈二十七年戊寅春孟秋仲五妹淑嘉蔣夫人八妹俠魂竺夫人相繼病歿鄂贛時值倭亂備經流離嬰恫踰歲詩以哭之〉，收入《正氣呼天集》，頁19。
〔註69〕張默君：〈二十七年戊寅春孟秋仲五妹淑嘉蔣夫人八妹俠魂竺夫人相繼病歿鄂贛時值倭亂備經流離嬰恫踰歲詩以哭之〉，收入《正氣呼天集》，頁19。

述現實、一方面傳遞個人信念。尤其默君的悼亡詩，即便在憑弔丈夫或者親人，內容也絕非兒女私情，即便〈二十七年戊寅春孟秋仲五妹淑嘉蔣夫人八妹俠魂竺夫人相繼病歿鄂贛時值倭亂備經流離嬰恫踰歲詩以哭之〉如此哀戚至極、近乎悲觀的詩作，仍不忘在詩末提及：「立命為生民，要制毒龍毒。河山儻可還，大仇儻可復」的報國心志〔註70〕。其喪夫之痛中，總是灌注了家國之恨，她為烈士英靈哭泣；為國家民族吶喊，故讀來總讓人在感受沉雄悲壯之餘，又震攝人心、催人奮進，有暢快淋漓之感。

四、懷鄉思親

〈辛丑金陵秋夜夢大姊卻寄湘中〉：

> 遙空叫孤雁，流籟何淒清。繁星爛銀河，白露秋江橫。
> 之子飄然至，相見憙且驚。道遠胡由越，無乃通精誠。
> 雀躍褰姊裳，說姊莫重行。姊笑撫予髮，欲語更吞聲。
> 三歲苦遠離，一旦傾積情。虛堂敞華燭，浩浩歌平生。
> 嘉會良可懷，新詩聊復賡。疏鐘動寥廓，涼曙窺雕楹。
> 髮髴挹顏色，山樓空明月。〔註71〕

此詩是張默君的早期作品，當時年僅十八的默君，因求學之故而離開家鄉。詩中從天空孤雁，白露橫江說起，記敘詩人每日朝思暮想著遠在他鄉的親人，因思念甚深，故睡夢中忽然夢見大姐飄然而至，驚喜異常，姐妹二人相聚，就像平日在家一般切切私語，天南地北、無所不聊。吾人自可得見，詩人此時的心境，彷彿回到少女時期的天真爛漫，時而雀躍的「褰姊裳」，拉著姊姊的衣角撒嬌；時而安靜的讓姐姐撫摸自己的頭髮，傾聽其語，兩人平日家居生活中的互動，亦在此詩中被生動的刻劃。

　　思親與懷鄉，是中國古典詩詞常見的主題，張默君在青年時期即離開家鄉，長期四處奔波，故思念家鄉、思念親人之作品頗豐，上述其記遊寫景之詩作，許多亦能涵蓋在此類範疇，如上引〈紐約月夜奉懷母大人〉一詩，雖在旅居美國，住在現代化的新式大樓中，但因為想念母親，詩人才忽然有感，發覺自己的心境，竟猶如「獨倚闌」的思婦一般〔註72〕。

〔註70〕張默君：〈二十七年戊寅春孟秋仲五妹淑嘉蔣夫人八妹俠魂竺夫人相繼病歿鄂贛時值倭亂備經流離嬰恫踰歲詩以哭之〉，收入《正氣呼天集》，頁19。
〔註71〕張默君：〈辛丑金陵秋夜夢大姊卻寄湘中〉收入《白華草堂詩》，頁3。
〔註72〕張默君：〈紐約月夜奉懷母大人〉，收入《白華草堂詩》，頁33。

　　其他再如：〈春日懷瓊玉湘鄉〉、長年旅居歐美所作的〈己未秋紐約盼鴻璧書不至〉惦記鄉親之作，以及飽受羈旅之苦，在船上思緒綿綿而作的〈莫秋海上聞笛懷翼如〉等，皆是詩人身在異地，觸景生情而作，詩中時時透露著自己對闊別已久的故土之依戀，以及對親人摯友的思慕之情，感性而真摯，情深而意長，讀來總讓人引起共鳴。此些作品，在張默君的詩集中，多不勝數，恕不逐一引舉。

五、詠史懷古

　　在張默君《西陲吟痕》中，收錄了不少當年其與丈夫邵元沖在中國西部地區遊歷時，因瀏覽諸多歷史性強烈的名勝古蹟，故用詩作以表達自身對歷史變換更易的內心感慨，〈陝中謁武則天陵〉其一：

　　　　天馬行空天運開，天教淵度倚驚才；

　　　　大周文字分明在，獨創千秋史乘來。〔註73〕

又〈陝中謁武則天陵〉其二：

　　　　經綸相見奮雷屯，善任知人老相尊；

　　　　二十一年臨紫殿，聲威赫赫御乾坤。〔註74〕

張默君在此二詩前，有 329 字之長篇〈序〉文，用以概括女皇帝武則天的政治生涯：「則天負偉略，擅文采，氣度恢廓，在位二十餘年，知人善任，從諫如流，嚴明賞罰，權不下移，禮重老相狄仁傑，梁公亦敬之。……。」〔註75〕評價客觀公允，亦足見張默君對史學的用力之深。而二首品評武則天之詩作，也在如實記載其在歷史上的功績和影響，如：第一首的「大周文字分明在，獨創千秋史乘來」當指武氏所創之大周新字，誠如張默君詩前長〈序〉所謂：「武所創大周新字，今尚散見關洛諸碑刻，為考古家所珍。」〔註76〕又第二首所謂「善任知人老相尊」則是稱頌武則天能禮遇、倚重在當代德高望重的宰相狄仁傑，故造就海內昇平之盛世。

　　職是，近日或有學者認為，張默君的詠史懷古之作，最突出的特點正是「品評公允」〔註77〕。其他如：記述唐玄宗與楊貴妃故實的〈華清池〉二首

〔註73〕張默君：〈陝中謁武則天陵〉，收入《西陲吟痕》，頁 3。
〔註74〕張默君：〈陝中謁武則天陵〉，收入《西陲吟痕》，頁 3。
〔註75〕張默君：〈陝中謁武則天陵〉，收入《西陲吟痕》，頁 3。
〔註76〕張默君：〈陝中謁武則天陵〉，收入《西陲吟痕》，頁 3。
〔註77〕劉峰：《張默君詩歌研究》（湖南大學中國古代文學碩士論文，2009 年。），頁 26。

其一：

> 殷鑒前朝奈易忘，舉烽指鹿等荒唐。
>
> 獨憐玉女湯泉水，煎盡興亡總不涼。〔註78〕

又〈華清池〉其二：

> 人主孱庸是禍胎，詎關環艷擅清才。
>
> 長生密誓分明在，遺憾而今說馬嵬。〔註79〕

綜說此二首詩作，旨在責備唐明皇不知吸取歷史教訓，讓佞臣楊國忠玩弄政權，又孱弱無能而荒淫誤國，最終導致安祿山叛變、楊貴妃縊死的「馬嵬坡」悲劇，但也不忘詠嘆玄宗與楊貴妃這對愛侶，為兩人的忠貞愛情，表達無盡的惋惜。

此外，再如：斥責秦始皇的驕奢淫逸、焚書坑儒等暴行，並讚賞「楚雖三戶，亡秦必楚」之反抗暴政的〈驪山謁始皇帝陵〉二首；遊歷西漢武帝陵墓、並記述武帝武功與政績的〈雨中謁茂陵〉；高度評價詩史杜甫，頌揚其「高氣深穩」、「堂堂骨重」並長留詩史在人間的詩壇地位之〈謁杜工部祠〉二首等，皆是藉遊歷名勝古蹟，以遙想歷史事件與人物，進而抒寫詩人內心的慨歎。

尤其〈驪山謁始皇帝陵〉對始皇帝「焚書坑儒」一事，更以「焚書坑士祖龍辜，坐誤蒼生有腐儒」〔註80〕，直斥其嚴格控制人民的言論自由，以及對文化思想的箝制，無疑是誤盡蒼生、足以唾棄萬年之舉，默君內心的沉痛與憤慨，在詩作中表露無遺。

綜觀張默君的詠史懷古之作，全無一絲閨閣之氣，其詩氣勢宏大、開合有致，評價歷史人物與事件時，不僅頗析客觀公允、真情亦自然流露於筆端。蓋中國開國數千年，國土境內早留有千百年來大量的歷史痕跡，尤其關陝一帶，名勝古跡更多且完整，是類古蹟建築的身上，總是佈滿萬古興衰、朝代更替的烙印，物換星移之後，一切人事皆灰飛湮滅，徒留空轉的時間滑輪，以及獨自佇立在大地上的歷史建物，優秀的文學家，本能在感嘆滄海桑田、人事全非之際，利用作品以勾起一幕又一幕的歷史回憶。張默君亦復如是，其憑藉著自身的豐富史學和文采，漫遊在這些歷史遺跡中，將客觀的史實與

〔註78〕張默君：〈華清池〉，收入《西陲吟痕》，頁4。
〔註79〕張默君：〈華清池〉，收入《西陲吟痕》，頁4。
〔註80〕張默君：〈驪山謁始皇帝陵〉，收入《西陲吟痕》，頁2。

主觀的心境融合，並用詩歌創作的方式記載下來，此正是張默君詩集裡，留有如此大量的憑弔懷古作品的原因。

第三節　陳三立等人對張默君詩歌的評價

綜合上文所述，足見張默君的詩觀與詩風，皆深受同光派「學宋」運動的影響；同光體詩派主張，詩品與人品必須相互統一；詩人必須具備氣節和人格；詩歌必須追新求高，是爲不俗；力求詩人之詩與學人之詩相結合。上述主張，實與張默君強調詩人的操守學養、主張獨抒性靈的詩學，有高度共通之處，這或許是同光派詩人的代表陳衍、陳三立等人，之所以對張默君的詩作，均有極高的評價之主因。

在同光派詩人中，被譽爲「中國近現代社會生活中的舊式文人」、「中國最後一位傳統詩人」〔註81〕的陳三立〔註82〕，曾稱許張默君爲「奇女子」，且筆者亦在上文論及陳三立曾在1934年爲張默君的《白華堂詩》作序，序文的完整描述如下：

> 余始識伯純長沙，年才弱冠耳，及同居金陵，兩家子女又相續爲交遊，默君在室即相見，明慧可喜，其後長學校，與國政，咸爲世推重，不意復踵起爲詩人也！歸於邵，夫婿亦長文學能詩，而默君詩尤有名，風格類其母夫人與舅氏，而兼負其父馳騁之才，蓋伯純夫婦與璞元當日所挾以相高者，默君實奄有之，可謂奇女子矣。〔註83〕

其實陳三立在此前一年的夏天，於廬山爲張默君《玉尺樓詩》題詞時，早已高度的讚揚張默君，其認爲默君「所爲詩，天才超逸格渾而韵遠，爲閨媛之卓犖不群、效古能自樹立者。」，並稱默君之詩作，實是「以濡朱大筆，淋漓寫之，異數美談，夸越前古，固不徒試院唱酬之盛，可傲視歐梅諸公矣。」〔註84〕其對張默君詩文的評價之高，已在這些論述中自明。

〔註81〕詳參胡迎建：《一代宗師陳三立》（南昌：江西高校出版社，2005年），頁285。
〔註82〕陳三立（1859～1937）字伯嚴，號散原，江西義寧人，近代同光體詩派重要代表人物。晚清維新派名臣陳寶箴之子，與譚嗣同、徐仁鑄、陶菊存，並稱「維新四公子」，近代學者更依日人《中國詩史》所論，稱其爲「古典詩的末路英雄」，此些論述，詳參胡迎建：《一代宗師陳三立・前言》，頁2～3，及《一代宗師陳三立》，頁44、頁285等處。
〔註83〕陳三立：〈大凝堂詩集序〉，收入《白華草堂詩》，頁1。
〔註84〕陳三立著，潘益民，李開軍輯注：《散原精舍詩文集補編》（南昌：江西人民出版社，2007年），頁323。

此外，同樣屬於同光派詩人之代表的石遺老人陳衍〔註85〕，也曾讚譽張默君之詩作，實爲「華實並茂」；陳衍認爲，張默君天資穎悟，且「少負俠氣」，而其詩作總是能「推陳出新，脫羈紲而遊行」，可謂「豪傑之士」〔註86〕，故云：

> 默君世講少負俠氣，充興亡有責之義，奔走國事有年，宜若馳馬試劍，舊學問略觀大意不屑深究矣！……余稔默君尊人伯純郎中且數十年，伯純與其夫人何懿生女士文名籍甚，皆有集行世，默君幼秉庭訓慈訓，而天資穎悟，實冠絕時流，故其撫時感事，投贈游覽之作，類能推陳出新，脫羈紲而遊行，其作書行草神速，頗極南帖之美，尺牘寸楮，光采照人，可不謂豪傑之士歟？〔註87〕

由上述諸引文可知，由於張默君的父親與同光派詩人陳衍、陳三立等人的熟識與交往，如此的世交關係，必然直接影響張默君的文學創作；在同光體「嚴於用韻，苦於鍊字」的特色下，張默君在創作時鍊字用韻，便十分嚴謹。民國二十年，同盟會會員，以研究墨家學說聞名於世的伍非百〔註88〕，曾側面描述張默君撰詩時的情狀，伍氏在〈大凝堂詩集序〉一文中提到：

> 余嘗見默君爲詩，當其吟詠低徊，沈酣於意境之間，揣摩色態，調節音聲，寫人情之秒忽，而出肝膈以相宣者，何其微也。及至筆落墨走，興發神馳，切飛沈於色想，感哀馨於頑豔者，又何其神也。〔註89〕

民國三十四年，同盟會會員李竟容〔註90〕爲張默君的詩集作序時，亦曾分析其詩作各期的特色。李氏首先提出，張默君的詩觀，不專主性靈，認爲詩人

〔註85〕陳衍（1856年～1937年），同光體閩派代表詩人。小名尹昌，字叔伊，號石遺。福建侯官人。曾任臺灣巡撫劉銘傳、湖廣總督張之洞幕僚。參見陳槻：《詩人陳衍傳略》，（臺北：臺北市林森文教基金會，1999年。）

〔註86〕陳衍：〈白華草堂詩集序〉，收入《白華草堂詩》，頁1～2。

〔註87〕陳衍：〈白華草堂詩集序〉，收入《白華草堂詩》，頁1～2。

〔註88〕伍非百，本名伍程驤。四川省蓬安縣人，前清秀才，同盟會員，民國初年著名國學思想家，於諸子之學尤喜墨家，以《墨經解故》一書聞名，曾任成都大學、中央大學教授。參見廖繼平：〈墨辯解故序〉，收入伍非百：《墨辯解故》（北京：中國大學晨光社印行，1923年），頁1。

〔註89〕伍非百：〈大凝堂詩集序〉，收入《白華草堂詩》，頁1。

〔註90〕李竟容，河北省讚皇縣人，同盟會員，保定軍校畢業，任官中將。詩書兼攻，曾翻譯過《魯拜集》。參見陳遼：〈人間聲價是文章：追悼李克思同志〉，江蘇省作家網，網址：http://www.jszjw.com/jsauthor/salon/seeauthor/295494_2.shtml

應「遍讀古今之書，善養浩然之氣」，否則「縱有清詞麗句，也不足以言詩」〔註91〕。此外，李竟容也強調，張默君之詩歌，前後各期風格相異，呈顯出不同的特色：張氏早期詩作《白華草堂詩》、《玉尺樓詩》，其風格「珠光外騰，勁氣內斂，瑩然淵然，雖一泓秋水，而具江湖浩瀚之觀」。中期所做《正氣呼天集》則：「五岳爭危，三辰並耀、森然峙然、如萬匹驊騮，時挾風霆震撼之勢」。此外，因為歷經戰亂，所以詩作又呈現出「遭時扤隉：國瘁人亡，根觸既深，故其辭要眇淵微，悲憤感激，嗣響屈子船山，洋洋乎，鬱鬱焉，詩壇一大觀也。」〔註92〕。

另外，丁治磐〔註93〕在評論張氏之詩作時，也認為「其詩若詞」，對於其詩作之主題，不論是「承庭闈之訓，篤伉儷友于之好，樂嘉賓而恣遊觀」等，皆能達到「泓淨而淵渟」的境界。而其描寫抗戰軍興、國共內戰、國民政府遷台等詩篇，不論「撫干邪而尚革命」，或者「避凶獠以來海外」，皆因有感家國之痛，於是「如出谷下瀨，嗚咽怒奔之情之所發也」。〔註94〕

綜合上文所述，對於張默君之詩，以及其在詩歌藝術的實踐上，不論是李竟容所云「如萬匹驊騮，挾風霆震撼之勢」；或者陳衍所謂「推陳出新，脫羈絏而遊行」；抑或是丁治磐所說的「如出谷下瀨，嗚咽怒奔」等，雖然評論之語略有不同，但是三人對於張氏詩作中的「俠氣」、「豪放」等特質，皆有一致的評論與讚賞。

最後，本文茲引默君丈夫邵元沖對張默君詩作之評論，作本文之總結。雖然邵元沖誠非同光體詩人，但是其身為默君丈夫、關係最親密，若其評論之語，能與當代同光體詩人相互擬配，則更足以證明陳三立、陳衍等人所論，誠是客觀公允之語，絕非逢迎應付之浮譽。

〔註91〕 李竟容：〈大凝堂詩集序〉，收入《白華草堂詩》，頁1。
〔註92〕 李竟容：〈大凝堂詩集序〉，收入《白華草堂詩》，頁1。
〔註93〕 丁治磐，江蘇省東海縣人，初名介石，參軍後更名。清末習文應科舉，民國初年畢業於江蘇講武堂、陸軍大學第12期。抗日戰爭時，任陸軍第41師中將師長、第27集團軍副總司令兼26軍中將軍長、同盟軍中國陸軍第4方面軍副司令官，因協助盟軍戰績卓，獲頒美國銀橡葉自由勳章。國共內戰時，任第十一綏靖區司令兼青島警備司令、江蘇省政府主席兼保安司令、京滬杭警備總司令部副總司令等。中央政府遷台後，任總統府國策顧問。著有《丁治磐日記》、《補閑齋詩稿》、《補閑齋集》等。參見曾今可選編：《臺灣詩選》，頁1。
〔註94〕 丁治磐：〈大凝堂詩集序〉，收入《白華草堂詩》，頁1。

1925 年 7 月，邵元沖在爲默君《白華草堂詩》撰序時，曾有一極爲細膩、觀察入微之評論，其援引張默君詩作中的「自有清剛在詩骨，欲扶正雅起騷魂」，作爲默君詩風之特色，序文中寫道：

> 默君平生不欲以詩鳴，然自齠齡受書于有韻之辭，聲入心通，好之偏篤，少長涉歷既廣，且覯亂離，愍風雅之銷沈，慨綱維之減裂，感物興懷，觸緒紛綸，遂多豪宕感激之音，得變徵楚騷之意，雖不刻意求工，而寄託遙深，邈爾孤逴，譬之孫公和登蘇門山劃然長嘯，石破天驚。又如唐文皇不衫不履，褐裘而來，神氣洋洋，足令蚪髯氣懾。蓋其自紓性靈，不事雕繢，故能修詞立誠，銜華佩實，而自成其爲默君之詩也。默君嘗有句曰：「自有清剛在詩骨，欲扶正雅起騷魂」余之所以評默君之詩者意亦猶此矣！〔註95〕

邵元沖認爲，張默君的詩作之所以能夠「多豪宕感激之音」，主要是因爲早年參與革命、涉歷既廣，目睹國家戰亂連年，黎民遭逢亂離，因此感物興懷，觸緒頗多。而默君爲詩，自抒性靈、不事雕飾，以「誠」爲詩，所以詩作的情境眞實，氣勢亦浩瀚磅礴，猶如：「唐文皇不衫不履，褐裘而來，神氣洋洋，足令蚪髯氣懾。」此般論論，頗能與同光體詩人之評述，遙相契合。

　　總的來說，張默君的詩學啓蒙於雙親，並承襲同光派的詩學，嚴於用韻、苦於鍊字，並善於用典；直到詩人遭逢山河板蕩，歷經戰亂，飽受憂患，因此詩風始有氣勢磅礴之姿態，此是當時文人能以「清剛詩骨」、「豪宕詩風」等稱之的原因。

第四節　小結：張默君赴臺前的詩歌總結

　　筆者於上文旨在利用張默君的人生階段，擬配在當時政治社會時空的環境中，考察其詩作風格的變遷，以透顯其詩作風格與特色；再針對張默君寫作的題材，對其詩作的主題與內容，作系統性的分類。如此一來，張默君的詩歌風格與特色，自能有一清楚而全面性的完整脈絡，也自能彰顯其在近代中國文學史上的地位與藝術價值。

　　誠如上文所述，張默君的文學生涯大致可以分作三個時期，不過若是利用更宏觀的角度而論，則可以概分爲二大階段，即以 1949 年國民政府播遷來

〔註95〕邵元沖：〈大凝堂詩集序〉，收入《白華草堂詩》，頁 1。

臺，作為張默君文學創作的斷限。職是，本文此處旨在針對張默君在赴臺之前、亦即1949年以前的作品，作一概略性的總結，蓋默君在遷居臺灣前後，不僅僅是生活背景與時空環境改變了，其無論心境、思想與詩作，皆有相當程度的轉瞬與蛻變，此正是本文欲加以分辨之處，一方面方便下文的開展，亦即在細究張默君在赴臺後的作品時，能有一相互對照的理論基礎；另一方面，也能藉此呈現張默君赴臺前後的兩大時期中，截然不同的文學風貌。

首先，就默君詩歌的數量與比重而言，今日現存的張默君詩作，總量高達590多首，其中早期的詩作就高達280多首，大多集中在《白華草堂詩》、《玉尺樓詩》與《紅樹白雲山館詞》三部詩集中，並以古體、擬古的七言詩較多。換言之，張默君的早期詩歌，不僅創作時間的跨度較長、涉及範圍亦較為廣泛，詩歌數量更是三個時期之冠。中期的詩作，仍是以七言詩的數量較多，作品散見在《西陲吟痕》、《黃海頻伽唃》、《正氣呼天集》、《揚靈集》五部詩集，再外加《庚辛渝闈》的組詩3首，合計142首。晚期作品則偏愛五言體，並集中在《瀛嶠元音》和《庚壬臺闈》二部詩集中，也超過了170首，約占詩歌總量的三分之一。總的來說，若是依體裁而論，張默君最善長古體詩和律詩，創作數量亦最多，而古體詩之中，尤其擅長五言和七言；律詩則最喜五言、七言律詩和排律。

其次，就默君詩歌的題材而論，時事政治類的詩歌，是張默君創作數量最多、也最引人矚目的部分，此類詩歌的主題鮮明、情感積極真實，而且始終貫穿於詩人創作生涯之中。深究其因，是默君身為近現代思想進步的中國婦女，其不但擁有深厚的學識、豐富的閱歷，更具有極度強烈的愛國意識，從而使其詩作，總是緊密聯繫著時代興衰、民族興亡，以及社會治亂，充分展現憂國憂民、志在報國的情懷。換句話說，這些敘寫社會現實、反映戰亂與民生疾苦的詩作，是張默君遷居臺灣之前，時事政治類的主要內容，畢竟默君在赴臺以前，經歷了動盪不安的晚清、風雨飄搖的初期民國政府，早期為了革命事業，她四處奔走呼喊以救亡圖存；為了袁世稱帝與日本侵華，她高度憤慨、極盡激昂的指謫斥責，利用本身活躍於政壇和文壇的優勢，不斷激勵軍民、鼓勵人心，故情感激烈且真實，其利用手中之筆，傾訴其內心真正之所思，露骨地表現對各項事物的愛憎之情。

悼亡類的詩作，在張默君的詩歌中，數量亦頗豐，此類詩作大多集中在赴臺前的《揚靈集》、《正氣呼天集》，和赴臺後的《瀛嶠元音》中，共有80

餘首。默君利用大量沉痛、悲戚的筆觸，一方面描述現實、一方面傳遞個人信念。值得注意者，是至少在遷居臺灣之前，此類看似感懷傷時之作，內容絕非只是兒女私情，在詩人哀戚至極、近乎悲觀之際，仍不忘在詩篇中灌注家國之恨，以及爲烈士英靈哭泣、爲國家民族吶喊的報國心志。

最後，就默君的詩風特色，及其轉向趨勢而論，張默君在1949年赴臺之前，其詩歌風格大致上可以簡單區分成「清麗雅淡」與「悲壯遒勁」兩種，較少出現尋常女性的閨閣陰柔之氣，陳三立在爲張默君《玉尺樓詩》題詞時，不僅讚美張默君「所爲詩，天才超逸格渾而韵遠，爲閨媛之卓犖不群、效古能自樹立者」，並認爲張默君是「以濡朱大筆，淋漓寫之，異數美談，夸越前古，固不徒試院唱酬之盛，可傲視歐梅諸公矣」〔註96〕，實已敏銳地發現張默君詩風中沉鬱厚重的一面。不過，若是更詳細地去觀察、並分析張默君在赴臺之前的詩風特色，則默君實是從早期的結合魏晉清麗玄遠風韻；豪邁、雄渾、俊雅，與陰柔細膩兼具的多元又多變詩風，逐漸轉向中期的沉鬱頓挫與慷慨激昂。這是因爲默君早年學詩從魏晉而入手，不僅師法二謝、陶淵明，也喜好唐代王、孟的風格與意境，再加上家學淵源與交游狀況，遂造就她的清婉瑰麗、意境清冷、造語奇崛、格律謹嚴、講求煉字等多面向的寫作特色，待至中期受社會思潮和時局的影響，內容上多涉時政，關注國計民生，尤其關注教育事業，致使風格在逐漸豪爽朗暢之餘，亦兼有老杜的沉鬱頓挫之致。

總體而言，張默君的詩歌創作，具有高度的典型性，在遷居臺灣之前，詩作就多以弘揚民主思想、抒發愛國情懷爲主題，內容則多敘寫現實、反映戰亂、指斥時政，亦不乏題古詠懷、追念親友、山水田園，與藉羈旅遙苦以感慨抒懷等，不僅內容充實豐富，題材亦極爲廣泛。

這即是說，默君在赴臺之前的詩作，可謂一部晚清到民國初期的血淚史，近代中國政治社會上，幾十多年來的風風雨雨，實已盡數囊括於其中，加之以默君不斷地在詩文中，灌注許多新的思想與內容，客觀而論，張默君其實不須待至赴臺，她在中國近代的詩壇上，早佔有一定的地位了。

〔註96〕陳三立著，潘益民，李開軍輯注：《散原精舍詩文集補編》，頁323。

第五章 《瀛嶠元音》的離散情懷與政治書寫

　　近來，海內外的學術界運用「離散」概念，作為探討文人創作時的書寫主題，日漸受到關注，這是二十世紀後期知識份子因國家、政治上的因素，自願或非自願的被迫放逐、移民，讓跨國遷徙成為一種普遍狀態，進而在文學作品中，透露出對故土之思、自身命運，以及身分認同的迷惘與追尋，而此等充滿失根、徬徨、哀傷，以及揮之不去的苦悶與的陰霾，自然成為「離散」主題與書寫的主要特色。

　　臺灣文學界，探討 1895 後的臺灣文學主題，也出現了上述「離散」的研究視角。而「大陸移民潮」所造成的離散書寫，即是本文欲深入探討的重要課題。蓋 1949 年前後的國共內戰，造成中國人民的大規模遷徙，在陸續遷徙的過程中，渡海來臺的民眾，其心緒不斷地擺盪在祖國和居留國兩種文化之間而難以調適，進而產生了對身分認同上的困惑與迷惘；或者身居異地，卻始終心繫祖國，甚至無法融入當地的文化與生活。本章意欲探討的是，張默君做為國民黨政權的黨政高層，其來臺之後有何離散情懷的書寫面向？而在離散情懷的醞蓄下，其詩歌寫作呈顯出何種政治書寫的特殊性。

第一節　張默君的離散情懷

　　所謂「離散」（diaspora，或譯「族裔散居」），是指一種「離鄉客居」、甚至「無家可歸」的處境，最早來自希伯來語，是猶太族群基於其共有的經驗

在文化及宗教上持續的連結；意指猶太人在「巴比倫囚禁」之後，散落異邦、不得返鄉的狀態。中世紀以後，「離散」開始被用來指稱「大規模的民族遷徙」，且往往與戰爭或災難等事件相互聯繫；現代被擴大用來指稱那些跨越原本國家邊境的移民者或離居者，但在文化上（類似於猶太裔）仍有一定程度的聯繫或溯源，更甚者，是可泛指移居國外的族群經驗。因此，對於「離散」的主體而言，其對祖國總是懷有深刻的記憶與想像，是輩總有支持祖國、渴望回鄉的心靈傾向，且常與暫居、甚至注定永久居留的國家，有扞格不入的疏離感，進而產生在過去，現在、他處，此處等，在身分認同（identity） 的舉棋不定〔註1〕。

而伴隨「離散」而來者，往往與「家園」（home）、「流亡」（exile）等情境名詞，是一種四散分離的破碎之苦、離土之痛，也是一種扞格不入，一種「居家的無家感」〔註2〕。身為印裔英國人的魯西迪，即有切身之痛，其在《想像的故土》（Lmaginary Homelands）說：

> 一個道地的移民者總是遭遇三重的破碎之苦──失去自己的身分地位，開始接觸一種陌生的語言，發現周遭人的社會行為和語意符碼與自己的大異其趣，有時甚至令人感到憤怒與不安。然而，對離散最刻骨的體驗，不是飄泊，也不是陌生，而是「你永遠不能再回家了」。離散不是有家歸不得，而是無家可歸去。〔註3〕

這實已道盡這種離枝的落葉卻無根可歸的處境，此亦誠如宋國誠所描述，對「離散」最貼切的描繪，是「花落離枝」，宋氏甚至進一步闡釋道：「離散不是指個人式的流浪，而是一種從整體走向零亂、文化碎片化、種族稀落化的狀態。」〔註4〕。在戰後渡海來臺的大批群眾之中，尤其是知識份子與政府官員，其自我身分的困惑、迷惘，更是難以調適。他們總有懷想著祖國故土之

〔註1〕 以上對「離散」定義的說解，參見宋國誠：〈精神的流亡形上的困惑──後殖民文學的文本世界〉，發表於《自由時報》副刊，2004 年 12 月 26 日。侯作珍：〈臺灣海外小說的離散書寫與身分認同的追尋──以六〇到八〇年代為探討中心〉，《文學新鑰》第 6 期（2007 年 12 月），頁 28～29。

〔註2〕 宋國誠：〈精神的流亡形上的困惑──後殖民文學的文本世界〉，發表於《自由時報》副刊，2004 年 12 月 26 日。

〔註3〕 魯西迪《想像的故土》（Imaginary Homelands），轉引自宋國誠：《後殖民文學：從邊緣到中心》〈前言〉（臺北：擎松圖書，2004 年），頁 XVII。

〔註4〕 宋國誠：〈精神的流亡形上的困惑──後殖民文學的文本世界〉，發表於《自由時報》副刊，2004 年 12 月 26 日。

美好，但是兩岸的政治分裂情勢卻使之無法復歸原鄉，而臺灣也不是一個最
爲理想的歸宿，只能空自懷抱地遙想祖國的江山、文化，以及過去原鄉的回
憶。當祖國的想像與情感在心中不斷縈繞、無法割捨的思緒催化之下，訴諸
於文學作品之後，其思鄉、尋根的愁緒四處瀰漫，憾恨無法重回故土的情懷，
自然成爲創作與書寫時的最主要基調。

　　這是戰後臺灣作家「離散」書寫的重要內涵，亦是張默君來臺之後在
詩歌創作時，明顯可見的思維理路。不過張默君詩作中的「離散」書寫內
涵，不啻只有對故鄉和過往的緬懷而已，其作品所透顯出來的五味雜陳、
悽愴悲愁之複雜心情，確實值得筆者逐一的探究、做更細部的分類與考察。
是故，本文擬將張默君來臺之後的詩歌創作，概分爲兩大區塊：遭逢國殤
之憤、懷鄉思親之痛，再分別針對此二大區塊，利用其詩作內容，做更深
入的分析。

一、遭逢國殤之憤

　　民國三十八年 5 月，張默君離開中國大陸、來到臺灣。當時中國東北、
華北、華南各地，皆已相繼淪陷，國民政府遷都廣州後，國軍仍節節敗退，
致使國家動盪紛亂、民心極度不安。而張默君來臺之初，亦滿懷孤憤，在詩
中屢屢藉由鄭成功的歷史形象，抒發心中久久無法平復的悲憤，如初蒞臺時，
張氏曾寫下〈三十八年已丑夏來臺感賦〉一詩：

　　　　東來慚恨劇崢嶸，汨捲滄溟夢不成；

　　　　蕉雨椰風渾未管，飛車先禮鄭延平。〔註5〕

詩作之中，大有孤臣孽子的寓意，並以「山」、「海」的意象，來形容面對國
家殘破之痛；心中的恨，如高山之崢嶸；眼中之淚，如大海之深邃。面對破
碎山河，無法成眠；即使來到臺灣，也無心於南國風情，總是馳車外出，禮
拜明末抗清的孤臣鄭成功。此外，來臺的前幾年，每逢端午佳節，國家離亂
之痛，更是深刻。張默君在〈臺北重五〉一詩中，亦藉由鄭成功、史可法等
人物的歷史形象，抒發自己的孤憤：

　　　　據島望無邊，炎熇正沸天；國殤何處弔，孤憤海空懸。

　　　　苦憶成功史，哀歌正則篇；蒲觴聊一擲，誓整舊山川。〔註6〕

〔註 5〕張默君〈三十八年已丑夏來臺感賦〉，收入《瀛嶠元音》，頁 2。

〔註 6〕張默君：〈臺北重五〉，收入《瀛嶠元音》，頁 2。

詩中以熾熱的「炎熇」面貌，形容中國大陸爲共產黨所佔據後的景象，而詩人於端午時節，手執蒲觴、苦守孤島，面對國殤，心中並無節慶的氛圍，取而代之者，反而是空有滿腔孤憤、卻無處可弔的哀戚。

依上引諸詩作，吾人不難發現張默君初到臺灣時，心中所呈顯出來的極大悲痛。此外，在〈重五懷鄭成功〉一詩中，依然可見張默君借史論事、借古映今，以抒發心中的情感。

> 赤嵌雄圖在，鯤溟浩淼間；心懸明日月，手挽漢河山。
>
> 綿朔千秋重，回天九折艱；蒲觴釃碧海，靈翼凱歌還。〔註7〕

除了藉由歷史故實以抒發個人的悲痛情緒之外，蒞臺之初的中秋節，目睹高掛天邊圓月，張默君也不免興起「金甌已缺」之感嘆，如：〈臺灣中秋雨後瞥月有感〉一詩描述道：

> 海國空寒草不凋，蠻煙漠漠雨瀟瀟；
>
> 恩仇快意龍潭劍，興廢驚心鹿耳潮。
>
> 已缺金甌羞月炤，還餘寶島足天驕；
>
> 毋忘在莒前賢訓，哀樂千端集此宵。〔註8〕

「金甌」係指金製的酒器，用以比喻國土的完整與鞏固〔註9〕；而詩人在臺灣的中秋之夜，目睹天上的圓月，相對於「金甌已缺」的國家殘破景況，心中不免興起無限感慨；因此激起手持寶劍、快意恩仇之氣。

關於遭逢國殤、懷鄉思親等離散主題之作品，在《瀛嶠元音》中的數量頗多，也誠屬默君赴臺後的詩作中，藝術成就最高者。如：〈八月十六日次槐老中秋韻〉其一：

> 歷劫山河影漸稀，卅年治亂凜先機。
>
> 閩邊習斗頻傳警，湘上兵車載合圍。
>
> 攘外須教平內患，同仇還與賦〈無衣〉。
>
> 德惟善政殷民命，大藥醫邦總未非。〔註10〕

〔註7〕張默君：〈重五懷鄭成功〉，收入《瀛嶠元音》，頁15。

〔註8〕張默君：〈臺灣中秋雨後瞥月有感〉，收入《瀛嶠元音》，頁3。

〔註9〕《南史·朱异傳》：「我國家猶若金甌，無一傷缺。」參見（唐）李延壽撰：《南史》卷六十二〈朱异傳〉第五十二（臺北：藝文印書館印行，1956年），頁703上。

〔註10〕張默君：〈八月十六日次槐老中秋韻〉，收入《瀛嶠元音》，頁4。

詩中以「閩邊习斗」、「湘上兵車」形容共產黨士兵的四處滋事與流竄，讓國民政府疲於奔命，最後「歷劫山河影漸稀」，眼睜睜的看著大好江山一寸又一寸的消逝在自己眼前。又：〈瀛壖春莫海濱先生屬題繪蘭〉一詩，詩名看似題贈詩，然而默君首先在詩作前篇記述了「淡水何浩瀚，玉山何巑岏。倚天分翠紫。炤海千琅玕。……」一些看似寫景的描述語之後，竟也轉入「美人明月中，揚靈殊未還」、「虺蛇起大陸，淪胥愁肺肝。」等錯失神州疆土之憤恨，以及期待「復國期來春，脩然天地寬」、來年收復失土的心願〔註11〕。

在張默君離散主題的書寫中，有遭逢國殤之憤恨，亦有懷鄉思親的痛楚與淒苦，如：〈草山仲夏懷稚荃蓉城〉云：

> 海嶠碧空擎，飈然下巨鯨。椰深藏日影，山靜醉泉聲。
>
> 栩栩潭魂活，娟娟月魄生。杜隣渺天末，飛夢不勝清。〔註12〕

所謂「稚荃蓉城」，係指生於成都、有「蜀中才女」之美稱的黃稚荃（1908～1993）。黃稚荃是當年有名的才女和美女，張默君雖然年紀較黃稚荃大了二十餘歲，但彼此的交誼頗深，在黃稚荃的《杜鄰存稿》中，開卷便是對、張默君、呂碧城等人的稱頌，認為是輩有杜甫詩作之真傳。尤其黃稚荃不論是家庭背景、幼年教育、以至生平際遇等，更甚是其剛烈性格，與張默君簡直是如出一轍，蓋黃稚荃的丈夫冷融，在國民政府蒙藏委員會委員，和西康民政廳長任內時，因為力主抗戰和嚴禁鴉片，觸怒了軍閥和西康的部分官員，最後遭人暗殺，當時為了息事寧人，或者語出恐嚇威脅；或者如當時的西康財政廳的廳長一般，送來一百萬元巨額支票給黃稚荃，欲以利誘來平息此事，不過皆被黃稚荃斷然拒絕，她立即上報中央，並義正嚴詞地道出丈夫慘遭殺害的事實真相。

不過，張默君、黃稚荃兩人在中年之後的境遇卻不甚相同，1949 年張默君隨著國民政府赴臺，雖然頗受政府重用，亦與詩人文士多有交往，但始終遙想著臺灣海峽的另一端、希望有朝一日能回歸故土；而當時國民政府亦遣人送來兩張機票，力勸黃稚荃攜幼子去臺灣，卻被她斷然拒絕。往後的日子裡，黃稚荃被共產黨重用，歷任重慶市政協委員、成都市政協常委、四川省政協常委等職，並先後在成都四川大學文學院、重慶西南師範學院等校任職教授，最後病逝於自己的家鄉成都。

〔註11〕張默君：〈瀛壖春莫海濱先生屬題繪蘭〉，收入《瀛嶠元音》，頁8～9。
〔註12〕張默君：〈草山仲夏懷稚荃蓉城〉，收入《瀛嶠元音》，頁3。

二、懷鄉思親之痛

除了滿腔的國殤之哀憤，張默君在來臺後的詩作中，也屢屢呈顯其思鄉懷親之煎熬和痛楚。如：邵元沖自民國二十五年（1936 A.D.）西安事變殉難之後，遲至民國三十七年，張默君才有私人時間與些許經費，得以在杭州西湖九里松，建築邵氏墓園。不過，隨著國共內戰的戰事日趨激烈，默君於民國三十八年被迫來到臺灣，赴臺以來，其對夫婿的懷想，一直縈繞於胸、無法忘懷。民國三十九年，張默君奉派主持來臺後的第一次高等普通及特種考試，入闈時，考試院同仁爲賀其生辰，紛紛撰詩以贈之；而張默君亦撰〈三十九年九月庚寅秋仲臺灣陪都典試高等普通及特種考試簡同闈暨海內諸詩家〉一詩以酬和：

衡文又值攬揆時，慚愧群賢壽我詩；
恫憮風雲孤志在，收京同舉鞠華卮。〔註 13〕

其詩有〈序〉云：「昔翼公先烈，有壽予京闈生日詩三章，詞旨瑰麗典重，每一展讀，輒爲雪泣，今入闈，復逢此日，顧國危世亂，愴弗絕心，待罪炎方，忍言設悦，而鄉賢友好，忽寵以嘉篇楹帖，延年美意，請俟還京，賦此敬謝，殊自恧焉。」〔註 14〕詩序深刻描述了默君對丈夫的思念之情：每當入闈時，展讀邵元沖的詩句，旋即「輒爲雪泣」，悲悵不已，雖然身處臺灣，然其思念依舊情深。除了對亡夫的追悼，張默君在入闈之時，也總是爲仍然身處中國大陸的弟弟們感到憂心；特別是大弟張仁甫的噩耗傳到臺灣時，張默君心中更是悵痛不已，現實中的天人永隔，只好留待夢中追憶，此導致張默君日有所思、夜夜以悲戚入眠，於是在夢中飄然回到故鄉，與已故身亡的弟弟相遇，從而寫下〈諸弟陷湘賊中仁甫且傳噩耗愴然入夢次純漚九日感懷均時在臺闈〉一詩：

橫空雁字寫秋陽，影掠滄溟瘴靄黃；
愛士孤懷瑩比月，嚮光雙鬢皎如霜。
吟魂淒麗揚湘浦，啼夢依稀到舊鄉；
握手若癡頻問訊，登高何處辟災亡。〔註 15〕

〔註 13〕張默君：〈三十九年九月庚寅秋仲臺灣陪都典試高等普通及特種考試簡同闈暨海內諸詩家〉，收入《玉尺樓詩》，頁 10。

〔註 14〕張默君：〈三十九年九月庚寅秋仲臺灣陪都典試高等普通及特種考試簡同闈暨海內諸詩家〉，收入《玉尺樓詩》，頁 10。

〔註 15〕張默君：〈諸弟陷湘賊中仁甫且傳噩耗愴然入夢次純漚九日感懷均時在臺闈〉，收入《玉尺樓詩》，頁 12。

在夢境中，已是滿頭白髮的姊弟，握手如痴、頻頻問訊，親密之情狀，恍如隔世；大夢初醒之後，才發現一切皆非真實！始感慨生死相隔兩茫茫，徒剩滿腔的淚水、滿懷的淒苦愴痛；只能登高遠望故鄉、卻無處可弔孤魂。

不久，二弟張元群去世的噩耗，又傳到臺灣，張默君也寫下〈彭君經文殉難穗中乃兄郁文集詩六十首哭之予諸弟方陷湘賊中元群且傳噩耗愴恫同深讀之雪涕〉一詩：

> 讀罷招魂泊雨來，那堪同抱鶺鴒哀；
>
> 成仁復國皆千載，看取神皋萬劫回。〔註16〕

在張默君〈臺北上元對月懷諸弟湘中用醇士夜坐均〉詩中，也有「鶺鴒唬浩劫，流夢洞庭南」一句〔註17〕，默君是類詩作，皆取「患難相顧，似鶺鴒之在原；手足分離，如雁行之折翼。」之典故〔註18〕，以喻兄弟共處急難，不顧生死、相互救援之意，只是在創作〈彭君經文殉難穗中乃兄郁文集詩六十首哭之予諸弟方陷湘賊中元群且傳噩耗愴恫同深讀之雪涕〉時，大弟、二弟皆遺世，如此典故，竟是用來反襯心中遭逢手足分離、乍聞噩耗之痛楚與不堪了！

由上述可知，張默君的離散情懷，肇因於版圖異色的去國之痛，面對家國淪喪，出身同盟會，並為國民黨的黨國大老，其張默君的離散情懷自然轉化為對國家政治的關注、對國民黨政權的擁護，以下試剖析張默君來臺後的政治書寫。

第二節 《瀛嶠元音》的政治書寫

在《瀛嶠元音》中不乏以政治書寫為主題的詩篇，即便在單一詩篇中，即互有交疊相涉，如：〈重五懷鄭成功〉的「綿朔千秋重，回天九折艱」一句，是在憑弔鄭氏，也是在借古諷今，以抒發自身的遭逢國殤之憤〔註19〕。又：〈基隆港新秋泛月偕煜老紹唐紹文于正博悟〉、〈乙未春莫瀛社孔達生李紹唐二君邀集碧潭竹林後值雨賦簡右任煜如魯恂潤菴四老及同游〉諸作，既是記遊寫

〔註16〕 張默君：〈彭君經文殉難穗中乃兄郁文集詩六十首哭之予諸弟方陷湘賊中元群且傳噩耗愴恫同深讀之雪涕〉，收入《瀛嶠元音》，頁17。

〔註17〕 張默君：〈臺北上元對月懷諸弟湘中用醇士夜坐均〉，收入《瀛嶠元音》，頁11。

〔註18〕 參見（明）程登吉撰，葉玉麟註解：《幼學瓊林》卷二〈兄弟〉（臺南：大夏出版社，1983年），頁95。

〔註19〕 張默君：〈重五懷鄭成功〉，收入《瀛嶠元音》，頁15。

景，卻也記錄了張默君與與臺北瀛社社長李建興、李建和、孔達生、李紹唐等人的交遊情狀，可謂默君在詩壇交遊的紀錄。又或者詩人會藉由某項主題，以寓其他欲論述的主題之大旨，反與原來所標示的詩歌題目，較不相涉。如：〈四十三年夏貽鎮海反共會議代表團兼簡谷叔常團長〉一詩，其標題似是題贈，實是張默君用以表達反共思想的詩作；而〈三十九年秋菲律賓華僑臺灣考察團慰勉反共抗俄軍民備至全臺感奮賦此致謝〉一詩，其標題看似記載當年時事，卻更是張默君用以表達反共思想的重要代表作。而其政治書寫，筆者認為可概分為以下幾種面向。

一、反共意志的伸張

除了憤慨國家的動盪與分裂，以及對於親友的相繼喪亡，從而產生極大的痛楚外，張默君來臺之後的詩作，也表達了強烈的反共意志。民國三十八年的雙十國慶，張氏回想起民國三十四年的今日，正值中日戰爭甫結束，舉國歡騰，默君隨著激動欣喜的民眾們，一齊在南京比肩繼踵地慶祝雙十，而今自己竟滯留孤島，如此今昔相比、兩相對照之下，感觸良深。不過，默君實已將這般辛酸淒苦之情，化作反共抗俄的力量，古詩〈三十八年雙十節賦示國人用柏梁體三十二均〉：

懸嶠倏逢雙十辰，揮毫哀感來崢嶸；
去歲京國群歡欣，病根潛伏忘其因。
竭來匪亂何縱橫，赤流澎湃飛血腥；
極權殘酷摧生靈，愁睨四海揚災塵。
伊誰坐大狼與鯢，劇憐彼美西方人；
春夢遠東呼未醒，徒令明達悲填膺。
宛平醜戲牛鬼陳，蘇魔導演歌功成；
紅遍亞洲焉肯停，行見寰宇罹革兵。
孽涕正告吾醇民，無敵外患邦恆傾；
殷憂啟聖言何誠，中和一致驅百神。
勞教死教威令行，孔曰管仲如其仁；
止謗莫若脩厥身，自強不息疇敢凌。
一德力勝原子精，楚雖三戶亡暴秦；
矧有空海馳拜霆，試掀鐵幕天人瞋。

清濁畢竟分渭涇，義軍蜂起雲雷屯；

盪挟海宇妖氛清，要爲萬世開太平。〔註20〕

觀此詩作之內容，張默君實將國民黨失去政權之因，歸咎於俄共的「導演」，以及美國的束手旁觀，最後導致中國大陸的江山赤化。此外，默君指斥中國共產黨爲「匪亂」、「赤流」之輩，認爲其禍害之深遠、極權之殘酷，已讓四海爲之揚塵；詩篇之中，更利用「暴秦」、「妖氛」、「牛鬼」、「狼」等字詞來形容中共，以強烈表達自己對共產集權主義之憤恨與深惡痛絕。

民國三十八年（1949 A.D.）10月6日，中國空軍的六名軍官，遭中共軍隊關押，但因具有航空駕駛的專業，故能以維修之名，奪取中共所扣押的國軍軍機，他們自寧夏奪取飛機、並駕機來到臺北，當時張默君興奮地撰詩以贈，其歡欣激動、欲大肆宣傳與鼓勵之情，溢於言表。其〈中秋贈空軍六勇士毛昭宇潘肇雄姚全黎陸培植馮明鑫自寧夏脫險來臺〉一詩如下：

處變從容懾寇凶，如虹浩氣喜藏胸；

凱歌萬里飛明月，碧海青天下六龍。〔註21〕

默君在詩句中，直以「寇凶」形容中共政權；而以晴空之「蛟龍」形容駕機來臺的毛昭宇等人，在那個「漢、賊不兩立」的歷史年代裡，足見其堅決反共之立場。

又民國三十九年（1950 A.D.），菲律賓華僑臺灣考察團蒞臨臺灣，進行反共、抗俄，以及勞軍等活動。張默君也撰詩〈三十九年秋菲律賓華僑臺灣考察團慰勉反共抗俄軍民備至全臺感奮賦此致謝〉以誌慶，其詩云：「亞洲反共怒如潮，奉化呼聲動碧瑤；久大延平忠愛史，喜心和泪説菲僑。」〔註22〕。

再如：民國四十年的元旦當日，其撰〈辛卯元日〉一詩：

瀛堧疊歲蹔栖遲，又值春同宇海時；

綱紀天人一元始，泳游日月百壞滋。

絳帷玉尺衡邦彥，清廟明堂肅國維；

吟望河山歸有日，侵晨喜占十朋龜。〔註23〕

〔註20〕 張默君：〈三十八年雙十節賦示國人用柏梁體三十二均〉，收入《瀛嶠元音》，頁4。

〔註21〕 張默君：〈中秋贈空軍六勇士毛昭宇潘肇雄姚全黎陸培植馮明鑫自寧夏脫險來臺〉，收入《瀛嶠元音》，頁3。

〔註22〕 張默君：〈三十九年秋菲律賓華僑臺灣考察團慰勉反共抗俄軍民備至全臺感奮賦此致謝〉，收入《瀛嶠元音》，頁9～10。

〔註23〕 張默君：〈辛卯元日〉，收入《瀛嶠元音》，頁11。

在詩〈序〉中，張默君寫道：「易益掛，得十朋龜，則盡天人助也。」〔註24〕
張默君卜卦，得益掛，以卦象暗示得天命、誠屬「正統」的國民政府必定獲
得天助，有朝一日，終能反攻大陸、收拾舊山河。張默君為了「國運昌隆」
一事而卜著，不僅足見其心繫國事，更從而展現詩人在晦暗不明、動盪不安
的年代裡，企盼回歸大陸的十足信心。此外，民國四十三年（1954 A.D.），張
默君曾寫下〈四十三年夏貽鎮海反共會議代表團兼簡谷叔常團長〉一詩，詩
中亦有「東南敵愾同仇誼，誓挽滔天浩劫回」一句〔註25〕。職是，再依上文
所援引的諸詩作，作綜合性的考察，則張默君欲藉由詩句，展現其反共立場
之堅定，自不待言。

最後，除了默君《瀛嶠元音》詩作中的鮮明例證以外，當時報刊雜誌上
的相關記載，也是一證：在民國四十四年（1955 A.D.）6 月 1 日的《聯合報》
中，曾刊有一「張默君主張，反共應力行」的文字標題，內文記述：「考試院
考試委員張默君女士認為今後反共工作應注意力行，同時並應注意海外華僑
的反共力量……。」〔註26〕。隔年十一月，張默君在考試院會議中，也提議
要為匈牙利的反共難民，捐獻一日所得，此事也可見於當時的報紙記載之中
〔註27〕。由是，將張默君《瀛嶠元音》詩作之諸多語詞，輔以當年的一些歷
史時事記載，則默君既強烈、又鮮明的反共之立場與決心，實已昭然可見！

二、對國民黨政權的擁護

除了對共產主義的激烈抨擊與嚴厲譴責，張默君來臺之後，也明顯地展現
其對蔣介石政權的擁護。自從 1950 年 3 月 1 日，蔣介石在臺北自行宣稱「爰
於三月一日復行視事，繼續行使總統職權」之後，到了民國 41 年 3 月 1 日，
國民黨各界為祝蔣介石「復行視事」二週年，舉行盛大的慶祝活動，根據當時
報紙記載，臺北各界共有十萬軍民進入會場，黨國碩望、政府各院部首長，以
及各界代表均參與盛會，而張默君也名列報載名單之中，當時的報紙記載如下：

〔註24〕 張默君：〈辛卯元日〉，收入《瀛嶠元音》，頁11。
〔註25〕 張默君：〈四十三年夏貽鎮海反共會議代表團兼簡谷叔常團長〉，收入《瀛嶠
元音》，頁40。
〔註26〕 參見《聯合報》，1955 年 06 月 01 日，第一版。
〔註27〕 參見《聯合報》，1956 年 11 月 23 日，第一版。當時報載：「全國公民營廣播
電台代表人於廿二日舉行之會議中議定自由中國廣播界援助匈牙利抗暴難民
辦法。考試院於廿二日舉行的第九十六次會議中，通過委員張默君的提議，
該院全體員工為救濟匈牙利反共難民，捐獻一日所得。」

自由中國各界於昨（一）日上午九時四十分在總統府前慶場上熱烈
慶祝蔣總統復行視事二週年紀念日，臺北各界十餘萬軍民自早上七
時便開始整隊進入會場，精神奮發，儀式隆重，盛況空前，足見此
一富有歷史性的日子，在自由中國人民心目中，已具有特別意義，
國人將永遠不忘。黨國碩望、政府各院部首長及各界代表陳誠、于
右任、鈕永建、鄒魯、王寵惠、何應欽、白崇禧、……張默君、楊
肇嘉、任顯群、陳尚文、上官業佑、唐縱、蔣渭川等二百餘均參加
盛會。〔註28〕

又同年10月31日，「中華婦女反共抗俄聯合會」為蔣介石祝壽，根據當時報
紙記載，當日亦有數百人參加此項盛會，而張默君則是擔任該會的常委，並
與其會友共同舉辦慶祝活動：

中華婦女反共抗俄聯合會，於昨日在該會佈置壽堂，為 總統祝壽。
壽堂設在該會會議室內。……，該會常務委員皮以書、黃卓群、沈
慧蓮、張默君、陶曾穀等，及各分會主委、委員、各直屬工作隊等
百餘人參加。〔註29〕

當時在會場間，處處可見「懸燈結彩，富麗堂皇，中掛大紅壽幛，壽案上置
壽桃、壽麵、壽燭、壽香、燈光輝映，香煙繚繞，充溢一片喜氣。」〔註30〕。
客觀而論，當年若非誠屬知名的公眾人物，大抵不會獲得此般「殊榮」、特別
被報紙記載其姓名，並記錄在政府的大型慶祝活動中。

民國四十五年（1956 A.D.），蔣介石七十大壽，考試院為了祝其壽辰，將
「四十五年全國性公務人員高等考試」、「四十五年全國性公務人員普等考
試」、「四十五年臺灣省公務人員高等暨普通考試」、「四十五年專門職業技術
人員高等暨普通考試」、「四十五年特種考試司法人員考試」等各類考試成績，
漏夜趕辦竣事，以考試結果為其七十壽辰祝賀，並於壽辰當日放榜〔註31〕。
當時的張默君，亦作詩以賀，其〈總統蔣公七十壽〉詩云：

久大延平史，歸仁宇海收；弘闢黃埔業，深發翠亭猷。
至德光千祀，虛衷納萬流；殷民歲天錫，佇復舊神州。〔註32〕

〔註28〕參見《聯合報》，1952年3月2日，第1版。
〔註29〕參見《聯合報》，1952年11月1日，第3版。
〔註30〕參見《聯合報》，1952年11月1日，第3版。
〔註31〕參見《聯合報》，1956年10月31日，第2版。
〔註32〕張默君：〈總統蔣公七十壽〉，收入《瀛嶠元音》，頁36～37。

詩中對蔣介石的「道德功績」頗多讚許，展現出四海歸心，至德無上的氣象。這種近乎「圖騰式」的崇拜，展現出戰後來臺的外省族群，特別是黨國高層的強烈政治認同觀；但同時也突顯出政治強人利用國家機器，在高壓統治下對外省族群的影響和箝制。

三、憑藉時事以抒發

在《瀛嶠元音》中，也有一些紀錄政治社會上的新聞時事、或者重大事件之作品。除了筆者在上文援引默君表達政治主張一類詩作時，所述及的〈四十一年次均何敬公貽中日和約全權代表河田烈〉、〈臺省婦女勞軍委會歡迎救國軍游擊縱隊指揮官兼平湖縣長黃百器（即雙槍王八妹）即席賦貽〉等作品外，尚有記載民國 40 年（1951 A.D.）10 月 23 日的臺灣大地震，默君利用詩作〈臺灣地震〉二首，生動的描述當時天崩地裂、塵土飛楊的慘狀，並用詩序詳細記載發生時間、原因、災情等事，惟第二首詩篇之末，仍有「堂堂臥嘗島，敢冀晏安居」一句〔註33〕，其在發生地震之後的結論，竟是感慨臺灣作為反共復國的前哨站，軍民應以臥薪嘗膽之地自居，因此鄭重告誡大眾，既是「臥嘗島」，吾人豈能僅是抱著安逸的心情，無憂無慮地居住？又民國 44 年 11 月 25 日，日本政府為展示友好，將玄奘大師的舍利子，奉還給中華民國政府，張默君撰〈玄奘大師歸骨志憙〉一詩誌慶，詩中記載了「民三十一載，中日兵禍牽」、「恨血碧成渠，陵谷愴變遷」等中日戰爭的慘況，讓中、日兩國人民的彼此相互仇視〔註34〕，以至迎回舍利子、中、日二國冰釋，甚至表明：「偉哉中日韓，亞東三巨橡。平等無冤親，刎遜唇齒緣。」〔註35〕，說明臺灣、日本、韓國三方，如今作為反共最前線，實具有榮辱與共的兄弟國之情誼。

另外，除了國內重要時事以外，在《瀛嶠元音》中，也可得見當時國際間的重要事件，如：韓國的反共主義人士李承晚，在 1951 年創立自由黨，自任總裁，默君撰〈書貽韓國李大統領承晚〉一詩，祝賀並歌頌李承晚，待 1955 年 3 月，當時連任第二屆韓國總統的李承晚過八十大壽，默君則撰〈壽韓李大統領雩南博士八十〉致意，不過依此詩作中的「公竟人中龍，儒文倚俠武」、「拯國斯拯世，廓然天下公」、「雙鬢鴨江綠，玉立童顏紅」、「仁者歲無疆，

〔註33〕張默君：〈臺灣地震〉，收入《瀛嶠元音》，頁 16。
〔註34〕張默君：〈玄奘大師歸骨志憙〉，收入《瀛嶠元音》，頁 35。
〔註35〕張默君：〈玄奘大師歸骨志憙〉，收入《瀛嶠元音》，頁 35。

萬代昇平隆」數句〔註36〕，可以得見默君對於這位被當時國際間盛傳其連任，有嚴重舞弊之嫌的韓國總統，詩篇中的稱道和讚許，大抵是題贈恭維之詞。

第三節　張默君政治書寫的背景分析與特色

　　1949 年前後，已有近兩百萬的人民遷徙來臺，其中身為詩人雅士者，亦多不勝數，是 1949 年以降，臺灣古典詩壇在臺籍詩家的基礎上，因諸多戰後來臺詩人的加入而不斷地持續發展，更顯得朝氣蓬勃。不過，這麼多的文人雅士加入臺灣文藝界，姑且不論其是否良莠不齊，至少在當年臺灣政壇的主張反共主義；提倡愛國、報國情懷等政策路線下，許多文士詩人，皆參與其中，或者積極的宣揚反共思想；讓作品充滿了反共、抗俄、復國等內容；或者過度的提倡這些思想，致使作品徒剩高喊的口號，而無詩歌內涵，著實讓作品淪為政治的附庸；又或者能如張默君一般，在這些思想中，寓以個人真實的情感，既達到提倡、宣揚的目的，也不致讓作品流於表面化，從而兼顧了政府欲宣揚的政策和理念，與個人情感的抒發，當此二者取得平衡之後，詩歌創作自然顯得真情流露、且更有藝術性與歷史性的價值。

一、當年臺灣文學藝術界的反共思潮

　　反共文學的迅速興起，是臺灣 50 年代文學發展的重要歷史事件，當 1949 年 12 月 7 日，被迫來臺的國民黨政府面對中共的層層進逼、國內政權的不確定性等，在多方面危殆的情勢下，急欲維持文學政治化的正當性，以鞏固政權與民心，故在政府積極、刻意的宣傳之下，以計劃性的文藝政策，輔助反共文學的生成，成為反制中共、激勵民心的重要工具。而在 1949 年之前，早從 1946 年開始，已有不少作家陸續來臺，這些來臺的作家，依近日學者的研究與統計〔註37〕，大致可以被分成三種類型：其一，是 30 年代資深老作家。其二，是戰前生活在大陸的臺灣省籍作家。其三，是 40 年代末，隨著國民黨政權來臺的大陸作家〔註38〕。而反共文學的從事者，多屬於第三類

〔註36〕張默君：〈壽韓李大統領雩南博士八十〉，收入《瀛嶠元音》，頁 20～21。

〔註37〕陳康芬：《政治意識形態、文學歷史與文學敘事——臺灣五〇年代反共文學研究》（國立東華大學中國語文學系博士論文，2006 年），頁 34。

〔註38〕第一類型作家或從 20 年代開始，或在 3、40 年代都在大陸從事文學活動，許多人在文壇上享有盛名。例如：許壽裳、李何林、臺靜農黎烈文、李霽野等；第二類型作家多出生於臺灣，都是在日治時期先後到大陸從事各項工作。例如：洪炎秋、張我軍、林海音、鍾理和等。劉登翰：《臺灣文學史》，頁 8～14。

型。葉石濤曾在其著述中提到：

> 五〇年代的文學，幾乎由大陸來臺第一代作家所把持，所以整個五
> 〇年代文學就反映出他們的心態。他們在大陸幾乎都是屬於統治階
> 級，依附政治權力機構而生存，所以大多數擁護中國傳統的孔孟思
> 想，且有根深蒂固的法統觀念，缺乏民主、科學的修養。〔註39〕

依葉石濤所論，臺灣五〇年代文學藝術圈，之所以淪爲政策的附庸，主因是把
持當年文壇的大陸來臺第一代作家所致。彭瑞金的立場更激烈：

> 「反共文學」大鍋菜式的同質性（公式化）、虛幻性和戰鬥性等反文
> 學主張，是它的致命傷，所以儘管它霸佔了整個臺灣文學發展的空
> 間，文學的收成還是等於零。……令人可惜的不只那些文藝園地，
> 而是黃金般的臺灣文學十年歲月被埋葬了。〔註40〕

葉石濤與彭瑞金訴以諸臺灣本土的政治立場觀點，將反共文學，視爲政治宣
傳之作，將所有作品籠統概括於臺灣本土政治立場的「中國外省——臺灣本
土」的對立族群意識，誠非公允客觀的評價。不過，「反共文學」儼然成爲臺
灣當時文壇創作內涵的主流之一，此已實是一不可否認的歷史事實。

近日或有學者認爲，反共文學的形成歷史範圍，應具備兩個重點：其
一，是中國知識份子在國共兩黨時期、從合作到內戰歷史中的重要文學活
動現象；其二，是反共文學體制中，社群組織與國民黨政治實體之間的關
係〔註41〕。此般論述，頗爲客觀公允，畢竟「反共」是知識分子願意效忠
於政權、無條件履行國民應盡義務的認同基礎；「愛國」則是他們投入「反
共」的共同情感理由。

這即是說，當時的蔣介石政權，欲以「愛國」作爲人民認同國家的理念
價值預設，以及人民對國家關係想像投射的重要形式。換言之，「愛國」也因
此成爲中華民國是否能在反共現實處境中、得以實踐民主自由的關鍵。因此，
革命建國的「愛國」意識形態，實已將「反共」納入人民對國家認同的想像
範圍與思維模式之中，使得「反共」不僅是作爲中華民國「以文化性民族開
創民主政治國家」的現代性精神形式的政治內涵，甚至還擴展爲實踐現代化

〔註39〕葉石濤：《臺灣文學史綱》（高雄：春暉出版社，1996年8月），頁88。
〔註40〕彭瑞金：《臺灣新文學運動40年》（臺北：自立晚報文化出版部，1991年），
頁75～76。
〔註41〕陳康芬：《政治意識形態、文學歷史與文學敘事——臺灣五〇年代反共文學研
究》（國立東華大學中國語文學系博士論文，2006年），頁23。

國家制度的主要前提條件。依此，蔣介石政權似已將「反共」預設為捍衛中國主體的民主自由之正當性，使其成為「正確」的國家體質，並導入人民的思維理路、甚至是平日的生活方式之中，而成為當時的一種全民共識了！當然，此亦有一項重要的預設前提：即共產黨是破壞國民黨以民主自由內涵作為中國現代國家發展形式的革命敵人，而國民黨則是中國唯一堅持自由民主建設的現代政黨。

所謂「反共文學」，其最主要的理論基礎，是：國民黨才是現代中國歷史發展進程的唯一正統繼承者；共產黨則是代表歷史治亂相隨的負面力量。尤其反共文學的出現，本來就是為了因應流亡來臺的困境、並在政治因時利導氛圍下所產生一種集體文學書寫，所以反共文學的作家們在回顧歷史之際，總是秉持著中國傳統史家「合久必分，分久必合」的理念，即便共產黨篡奪中國，是歷史的命定發展、是民族必然承受的宿命苦難，然而就在強調「暴政必亡」的歷史法則之下，作家們總是「預言」著共產黨必然覆滅、國民黨必然重新取得政權，在這個詮釋意涵上，則反共文學既是復國文學，也是建國文學，更是國民黨反攻中國大陸、重獲大陸政權最合理化的歷史詮釋〔註42〕。

此外，「反共文學」自 1949 年國民黨政權與諸多文藝界人士的開始提倡，隨著 1954 年到 1955 年，臺、美的緊密關係與相互合作，使此類文學的發展達到最高峰。待至 1956 年之後，蔣介石政權在美國的支援下，已經穩固不搖，故蔣氏對臺灣開始全面展開強人政權與黨國高壓統治，倡導反共文學的半官方組織，反而不再為國民黨政權所重視，反共文學也因此開始逐漸產生沒落的跡象。

二、張默君政治書寫的特殊性

上述幾項因素，誠是影響臺灣古典詩歌發展的外部因素，然而此類影響對當代詩壇的衝擊力道，昭然可見。依上文所述，由於國民黨政權的刻意介入，益之以戰後來臺的文人有意識地配合和擁護，打著「反共」為號招旗幟的「半官方」性質的文學組織先後成立，反共文學遂逐漸掌握了臺灣文學的發展主流，並成為 50 年代文學藝術界人士在創作時，最重要的一環。此正是

〔註42〕張默君等詩人是如此，多數的反共小說作家亦復如是，畢竟他們都是 4、50 年代之交來臺的流亡者，與國民黨之間所共同面對共產勢力崛起、離開大陸故土的時空經驗，以及期待復返的建設心理，本可以互通見證。

近世學者能明確指出，戰後臺灣古典詩創作與活動的邊緣化，與政府的文藝政策息息相關，且主因有三：第一，經濟資本的分配明顯傾向新文學。第二，以推動「言文一致」的國語運動及新文學創作，宣傳「光復大陸」、「反共抗俄」，較古典詩更具傳播效益。第三，文、言分離使得古典詩閱讀與寫作成為特殊技藝，創作與活動人口減少〔註43〕。

隨著國民黨軍隊來臺、位居政府中上階層官職的張默君，即是生活在此等氛圍之中，對這些戰後甫來臺的文人而言，臺灣是他們暫居的「異鄉」、是反共復國的「臥嘗島」，所謂「反共」和「復國」誠非一項口號，更不能只是空談，是輩打從心底認為，終究有一天，國民黨政權會付諸於實踐，以行動來達成此類目標。張默君即是一鮮明例證，她發自內心地大肆宣揚反共復國，利用詩歌創作，將個人的國殤之憤恨、離鄉思親之悲愁等情緒，作為這些主張在實踐上的力量，更使得國民黨政權、甚或默君自身，對未來的重返中國大陸，持續保有相當程度的正當性。

不過，正當50年代臺灣政治環境影響學術動態之際，而張默君詩歌的特色與價值，對照在如此的政治環境與文學發展等時空背景之下，其相異於其他詩人之不凡的特殊性，卻得以油然自見。

（一）兼顧「政教」與「詩教」

張默君在戰後臺灣詩壇的第一項特殊性，是能有意識地兼顧「政教」與「詩教」。客觀而言，不論是原本的臺籍詩人也好；戰後來臺的詩人也罷，其最大的共通點，是泰半皆能接受主張詩歌應獨立於政治功能之外，並與個人的道德情感合流〔註44〕。蓋「詩教」自古以來，本是許多中國古代詩人創作的目的之一，但統治者的執政風向，也往往牽繫著時代風尚，如：1949年，國民政府遷臺初期，各項體制與建設尚未完全復原，其主要的施政方針，遂以力求穩固、安定為主，職是，許多的施政重心，全置於物質建設之上，此等忽略精神文明的政治考量，自有其不得已的時空背景，而時代的兵革荒亂，也往往影響了文學的教化功能，此本無可厚非，吾人自能有同情的理解。

〔註43〕 參江寶釵等：《臺灣全志（文化志－文學篇）》（臺北：國史館臺灣文獻館，2009年6月。），頁76。

〔註44〕 孫吉志：〈1949年來臺古典詩人對古典詩發展的憂慮與倡導〉，《高雄師大學報·人文與藝術類》2011年12月，頁103～105。

依此，在國民黨政府特別重視軍事、經濟的安定、以及刻意提倡反共文學等政治氛圍下，不論是戰鬥文藝、中華文化復興運動，其政治性遠大於文化的本質〔註45〕。戰後臺灣學界在文學、美術、音樂、戲劇等方面的文化政策，自然也被納入反共的脈絡中，而詩壇亦復如是，時下許多詩人，往往成為主張積極進取、卻忽略精神本質的戰鬥文學之代言者。這不僅是物質建設與文化建設之間的取捨，更涉及了詩歌的教化，在「政教」與「詩教」之間的權衡。換言之，古典詩歌對於倡導當代政府政策、關心社會國家課題的「政教功能」雖屹立不墜，但主張抒寫個人情志、遙想士人道德理想的「詩教功能」的發展則在相形之下自然受限了。

持平的說，身為戰後來臺、且在政壇與詩壇皆佔有一席之地的張默君，並未隨著國民黨政權的刻意提倡，從而讓個人的詩歌創作僅剩「政教」而無「詩教」。反之，默君十分重視詩歌的文學價值與道德教化，而筆者上文諸章節之中，也皆已詳細陳述，此處茲不贅論，至於默君的文論部分，也時時可見其欲弘揚「中國固有之學」與振奮民族精神的努力，所謂立極、樹人、詩教、母教云云，均授意於此。

（二）兼具愛國思想與個人情志

張默君在戰後臺灣詩壇的第二項特殊性，是能兼具政府所宣傳的愛國思想，與詩人自身的情感與志向。當年許多人盲目的宣傳愛國思想，卻非真正的關懷家國民生，如：張道藩、陳紀瀅等人，依恃他們的立法委員身份及蔣家父子的指示，在「文協」之外，又成立多個半官方性質的民間文藝團體，而這些半官方性質的文學社團，又與另一脈：軍中系統的國家文學體制緊密聯繫，兩脈合流之下，成為臺灣50年代反共文學的最大支持系統，且著實壟斷當時臺灣的文藝資源，以生產大批反共文藝的作品。

蓋國民政府自遷臺後，即以檢討文藝政策的施行為名，於1950年藉由文壇的一些知名人物，推選張道藩（1897～1968）主持「中國文藝協會」（以下簡稱「文協」），並讓「文協」配合官方政令，以推展「三大文藝運動」。所謂「文協」，其前身是1949年「副刊編者聯誼會」，本是由當時各報社的副刊編輯者所創立，是輩以「反共抗俄」為主要宗旨，後來為了配合政府政策、方便政府宣傳文藝政令，始改名為「中國文藝協會」，此協會在1950年5月4

〔註45〕關於此類論述，可參見孟祥翰等：《臺灣全志（文化志－文化行政篇）》，頁64～67。

日，在臺北市中山堂召開成立大會，從此成爲長期配合中華民國政府「反攻大陸」政策的最佳推手，並偕同當時其他親官方的一些民間文藝團體，協力執行官方的文化政策。

「文協」是 1950 年代，臺灣戒嚴時期最具有規模、也最具影響力的文藝團體，其採取「半官方」的組織型態，在排除政治異己者的前提下，與文藝知識份子以互惠的原則，建立合作關係。畢竟，若直接利用官方組織系統所提供的資源，確實能提高文學的政治宣傳效應，但官方組織系統的官僚化，又使得文學的政治宣傳效應，難以達到預期效果，最後只能依賴強制性社會控制方式解決，如查禁、逮捕等，此些舉動，又容易激起知識份子的不滿與反抗政治府的情緒。所以國民政府認爲，如此「半官方」組織，一來既可避免官僚化的弊病，以及官方直接控制的專權反彈，也可透過知識份子的認同，間接協助政府鞏固政權。換言之，「文協」的成立與運作，雖然與國民黨的黨政系統有所聯繫，但並未被直接納入到國家體制，而是經由與知識份子的合作關係所主導〔註46〕。不過，「半官方」文學體制的「文協」社群，仍與軍中系統的國家文學體制緊密聯繫，這使得文學作品的生產，在一定程度上必然被制約在政治力所主導的發展環境中，而不是完全交由民間的經濟市場。換言之，國家的主政者對體制內、外的文學發展空間，仍擁有極大的介入性影響。另外，在臺灣文學史上，「文協」在 1950 年代即與「中華文藝獎金委員會」、「中國婦女寫作協會」、「中國青年寫作協會」等文藝團體齊名，其由張道藩、陳紀瀅、王平陵、尹雪曼，以及王藍等人發起，當時獲得中國國民黨中央宣傳部部長張其昀、教育部部長程天放、國防部總政治作戰部主任蔣經國、臺灣省政府教育廳廳長陳雪屏等人的支持與贊助，以及文化界、新聞界的協力籌備，由是成爲引領當時文學界的重要文藝團體。

至於「三大文藝運動」，不僅是一文藝運動；亦是官方欲推行的文化現象。「三大文藝運動」係指 1951 年的軍中文藝運動；1954 年的文化清潔運動；1956年的戰鬥文藝運動。其中「讓文藝到軍中去」的軍中文藝運動、「對當時所謂的黃色、黑色、紅色等文學刊物進行撻伐，以建立一更嚴密的書刊審查制度」的文化清潔運動，「文協」皆參與其中，負責提倡與宣導。是陳芳明即提及，

〔註46〕關於「中國文藝協會」的組織、運作與成員等資料，詳參陳康芬：《政治意識形態、文學歷史與文學敘事──臺灣五○年代反共文學研究》（國立東華大學中國語文學系博士論文，2006 年），頁 55～60。

1950 年代，國民黨常常藉由黨內的核心組織，以下達決策，然後再透過「文協」等民間團體的配合與支持，讓每次的文化運動與文藝活動，都能獲得預期的政治效果〔註47〕。張頌聖〈文學史對話：從「場域論」和「文學體制觀」談起〉一文中提到：

> 國府遷臺初期，臺灣文學生產體制受到國家的監督大於市場的主導。五〇年代裡作家協會、文藝獎金委員會、和官方掌控的文學雜誌都是設置在政治首腦的臺北。因爲文藝政策和國家意識形態緊密掛勾，主導論述中不免承襲了傳統的道德觀。〔註48〕

張氏所討論的對象，是以戰後新文學爲主，但吾人仍可援用此概念，來探索這種因國家機器所形成的「官方」思維，對古典詩壇所帶來的影響，蓋古典詩的「書寫場域」中，國家政治的影響，確實造成臺灣部分文人對「官方」思維的迎合與附和，「中國文藝協會」即是一鮮明例證。而古繼堂在撰寫「中國文藝協會」這個詞條時，更直接露骨地寫道：「文協表面上是民間組織，實際上是『不失官方色彩，主導文壇風潮』的官方文化工具。發起人張道藩、陳紀瀅均爲國民黨政府的立法委員。文協網羅了大陸去台的所有官方作家及報刊編輯。」〔註49〕此實已一語道破「文協」的「準官方」性質了。

半官方文學體制的「文協」社群與「軍中系統」的合流，是張默君所身處的反共文學環境，然客觀地說，如果說上述這些人是在政治界、文學界裡，「被迫」或者「有其他目的」的宣傳反共文學，那麼張默君可謂是投身教育界的文士中，自發性的投入反共文學的詩人。尤其張默君實已能夠於外在的主義宣傳，和內的個人抒情之間取得平衡點：一方面爲政府宣揚愛國主義之餘，仍不忘個人志向，並利用詩人的眞實情感，讓詩歌創作既能闡發愛國思想，又不致矯揉做作而淪爲上文所述之「戰鬥文藝」。另外，若與上述的張默君之第一項特殊性合觀，更足見張默君的將政治與文教作充分結合之創作功力，其「政教」與「文教」並重，已充分體現詩歌多元、多面向的教化目的。

〔註47〕陳芳明：《臺灣新文學史》（臺北：聯經出版社，2011 年 10 月）頁 269～270。
〔註48〕張誦聖〈文學史對話：從「場域論」和「文學體制觀」談起〉，收於《重寫臺灣文學史》，（臺北：麥田出版社，2007 年），頁 180。
〔註49〕引用古繼堂所撰寫的「中國文藝協會」詞條內容。參天津人民出版社、百川書局出版部主編：《中國文學大辭典》（繁體版）（臺北：百川書局印行，1993 年 6 月），頁 882。

（三）作品較不具有過度的政治化傾向

張默君在戰後臺灣詩壇的第三項特殊性，是不讓文學或者學術，有過度的政治化傾向。誠如筆者於上文所述，來臺的國民黨政府，為了維持「文學政治化」的正當性，故在政府的積極、刻意宣傳之下，反共文學儼然成為臺灣當時文壇創作內涵的主流之一。但與國府官員交涉甚深、理應充分運用國民黨政治力量支持的張默君，其詩卻沒有出現過度宣揚「民族至上，國家至上」的積極政治立場；也並非以鮮明的政治企圖與御用性格，充當官方政策文學的傳聲筒；反歷史的懷舊復仇型文學等面貌，亦較為少見。取而代之者，是默君仍能以美學性、藝術性的文學實踐為主，保持客觀的反共立場，而不受「文學政治化」所牽累。考察其詩作內容，大抵皆單純的以凝聚民族國家意識、如何「民族救亡圖存」為基本方向。

（四）一體三面的詩歌創作主題

張默君在戰後臺灣詩壇的第四項特殊性，是能夠將「反共」／「懷鄉」／「國殤」三者，視作一體三面的文學關係。且張默君是如此，當時許多優秀的文學家亦是。這可以說是文學家及其作品，在每個歷史階段中，與其所處時代社會之間的互動關係。

1949 年前後，近兩百萬人民的遷徙來臺，這些人泰半是被迫離開家園，他們帶著遭遇國殤之憤恨，顛沛流離、離鄉背井，緊張不安的神情、匆忙緊迫的模樣、悲慘落寞的情景，自不言可喻。來臺之後，或者受到當時文藝政策的鼓勵；或者來自內心的真實情感欲以尋求投射，由是，「國殤」／「反共」／「懷鄉」三種寫作主題，自成為這些文士詩人生命的出口。此正如齊邦媛所云：

> 光復後十年間，臺灣文壇上質量最豐的是被稱為「懷鄉文學」的作品。古往今來，人類對家鄉和往事的懷戀一直是文學的主要題材。渡海來臺的人對大陸家鄉的記憶因隔絕而更增其感人的力量，純以抒情方式寫這種心情的幾乎全是散文與詩。〔註50〕

張默君等詩人、以至當年赴臺的諸多文學家，或者透過記憶來書寫；又或者透過書寫以重構記憶，讓自身的多重傷痛情緒，得以盡情地抒發出來。

不過，與其說是輩的文學作品，分別創作了「國殤」／「反共」／「懷鄉」三種主題，倒不如說他們已將三種主題緊密的結合，一同融化在作品中，

〔註50〕齊邦媛：〈時代的聲音〉，收入《千年之淚》，（臺北：爾雅出版社，1990 年 7 月。），頁 10。

張默君的《瀛嶠元音》諸詩作，即是一鮮明例證，其早已將「反共」／「懷鄉」／「國殤」，視作一體三面的文學關係，並將此三類寫作主題，毫無縫隙地融鑄在詩篇之中，此自是《瀛嶠元音》中的大多數詩作，能夠兼具遭逢國殤之憤、懷鄉思親之痛、反共復國之企盼。

第四節　小　結

　　本文利用政治寫作主題，將《瀛嶠元音》中所收集之政治書寫詩作，區分作五大類，並分別敘述其內容、風格與特色等，作進一步的分析與論述。此外，亦特別將研究視角放置在 1949 年前後，臺灣政治圈、文學藝術圈的反共思潮與愛國情懷等，以標舉張默君身處此種文學環境中，其詩作所透顯出來的特殊性。希冀此種研究方式與視角，能讓張默君赴臺之後的生活、心境、交友等課題，得以出現一清晰之輪廓，並企盼張默君在戰後臺灣詩壇的特殊性，以及其詩作的藝術價值，亦因此而得以彰顯。

　　綜觀筆者所論，吾人可依《瀛嶠元音》於詩壇交遊方面的描寫，以及當時留下來的文獻史料，則足見張默君作為一位戰後來臺的詩人，其不僅能與同期來臺的外省詩人，繼續密切的聯繫與交好，更能參與臺灣本土文學界的諸多活動、與臺灣本土詩人相互唱和與交游，而張默君在臺灣詩壇所擁有的地位。而《瀛嶠元音》中的政治主張之書寫，清楚觀察到張氏對反共立場的堅定，以及對國民黨政權的高度擁護；至也在如此的過程中，透過本文的論述和引舉，得以清楚地呈現出來。身為戰後來臺、且在政壇與詩壇皆佔有一席之地的張默君，並未隨著國民黨政權的刻意提倡，從而讓個人的詩歌創作僅剩「政教」而無「文教」。反之，默君十分重視詩歌的文學價值與道德教化，也時時可見其欲弘揚「中國固有之學」與振奮民族精神的努力，所謂立極、樹人、詩教、母教云云，均授意於此。

　　張默君在戰後臺灣詩壇的特殊性，是能夠將「反共」／「懷鄉」／「國殤」三者，視作一體三面的文學關係，並將此三類寫作主題，毫無縫隙地融鑄在詩篇之中，此自是《瀛嶠元音》中的大多數詩作，能夠兼具遭逢國殤之憤、懷鄉思親之痛、反共復國之企盼。張默君詩歌的特色與價值，對照在如此的政治環境與文學發展等時空背景之下，其相異於其他詩人之不凡的特殊性，卻得以油然自見。

第六章 《瀛嶠元音》的性別跨越與陽剛書寫

中國學者劉峰在評析張默君晚年的詩作風格時，曾以「典雅平和，清曠婉麗」，作爲其特色之總結〔註1〕。劉氏認爲，張默君在臺灣爲排解內心的寂寞，經常外出遊覽，開闊視野，放鬆心襟，心態逐漸平和，加之以漸入暮年，性情則更趨於淳樸，此著實使其詩歌往往呈現出一種「寧靜祥和」之氣，表達一種淡泊明志的知足感，以及對人生煩惱和痛苦的超脫，詩歌風格也在不知不覺之間，脫離了中期的沉鬱頓挫，逐漸轉向淡雅平和〔註2〕。不過筆者考察張默君《瀛嶠元音》諸詩作，則發現張氏來臺之後的作品，概難以「典雅平和，清曠婉麗」作爲整體的概括。畢竟，在《瀛嶠元音》所收集的詩作中，除了一些以單純的記遊寫景、題贈應酬，或者表達個人志向或詩學觀念等爲創作主題的詩歌外，大抵含涉了詩人自身因遭逢國殤之憤恨、歷經兄弟故亡之喪痛等，所呈現出來的悲傷悽愴之詩作風格，故詩篇之中，不僅未能得見寧靜祥和、淡雅和平等氣韻，取而代之者，竟是充滿國家淪亡的傷痛，以及羈懸孤島的悲涼。

另外，由於遭逢國殤之憤，使默君轉而痛恨共產政權，一些宣揚反共主張、期盼國民黨政權收復故土的詩篇，泰半慷慨激昂、語言激烈，是劉峰未能深入探究之處；還有一些誠非單純的憑弔悼亡、傷時詠懷、記載時事、詩

〔註1〕 參見劉峰：《張默君詩歌研究》（湖南大學中國古代文學碩士論文，2009年），頁3。

〔註2〕 參見劉峰：《張默君詩歌研究》（湖南大學中國古代文學碩士論文，2009年），頁38。

壇交遊與寫景記遊的詩作，也常在詩篇中，寄寓了遭逢國殤、懷鄉思親的憤恨與悲痛，致使詩風沉鬱而悲涼、哀戚且滄桑；甚或一些詩作，乃利用憑弔悼亡、詩壇交遊等爲創作主題，內容卻幾乎與主題無關，反而旨在指斥共產政權，或者寓以自身羈懸孤島之複雜情感，此亦是劉峰未能繼續深拓的另一項研究課題。

這即是說，張默君的晚期詩作，確實有如學者所云之「典雅平和、清曠婉麗、寧靜祥和」等風格特色，但是這不過是默君來臺之後的詩風特色之一而已，甚或此類詩作，誠屬少數。若是輕易地以此類詞語，來概括張默君赴臺之後的詩風特色，不免有失客觀和公允，尤其張默君赴臺之後的其詩作中，常常可得見其以「哀民」自居，如「河山悲板蕩，日月任煎熬；踐歲遵唐朔，哀民續楚騷。」〔註3〕；而且詩作中充滿「哀感」，如「懸嶠候逢雙十辰，揮毫哀感來崢嶸。」〔註4〕。在此創慟的心境下，在詩句中經常可見淚痕斑斑，如「東來慚恨劇崢嶸，汨捲搶溟夢不成。」〔註5〕、「草堂忍泪歌離騷，正則狂哀花獨解」、「寸寸河山寸腸斷，擲盡山河究誰罪。」〔註6〕、「歌哭餘危涕，徜徉媚半醒。」〔註7〕、「風雨江山汨，秋心始作愁。」〔註8〕、「悲涼在莒情，羈此孤懸島。」〔註9〕，以上詩句足見張默君面對世亂國破、山河寸斷，其心境是悲涼傷痛的。張氏在民國三十九年〈庚寅上巳士林新蘭亭禊集即席率賦〉一詩中，更呈顯出即使身處美景，內心依然傷痛：

> 七鯤嵐氣鬱蒼蒼，溟漲花光赴渺茫；
> 忍說莘林傳賦筆，聊從瀛嶠作流觴。
> 野黏芳草凝詩綠，風散幽蘭浴夢香；
> 猛憶聽鸝招隱麓，珠喉天壤斷人腸。〔註10〕

〔註3〕 張默君：〈巳丑除夕〉，收入《瀛嶠元音》，頁7。
〔註4〕 張默君：〈三十八年雙十節賦示國人用柏梁體三十二均〉，收入《瀛嶠元音》，頁4。
〔註5〕 張默君：〈三十八年巳丑夏來臺感賦〉，收入《瀛嶠元音》，頁2。
〔註6〕 張默君：〈冬莫謝書城貽鞠白合花及絳珠草一束〉，收入《瀛嶠元音》，頁6。
〔註7〕 張默君：〈庚寅冬莫雨夕小集寓廬奉簡含光夷午槐村心畬諸老次均〉，收入《瀛嶠元音》，頁11。
〔註8〕 張默君：〈瀛州垂柳次均百成〉，收入《瀛嶠元音》，頁32。
〔註9〕 張默君：〈玉渫山房墨瀋問世後書感〉，收入《瀛嶠元音》，頁44。
〔註10〕 張默君：〈庚寅上巳士林新蘭亭禊集即席率賦〉，收入《瀛嶠元音》，頁9。

在詩跋中，張氏寫道：「廿三年春，嘗偕翼公聽鸝招隱山，今滔天赤禍，大陸淪胥，憂邦傷逝，能不愴神。」〔註11〕。在這種傷痛、悲涼的情懷下，張默君晚年的詩句經常可見「劍」、「龍」、「雷霆」的字句，這些陽剛文字的書寫呈顯在詩句中的遣詞用字，突顯出女性詩人的心境是憤恨不平、高亢激昂。

職是，為了凸顯此類詩作風格與特色，讓張默君諸多鏗鏘頓挫的作品，得以清楚展現，本文擬在此章節，試以專論張默君的詩歌中，關於陽剛意象方面的書寫模式，盼能補闕學者先進們，在研究張默君其人其詩時，較容易忽略之處。

第一節　張默君性別跨越的背景分析

客觀而論，張默君在早年創作傳統詩歌時，即呈現出陽剛書寫的特質；如參與辛亥革命時，所撰之〈辛亥秋侍家君光復吳門後主辦江蘇大漢報次均畬徐小淑詩見今存大漢報〉一詩，即有：「地動殺機龍起陸，天開霧障劍橫秋」、「誓將肝膽連秦越，差幸文章絕比侔」〔註12〕等句。此外在〈自題倚馬看劍圖〉亦云：「劍魄珠光回斗宿」、「豈云衛國男兒事」〔註13〕。來臺之後，張默君陽剛書寫的特質依然明顯；分析其主要原因，大約有個人自我形象的認知、女權運動的參與，以及國民黨政府來臺後對於文藝政策的箝制和推展。

一、個人因素：自我形象的認知與定位

張默君在自傳中曾提及其誕生時，祖母所作的異夢。清光緒十年（1884 A.D.）9月初六，其祖母曾夜夢一銀色鉅螃盤旋於樑上，光芒四射、勢欲飛騰，不久驚寤，則嬰兒誕生，因此張默君乳名又叫寶螃。其描述如下：

> 農曆重陽前三日，祖妣李太夫人夜夢廳際流輝如白晝，仰視一銀色
> 鉅螃盤正梁，雙目炯炯，光芒四射，勢欲飛騰。驚寤，天方破曉。
> 輒聞內室室嬰啼瀏亮，殆予適於斯時挾畢生憂思墮塵宇矣。太夫人
> 喜，以為必係一男，趨視乃一女，心竊奇之。見予眉目雋爽異常兒，
> 轉欣然謂予母約：賀爾得不櫛進士矣，並告以夢。時吾猶母成榴生

〔註11〕　張默君：〈庚寅上巳士林新蘭亭禊集即席率賦〉，收入《瀛嶠元音》，頁9。
〔註12〕　張默君：〈辛亥秋侍家君光復吳門後主辦江蘇大漢報次韻畬徐小淑詩見今存大漢報〉，收入《白華草堂詩》，頁19。
〔註13〕　張默君：〈自題倚馬看劍圖〉，收入《白華草堂詩》，頁9。

（歸寧鄉成贊君公著有妙香室詩）亦在室相伴，聞之脣引悅，馳書
告先考鄂中。先考命名昭漢（光大漢族之義），字漱芬（用漱六藝之
芳潤意），乳名寶螭。後以螭字生硬，遂以二寶呼之〔註14〕。

螭是中國古代傳說中的動物，外形似龍而無角，也是傳說中龍之九子中的二
子，又稱「螭吻」。《說文解字》：「螭，若龍而黃，北方謂之地螻，從虫，离
聲，或無角曰螭」而中國歷代文獻中，也多有「無角曰螭龍」的記述〔註15〕。
同時，螭也是雌龍的象徵。如：在《漢書·司馬相如傳》中，有關於「蛟龍、
赤螭」之詳細記載，其中「赤螭」一詞，張揖註曰：「赤螭，雌龍也。」〔註16〕，
而段玉裁的《說文解字注》中，亦徵引古代諸多文獻之說法，說明「螭」解
為「雌龍」的典故〔註17〕。這種「夢螭而誕」的事蹟，或許影響了張默君在
自我形象的認知與定位。

此外，張默君滿週歲時，家中長輩置睟盤，以觀其志趣，張默君一手取
劍，一手取筆，展現出迥異於傳統社會對閨閣女子應有的刻板印象；張氏在
自傳中，曾如此自述：

鄉俗小兒週睟，祀祖後，必設睟盤於神案前，中置書、劍、筆、墨、
針線、銀錠等，令兒就取，謂可覘其志云。予逢週睟，先妣抱之案
前，予蹤身就盤，一手拈毫，一手攫劍，雀躍四顧，大笑高呼。先
考睨而笑曰：真虎女哉。〔註18〕

由上述諸例可知，不論是「夢螭而誕」的傳聞，或是「週睟取劍」的事蹟；
都呈顯出張默君個人欲跨越封建體制對女子形象的束縛；張默君藉由自傳的
書寫，企圖在生命特質的建構上，凸顯出陽剛氣質，不論是「夢龍」或「執
劍」，都是在嘗試打破傳統女性的陰柔特質之框架。換言之，身為女性，也可
以成為人中之龍，也可以策馬執劍、虎氣騰騰。根據丁治磐的回憶，張默君
喜歡旁人以「先生」稱之，在「張默君先生百年誕辰口述歷史座談會」中，
丁氏曾經提到下列往事：

〔註14〕張默君：〈默君自傳〉，收入《王漸山房文存》，頁109。
〔註15〕以上說解，詳參（漢）許慎撰、（清）段玉裁注：《說文解字注·十三篇上》，
頁670上。
〔註16〕以上說解，詳參（漢）班固撰、（唐）顏師古注：《漢書》（冊三）卷五十七上
〈司馬相如傳〉第十七上（臺北：粹文堂（明倫出版社），出版年份不詳），
頁2548、2551。
〔註17〕詳參（漢）許慎撰、（清）段玉裁注：《說文解字注·十三篇上》，頁670上。
〔註18〕張默君：〈默君自傳〉，收入《王漸山房文存》，頁110。

> 丁先生曾應邀爲《大凝堂集》作序，以紀念邵元沖先生。丁先生在
> 序文中稱邵夫人爲默君夫人，後來《大凝堂集》刻出後，文中的默
> 君夫人已改稱默君先生。丁國策顧問說，由此可見這位女革命家有
> 男子氣概，她也很有民族思想。〔註19〕

因爲張默君生命的特質和自我的一些認同，她將這些極有特色的觀點，力圖
展現在其詩句的創作上，故不論是哀痛國難；或者抒懷詠歎，都一再呈顯出
默君個人所獨有的陽剛特質。

二、社會因素：封建霸權的挑戰者

在封建體制的禁錮思維中，女性總是作爲被宰制的第二性，中國婦女纏
足的陋習，足以呈顯出男性對女性身體的宰制，以及女性在身體主權上的喪
失。張默君對於傳統社會加諸女性的壓迫，以及在女權的覺醒方面，感受特
別敏銳，幼時便對於女性纏足的傳統惡習，產生激烈的反抗：

> 予幼時與伯姊同榻，嘗中宵爲其嚶嚶啜泣聲驚寤。輒見姊嗒然擁衾，
> 捧足鳴咽，淚雨縱橫，厥狀凄楚。予巫詢之，姊細語曰：「吾雙足被
> 賀嫗緊裹，日間固不良於行，痛尚可忍，入夜被中生熱其疼如割，
> 弗得安眠。奈何，奈何，言已吞聲，殆恐驚阿母也。予憤慨躍起，即
> 欲爲姊去其帶，姊急止之曰：「妹母躁，爾不聞母嘗太息吾國惡俗之
> 難移乎，又不聞諸老輩僉謂「蓮船盈尺無人問，半截觀音總弗靈乎」。
> 予握拳切齒曰：「此戕人陋習吾必革除之，此不通謬論吾必廓清之」
> 〔註20〕

由上引文章中的敘述可知，張默君所身處的時代，女性纏足宛如非洲的割
禮，女性是依附在男性霸權的宰制之下，無論身體、語言，皆失去主體性，
成爲所謂「他者」。而張默君對纏足的憤慨，洋溢在文字間，其「憤慨躍起」、
「握拳切齒」等行爲舉止，正是傳統女性對封建體制、以及男性霸權的具
體抗爭。日後，美國李佳白博士，在上海的「尚賢堂」倡辦「天足會」，張
默君的父親張伯純等人，紛紛響應贊助，並將天足堂的會章，以及勸告文
件等，寄回住在湘鄉的張默君。默君見後大喜，拜託母親複印了數十萬份，
廣佈於各地，並且率領她的親族婦女姊妹等人「大放其足」。此外，她更將

〔註19〕 胡有瑞等人：〈張默君先生百年誕辰口述歷史座談會紀實〉，《近代中國》第36
期，1983年8月，頁72。
〔註20〕 張默君：〈默君自傳〉，收入《王漁山房文存》，頁109。

這樣的理念廣為宣傳，逢人便講述纏足之弊害。不久，親族之間靡然從風，且經當時報章的刊載，著實影響了東南各省，婦女「放足」者，更高達百萬人。張默君認為，此次解放運動「乃予髫齡唱導社會革命、革除數千年惡俗之稍足紀者」〔註21〕。

　　民國元年，張默君在《神州女報》發表〈誰謂巾幗無政治才，誰謂女子服公務即廢家政〉一文，張默君在文章中，援引美國女律師及女警官的實例，說明女性辦案可以更快速明斷、更細心果決，甚至比男性還要傑出。此外，文章中也針對男性的沙文主義思想，提出嚴厲的批判，其云：「今我國頑劣之士反對女子參政，不曰女子無學識，即曰女子如與公務，家事必廢弛無餘地。強詞奪理，殊惑聽聞。」〔註22〕由此篇文章的論述可知，張默君試圖打破傳統思維的框架，證明女性亦有服公職之能力、甚至具備治國之長才。此誠如默君在〈陝中謁武則天陵〉詩中所云：

　　　天馬行空天運開，天教淵度倚驚才；

　　　大周文字分明在，獨創千秋史乘來。〔註23〕

又〈陝中謁武則天陵〉其二：

　　　經綸相見奮雷屯，善任知人老相尊；

　　　二十一年臨紫殿，聲威赫赫禦乾坤。〔註24〕

張默君盛讚武則天，認為這位女皇，可謂光耀了中國千秋之歷史。此外，默君更在詩〈序〉中，刻意強調女皇武則天的「負偉略，擅文采，氣度恢廓，在位二十餘年，知人善任，從諫如流，嚴明賞罰，權不下移，禮重老相狄人傑，梁公亦敬之。……」〔註25〕。在張默君的個人認知裡，武則天的雄韜偉略、知人善任、英明神武，不愧是為歷史上的一代聖君；張默君如此的史觀，實已完全打破了傳統正史中，以男性觀點作為論述出發點的寫作常態。

　　另外，民國二十五年，張默君於《中央週報》發表〈婦女救國必先自救以造成健全之民族〉〔註26〕一文，來臺之後，張默君又在民國三十九年 11

〔註21〕張默君：〈默君自傳〉，收入《王滐山房文存》，頁109。

〔註22〕張默君：〈誰謂巾幗無政治才，誰謂女子服公務即廢家政〉，收入《張默君先生文集》，頁420。

〔註23〕張默君：〈陝中謁武則天陵〉，收入《西陲吟痕》，頁3。

〔註24〕張默君：〈陝中謁武則天陵〉，收入《西陲吟痕》，頁3。

〔註25〕張默君：〈陝中謁武則天陵〉，收入《西陲吟痕》，頁3。

〔註26〕張默君：〈婦女救國必先自救以造成健全之民族〉，收入《張默君先生文集》，頁151。

月，於臺北市廣播演講了「中華婦女與復興大業」〔註27〕，民國四十年 3 月 8 日，在空軍廣播電台演講了「三八節說中國女德之偉大」〔註28〕；並於母親節，撰寫〈母教〉一文〔註29〕。這些張默君的生平史實，足以說明她力圖提倡女權、追求兩性平等的強烈企圖心。而阮毅成在〈張默君女士遺札——張默君女士百年誕辰紀念〉一文中，也曾經提到張默君在辛亥武昌起義後，策動響應蘇州革命、創辦江蘇大漢報，提倡組織女子北伐隊等事蹟，以及民國成立之後，在上海創辦神州日報及神州女校、任江蘇省立第一女中學校長多年等史事。待至民國十六年，杭州初設市政，張默君女士係任職杭州市第一任教育局局長，阮毅成更特別強調：「以女性擔任局長，在當時係屬空前者。」〔註30〕依上引諸例，足見張默君不僅具有提倡女權的理想，以及兩性平等的主張，更嘗試付諸於行動，讓這些理想和主張，能夠在現實生活中，得以真正的實踐。

三、政治因素：反共文藝政策的影響

民國三十八年，國民黨撤退至臺灣，為了政權的穩固，不僅提出國家文藝政策，更積極掌握各界文藝社群、加強與媒體聯繫，以穩定局勢。由是，國民黨政策性的將文學與反共使命相結合，使反共、抗俄、復國等主張，成為當時主流的文藝政策。

民國四十一年元旦，蔣介石發表「反共抗俄總動員運動綱領」，進行經濟、社會、文化、政治等多方面的改造運動，強力引導文學走向，高舉「反共第一、建國第一」的旗幟；同年十月，蔣中正又發表「反共抗俄基本論」；民國四十二年再發表「民生主義育樂兩篇補述」，奠定反共文學的理論基礎。民國四十五年正式揭櫫「戰鬥文藝運動」，從此確定了國民黨政權文藝政策的基調，也確立了 50 年代反共文學的路線。

此外，為了推展反共文學的政策，由張道藩發起，並國民黨部的經費支持之下，民國三十九年 3 月正式成立一全國性的文藝團體「中國文藝協會」，

〔註27〕張默君：「中華婦女與復興大業」演講文，收入《張默君先生文集》，頁165。
〔註28〕張默君：「三八節說中國女德之偉大」演講文，收入《張默君先生文集》，頁167。
〔註29〕張默君：〈母教〉，收入《張默君先生文集》，頁93。
〔註30〕阮毅成：〈張默君女士遺札—張默君女士百年誕辰紀念〉，《大成》第 118 期，（1983 年 9 月），頁 2～7。

並於同年 5 月 4 日，在臺北市中山堂召開第一次會員大會，陳紀瀅擔任主席，理事成員包括：謝冰瑩、趙友培、孫陵、顧正秋、王藍等人。在成立大會上，黨部與政府官員雲集。「文協」成立之後，幾乎網羅了當時文壇上所有活躍的作家及藝術家，會員與會務成長迅速，堪稱 50 年代組織最完整、活動力最強，影響也最大的文藝團體。〔註 31〕

張默君身為國民黨的中、高階層，當然也積極參與「文協」的事務，並與協會的核心陳紀瀅等人，共同討論文藝界的相關工作，當時的報紙便曾經刊登以下訊息：

> 自由中國文藝工作者於昨日中午十二時假中國飯館舉行新年聯誼性之敘餐，到于右任、賈景德、張默君、陳紀瀅等五十餘人，席間賈景德發言以本年適逢于右老的八十壽辰，應討論慶祝事宜及今後文藝界應加強工作等，至下午二時始散。〔註 32〕

此外，與「文協」性質相同、皆以反共文學、戰鬥文藝為核心的「中國青年寫作協會」在民國四十二年成立，張默君也積極地參與其中，常常在協會所舉辦的活動中，瞥見默君的身影，如：民國四十七年，「中國青年寫作協會」在臺北舉行酒會，張默君以黨國元老的身份受邀參加，當時報紙記載如下：

> 中國青年寫作協會於十六日下午四時至五時半，在臺北市鄒容堂舉行酒會，慶祝本年文藝及三民主義學術獎金得獎人李曼瑰、孫多慈、任卓宣等得獎，及歡迎反共藝人李湘芬、張語凡二女士，與歸國講學的音樂家李抱忱博士。黨國元老張默君等，教育界人士吳俊升、蔣復璁等，新聞界馬星野、曾虛白等，文藝界王平陵、龍芳等，美術界馬壽華、郎靜山等，音樂界蕭而化、梁在平等及該會理監事會員一百餘人冒雨出席參加。該會常務理事包遵彭等在場接待。〔註 33〕

從上列諸引文可知，張默君來臺之後，在國民黨重要的反共文藝推展組織上，是擔任重要推手的一號人物；而且默君積極地參與各項活動，甚至總是作為這些活動中的指標性人物；這種反共文學與戰鬥文藝的參與，不僅呼應了她

〔註 31〕劉心皇編：《當代中國新文學大系—史料與索引》（臺北：天視出版事業公司，1981 年），頁 60。
〔註 32〕《聯合報》1958 年 1 月 6 日，第 2 版。
〔註 33〕《聯合報》1958 年 1 月 17 日，第 2 版。

對國家文藝政策的走向之高度認同感，在一定程度上，也必然影響了張默君在從事文藝創作時，其詩歌的陽剛特質之展現。

自中國五四新文化運動之後，女性主權的逐漸解放，亦逐漸被社會所認可；女性可以留學、辦報、甚至參政。這種社會文化觀念的轉變，創造了女人「陽剛」書寫的機會與空間。此外，西方文化的衝擊，新思潮的激盪，更加打破中國古典易經規範女人只能陰、不能陽的固有觀念。因此，張默君在書寫國家、政治議題時，脫離了女性「陰柔」的書寫位置，展現陽剛的特質。這種陽剛的書寫，不啻只是在諧擬男聲，而是展現跨越封建傳統的禁錮，展現強烈女性的自我，以及積極參與國家、社會的意識。

張默君的詩作，早年就有陽剛性質的意象與語言；來臺之後，因遭逢國家淪亡之痛，以及思鄉懷親之苦，其內心更為憤懣、悲涼。在她的詩作中，有離散主題的呈現、也有政治主張方面的書寫，以及個人生命的詠歎。這些晚年的詩作，受到個人生命特質的自然呈顯、新時代思潮的激盪，以及國民黨政府在臺灣推行「戰鬥文藝」、「反共文學」等的影響，使張默君的詩作，充滿詩人獨特的個性以及陽剛的特質。這種陽剛的書寫，同時也呈顯出大陸來臺的外省詩人，其特有的生命經驗及歷史傷痕。職是，吾人若重新還原張默君晚年詩作的文學風貌，正可以突顯出這位歷經辛亥革命、護法戰爭、中日戰爭、國共內戰的女性詩人，在臺灣古典文學系譜上，展現出來的風格特色迥異、而且思想內涵豐富的文學風華。

第二節 《瀛嶠元音》的陽剛書寫

一、關於「劍」的描述和書寫

考察張默君《瀛嶠元音》中，利用「劍」的意象以書寫詩歌者，計有 12 處：分別是〈游儦次均王船山先生八首之四〉、〈屈子二千三百年祭同于右老作〉、〈臺灣中秋雨後瞥月有感〉、〈浩歌〉、〈庚寅大寒酬醇士寄懷均〉、〈九月三日林獻堂黃晴園李翼中諸老招集劍潭圓山賓館得庚均〉、〈一江山哀辭〉、〈誄蔣伯誠君〉、〈弔鑑湖女俠秋璿卿叠前均〉、〈壽胡莘老八十暨重游泮水〉，以及〈藍毿吟〉等 11 首詩作。

如：〈游禖次均王船出先生八首之四〉一詩，是張默君來臺初期的作品，詩中出現：「元珠徹夜明，慧劍經天寒」、「危湍鳥足治，信有降魔劍」等詩句

〔註34〕。又：〈弔鑑湖女俠秋璿卿疊前均〉一詩，以「恩仇孤劍餘哀憤，成敗千秋任俗喧」刻畫秋瑾壯士未酬身先死的孤憤俠女形象〔註35〕。此外，默君與臺灣仕紳林獻堂、黃晴園等人同遊劍潭時，撰有〈九月三日林獻堂黃晴園李翼中諸老招集劍潭圓山賓館得庚均〉一詩，詩中提及了「劍潭」地名之由來：「閱世教留潭水活，燭天應有劍光橫」〔註36〕，描寫鄭成功與荷蘭軍隊作戰時，在驅逐荷蘭戰艦的途中，遇上狂風大雨，故將佩劍丟入深潭，而風雨竟因此而驟止，恢復風平浪靜的海面。默君在詩中描述鄭成功以「劍光橫」的人物形象，大有曹操赤壁之戰時，橫槊賦詩一般的英雄氣概。

另外，張默君在〈誄蔣伯誠君〉一詩中，有「長河看絕涸，神劍掩其芒」一句〔註37〕，面對歷經北伐、抗日而叱吒一時的猛將，因晚年嚴重過勞而病重癱瘓，始終無法一睹自己擁護的蔣介石，收復故土的那一刻風光情景，默君不禁以自己的口吻，逕自形容蔣伯誠、更是在意指國民黨政權，現今這一口寶劍，不過只是暫時被掩住寒光；只是暫時潛伏以休身養息、等待下一次的躍起，有朝一日，待至時機成熟，寶劍一旦出鞘，則排山倒海、雷霆萬鈞的氣勢，實足以成就「禹域終還我」這般反攻中國大陸的終點目標。

其他再如：「恩仇快意龍潭劍，興廢驚心鹿耳潮」〔註38〕；「霾潛神劍魂難返，迢遞媧笙夢未荒」〔註39〕；「艱屯指顧中興業，尺劍光寒萬里霜」〔註40〕；「劍氣蟠珠光，朱顏映皓首」〔註41〕；「當日延平誅虜劍，神光離合搖寒潭」〔註42〕；「角聲吹月寒芒流，劍氣衝霄飛斗牛」〔註43〕，以及「翛然撫長劍。玉珥鳴璆鏘」〔註44〕等詩句，皆是張默君利用「劍」的寒光四射、氣勢逼人；或者「劍士」豪邁而直爽、威武卻不羈等特性，以書寫詩人欲描繪的一些特殊意象。

〔註34〕張默君：〈游褉次均王船出先生八首之四〉，收入《瀛嶠元音》，頁1～2。

〔註35〕張默君：〈弔鑑湖女俠秋璿卿疊前均〉，收入《瀛嶠元音》，頁27。

〔註36〕張默君：〈九月三日林獻堂黃晴園李翼中諸老招集劍潭圓山賓館得庚均〉，收入《瀛嶠元音》，頁3。

〔註37〕張默君：〈誄蔣伯誠君〉，收入《瀛嶠元音》，頁23。

〔註38〕張默君：〈臺灣中秋雨後瞥月有感〉，收入《瀛嶠元音》，頁3。

〔註39〕張默君：〈浩歌〉，收入《瀛嶠元音》，頁6。

〔註40〕張默君：〈庚寅大寒酬醇士寄懷均〉，收入《瀛嶠元音》，頁10。

〔註41〕張默君：〈壽胡莘老八十暨重游泮水〉，收入《瀛嶠元音》，頁21。

〔註42〕張默君：〈藍鮏吟〉，收入《瀛嶠元音》，頁28。

〔註43〕張默君：〈一江山哀辭〉，收入《瀛嶠元音》，頁30。

〔註44〕張默君：〈屈子二千三百年祭同于右老作〉，收入《瀛嶠元音》，頁38。

劍作為一種雙面刃的利器，可斬、可割、可劈、可攢、可刺，攻擊迅速、使法多元，總讓勇士、俠客們在使用上游刃有餘；而以筆為劍的文人騷客們，也總偏愛利用劍的意象，在艱困混濁的世道，以及共赴國難之際，用之以喻斬妖除魔、誅殺奸佞。而由上述詩句中，張默君的「慧劍」、「降魔劍」、「龍潭劍」、「誅虜劍」、「神劍」、「劍光」、「劍氣」、「孤劍」等語詞，足見張默君詩句中「劍」意象之多元；張氏不論是祝壽、哀悼、遊覽、記事，皆常用「劍」來表達詩中的意象，尤喜歡以劍喻人，例如上文所述的以「孤劍」比喻革命烈士秋瑾、用「誅虜劍」以比喻風雲一時的鄭延平、以「神劍」追悼有勇有謀的國軍將領蔣伯誠，此些詩作中的陽剛之特質，足以展現出默君晚年詩作的豪宕氣概。

二、關於「龍」的描述和書寫

考察張默君《瀛嶠元音》中，利用「龍」的意象以書寫詩歌者，其數量頗多，將近有 40 處。如：民國三十八年毛昭宇、潘肇雄、姚全黎、王延遇等人，遭中共軍隊關押，但因具有航空駕駛的專業，故能以維修之名，奪取中共所扣押的國軍軍機，並駕機自寧夏飛來臺灣，是號稱當時第一起國軍義士以智慧對抗中共士兵、勇敢逃離共產政權魔掌的的投奔自由國度事件，而張默君為了記述與致賀此事，撰寫〈中秋贈空軍六勇士毛昭宇潘肇雄姚全黎王延遇陸培植馮明鑫自寧夏脫險來臺〉一詩以誌，其中詩句有「凱歌萬里飛明月，碧海青天下六龍」[註45]，蓋指毛昭宇等人，共乘軍機飛抵臺灣，浩氣如虹以從天而降的態勢，猶似翱翔天際的六隻飛龍。又：〈八月十六日次槐老中秋韻〉第二首的「艱鉅匡危願豈違，披霄欣睇六龍飛」[註46]，亦再度利用「六龍」稱許毛昭宇等人，以記述空軍健兒脫險凱旋，臺灣軍民人心振奮的情景。

誠如筆者於上文所述，張默君不僅在詩題上，直接標以「六勇士」之名，以讚許毛昭宇等人，其自己在〈八月十六日次槐老中秋韻〉詩中的註解處，也再度以「六勇士」稱之，蓋毛昭宇等六人乃隸屬空軍，故能讓張默君有意識地利用騰雲駕霧的飛龍意象，擬配他們的軍種與事蹟，從而呈現「空軍／勇士／飛龍」三位一體的比喻模式，此是張默君試圖以「龍」喻人，以高度展現被喻為「龍」者之人的英勇行誼。

〔註45〕 張默君：〈中秋贈空軍六勇士毛昭宇潘肇雄姚全黎王延遇陸培植馮明鑫自寧夏脫險來臺〉，收入《瀛嶠元音》，頁 3。
〔註46〕 張默君：〈八月十六日次槐老中秋韻〉，收入《瀛嶠元音》，頁 4。

　　除了以「龍」比喻人物及其事蹟，張默君也常在憑弔悼亡、題贈賀壽、思鄉懷親、記述時事等詩作主題中，利用「龍」作爲意象，貫穿於詩句之中。如：默君利用「鰲擲雜龍噓，斷地騰風火」來形容臺灣發生地震、地動天搖的瞬間〔註47〕，自然界以氣勢萬鈞的龐大力量，使地面上猶如毫蟻的人類，任憑地裂天崩、卻無能爲力。又：〈四十八年國慶兼已亥重陽詩人大會〉利用「龍」最常見的領頭羊、主導者等意象，而謂「至道若龍首，神皋終我還」〔註48〕；〈王渫泉〉則是借用「龍」的尊貴、高尚，願意聚集在品行高潔無瑕的賢者聖人身旁等神格化意象，而謂「騰霄夜有芒，神龍此出沒」〔註49〕。

　　其他再如：〈十二月十五日悼溥泉先生逝世二周年〉的「冀中推嘯虎，柱下歎猶龍」〔註50〕、〈庚寅春臺北壽于右老七十二柏梁體十八均〉的「叱咤風雷蛟龍馳，沐浴日月瑰寶滋」〔註51〕、〈庚寅冬莫雨夕小集寓廬奉簡含光夷午槐村心畬諸老次均〉的「群生佇雷雨，呼起蟄龍聽」〔註52〕、〈辛卯詩人節懷沈斯庵〉的「圍頭妖颸名麒麟，干霄龍捲挐滄溟」〔註53〕、〈題文與可風竹三疊前均〉的「貯月煙中思鳳翥，彈風霄半化龍喧」〔註54〕、〈乙未春莫瀛社孔達生李紹唐二君邀集碧潭竹林後值雨賦簡右任煜如魯恂潤菴四老及同遊〉的「千竿萬竿化龍飛，驚雷撼地風颼颼」等詩句〔註55〕，也皆是欲利用「龍」在自古以來的驚天撼地、威震八方等攝人的氣勢，來呈現詩中欲描繪的意象。

　　另外，比較值得注意者，是張默君利用「龍」在中國人心目中的高雅、尊貴，以及氣宇非凡等意象，來形容特定的人物；但在《瀛嶠元音》中，「龍」的意象也並不全然屬於正面形象，亦可以有負面的意象。前者如：〈趙夷老席間覽陳希夷墨蹟奉簡夷老〉中的「奇逸人中龍」〔註56〕、〈庚寅九日登臺北陽

〔註47〕張默君：〈臺灣地震〉，收入《瀛嶠元音》，頁 16。
〔註48〕張默君：〈四十八年國慶兼已亥重陽詩人大會〉，收入《瀛嶠元音》，頁 43。
〔註49〕張默君：〈王渫泉〉，收入《瀛嶠元音》，頁 43。
〔註50〕張默君：〈十二月十五日悼溥泉先生逝世二周年〉，收入《瀛嶠元音》，頁 6。
〔註51〕張默君：〈庚寅春臺北壽于右老七十二柏梁體十八均〉，收入《瀛嶠元音》，頁 9。
〔註52〕張默君：〈庚寅冬莫雨夕小集寓廬奉簡含光夷午槐村心畬諸老次均〉，收入《瀛嶠元音》，頁 10。
〔註53〕張默君：〈辛卯詩人節懷沈斯庵〉，收入《瀛嶠元音》，頁 15。
〔註54〕張默君：〈題文與可風竹三疊前均〉，收入《瀛嶠元音》，頁 27。
〔註55〕張默君：〈乙未春莫瀛社孔達生李紹唐二君邀集碧潭竹林後值雨賦簡右任煜如魯恂潤菴四老及同遊〉，收入《瀛嶠元音》，頁 32。
〔註56〕張默君：〈趙夷老席間覽陳希夷墨蹟奉簡夷老〉，收入《瀛嶠元音》，頁 8。

明山簡于右老及同游〉中的「美髯人中龍，主盟數詩伯」〔註57〕、〈壽韓李大統領雩南博士八十〉稱美韓國總統承晚的「公竟人中龍」〔註58〕，以及〈太平老人歌〉稱美于右任的「太平老人人中龍」〔註59〕，此皆是利用「龍」的意象，以歌詠氣質不凡、堪爲翹楚與表率的風雲人物。後者則如：〈癸巳重九士林登高〉的「凝民以懿政，弘道降毒龍」〔註60〕、〈壬辰九日士林登高〉的「通道降毒龍」〔註61〕，利用「龍」的意象，形容共產、專制政權等張默君心目中的邪惡勢力，以及〈題慧覺居士覺園集即次其歸道圖均〉的「安禪靈鷲上，制絕毒龍吟」〔註62〕，利用「龍」的意象，描述無邊的佛法與梵音，能杜絕諸多「毒龍」般的惡行和意念，上述三例中的「毒龍」意象的刻畫，皆是張默君眼中，認爲必須遏止的負面形象與作爲。

綜觀上文所述，足見張默君詩句中，「龍」的形象誠屬多元，舉凡：「神龍」、「蟄龍」、「蛟龍」、「猶龍」、「毒龍」等，皆是張默君非常善加利用的運筆模式；而「龍」意象在時空活動中所展現的景象，更代表著行動自如、變化萬千，諸如：「龍飛」、「龍喧」、「龍噓」、「龍捲」等。尤其龍是中國神話傳說中，一種極具靈性的動物，誠如《說文解字》所云：「龍，鱗蟲之長，能幽能明，能細能巨，能短能長，春分而登天，秋分而潛淵。」〔註63〕所以在中國傳統觀念裡，一向利用「龍」譬喻男子；利用「鳳」譬喻女子，以指稱是輩的首領、豪傑、才俊等形象，或者不同於常人的非凡成就，此也正是《史記・老子韓非列傳》中，敘述孔子見過老子之後，爲之驚人的說：「吾今日見老子，其猶龍邪！」〔註64〕而張默君能在其創作的遣詞用字之中，大量利用「龍」的意象，以突顯出詩句中的陽剛特質，從而呈顯出迥異於傳統閨閣之作，其可謂跨越文字的性別拘限，展露出獨特的女性主體書寫。

〔註57〕 張默君：〈庚寅九日登臺北陽明山簡于右老及同游〉，收入《瀛嶠元音》，頁10。

〔註58〕 張默君：〈壽韓李大統領雩南博士八十〉，收入《瀛嶠元音》，頁20。

〔註59〕 張默君：〈太平老人歌〉，收入《瀛嶠元音》，頁36。

〔註60〕 張默君：〈癸巳重九士林登高〉，收入《瀛嶠元音》，頁24。

〔註61〕 張默君：〈壬辰九日士林登高〉，收入《瀛嶠元音》，頁20。

〔註62〕 張默君：〈題慧覺居士覺園集即次其歸道圖均〉，收入《瀛嶠元音》，頁20。

〔註63〕 （漢）許慎撰、（清）段玉裁注：《說文解字注・十一篇下》（臺北：洪葉文化，2001年10月，增修一版二刷），頁582下。

〔註64〕 參見（漢）司馬遷撰，（唐）張守節正義：《史記三家注》下冊，卷六十三〈老莊申韓列傳〉（臺北：七略出版社據清乾隆武英殿刊本影印，1992年9月，二版），頁858下。

卷七十四〈孟子荀卿列傳〉第十四頁939下。

三、關於「雷霆」的描述和書寫

除了「劍」和「龍」的意象之外，在張默君的詩作中，也甚多利用「雷」、「霆」等意象，以書寫詩歌中的語句。考察《瀛嶠元音》中，單獨利用「雷」的意象以書寫詩歌者，計有 11 處；單獨利用「霆」的意象以書寫詩歌者，計有 6 處；將「雷」、「霆」二個意象連用者，計有 3 處；兼涉「雷」、「霆」二個意象而一同作為句法者，計有 1 處。

首先，「雷」、「霆」二個意象，是張默君描述戰爭情況時，偏愛使用的詞彙，如：〈祝登步島大捷並勞吳淵明師長即次乃叔愛吾廬主均〉以「縱橫宇海雄雙捷，叱吒風雷走百神」〔註65〕描述吳淵明將軍，鎮定的指揮官兵、在登步島沿岸大撻倭寇（此實指中共軍團）的功績。再如：〈左營海軍忠烈將士紀念塔落成暨安靈典禮〉將「雷」、「霆」二個意象連用，以「齧浪奔霆雷，崩濤墜巖石」形容海軍乘風破浪、追擊敵人的激烈戰況〔註66〕。

然而若是更仔細、更客觀地說，則張默君以「雷」、「霆」為意象的詩歌，大多運用在其反共的理念，以及復國的主張之中。如：〈四十三年夏貽鎮海反共會議代表團兼簡谷叔常團長〉一詩：

鎮海雄圖萬象開，諸侯八路走風雷；
東南敵愾同仇誼，誓挽滔天浩劫回。〔註67〕

張默君於民國四十三年撰寫此詩，利用「風雷」以譬喻當時的反共勢態，以呈現大多數人反對共產主義、欲奮起而與之對抗的澎湃氛圍。捨此而外，諸如：民國三十八年所撰寫的〈三十八年雙十節賦示國人用柏梁體三十二均〉，詩中有：「翓有空海馳奔霆，試掀鐵幕天人瞋。清濁畢竟分渭涇，義軍蹇起雲雷屯。」〔註68〕張默君將「雷」、「霆」二個意象，置於同一詩篇中，作為刻畫當時反共氛圍的句法，藉以展現人民對共產主義的反擊。又同年 12 月 7 日，臺灣省婦女勞軍委會歡迎救國軍游擊縱隊指揮官黃百器，張默君亦賦詩以

〔註65〕張默君〈祝登步島大捷並勞吳淵明師長即次乃叔愛吾廬主均〉，收入《瀛嶠元音》，頁 4。
〔註66〕張默君〈左營海軍忠烈將士紀念塔落成暨安靈典禮〉，收入《瀛嶠元音》，頁 12。
〔註67〕張默君：〈四十三年夏貽鎮海反共會議代表團兼簡谷叔常團長〉，收入《瀛嶠元音》，頁 40。
〔註68〕張默君：〈三十八年雙十節賦示國人用柏梁體三十二均〉，收入《瀛嶠元音》，頁 4。

誌，詩中有「風雷聽叱咤，氣骨此嶙峋」一句〔註 69〕，稱美黃百器的氣勢，即便連風雷、實際上也指中共軍隊，也望塵莫及。

此外，諸如：臺灣冬孟小集得灰韻賦柏梁體短篇「盪滌邪穢詩教賅，中興大業飆霆雷」〔註 70〕；〈一江山哀辭〉的「神鬼震怒雷霆遒，肺肝裂破天地愁」〔註 71〕；〈至道〉的「灝灝春魂喚莫回，任教東澥走驚雷」〔註 72〕等詩句，這些刻畫「雷」、「霆」意象的詩句，不僅表達了張默君在面對「大陸淪胥，憂邦傷逝」的傷痛〔註 73〕，同時也展現詩人剛強、堅定的反共意志，更突顯出張默君陽剛的書寫特質。

綜觀上文所述，舉凡「劍」、「龍」、或者「雷霆」的意象書寫，都呈顯出張默君在來臺之後，其傳統詩創作上的陽剛特質，而這種陽剛書寫特質的展現，自有其個人以及時代背景之因素，諸如：政治社會的環境背景、個人特質的外顯等。另外，作為來臺後國民黨中、高層的女性官員，默君自然也受到某些影響文學、文藝政策的影響。

第三節　陽剛之外：從《瀛嶠元音》檢視張默君晚期的心境與詩風

上文諸多關於張默君其人、其詩的特色與內涵之論述，皆是筆者在此章節極欲分辯、並凸顯者，不過，仍有一些較為細部、較為不明顯的論題，諸如：張默君晚期欲追求王夫之詩歌風格的心境與其方式，和對照於早年和中期之下，《瀛嶠元音》的一些不同以往的詩風特色等。這些研究課題，無論文獻、史料皆較為不足，就篇幅的份量上而言，實不足以特開另一章節而予以專論，然而若是就此放棄，又甚為可惜，故筆者留待此章節之最末，試以稍加論述，目的乃在對張默君晚期的詩作風格與特色，作一註解性質的補強，讓本文的研究成果，能更臻圓滿。

〔註 69〕　張默君：〈臺省婦女勞軍委會歡迎救國軍游擊縱隊指揮官兼平湖縣長黃百器（即雙槍王八妹）。即席賦貽〉，收入《瀛嶠元音》，頁 5。
〔註 70〕　張默君：〈臺灣冬孟小集得灰韻賦柏梁體短篇〉，收入《瀛嶠元音》，頁 5。
〔註 71〕　張默君：〈一江山哀辭〉，收入《瀛嶠元音》，頁 31。
〔註 72〕　張默君：〈至道〉，收入《瀛嶠元音》，頁 37。
〔註 73〕　詳見張默君：〈庚寅上巳士林新蘭亭禊集即席率賦〉詩末所自撰之〈跋〉，收入《瀛嶠元音》，頁 8。

一、張默君晚期的書寫心境與詩歌風格

（一）契合於船山的心境與詩風

考察張默君晚期的心境與詩歌風格，有一項值得注意者，是其有意識地契合於王船山。張默君的欣賞王船山其人及其作品、刻意追步船山的詩風特色，在默君年輕的時候就有跡可循，蓋張默君在早期即喜讀船山作品，清光緒二十四年（1898 A.D.），年僅 15 歲的張默君，即開始閱讀《王夫之遺書》，此後仍不間斷地繼續研讀、並深入探索王船山的作品，故其很早就受到王船山思想的影響，她的敬重屈原、愛慕屈原的高潔品行和剛直性情，有很大的程度皆來自於船山思想。尤其這位與默君一樣，同在湖湘地區生活、並以「南嶽遺民」自居的王船山，創作多首〈悲憤詩〉以抒發失去家國之悲痛，此與默君赴臺之後的心境，頗能相互契合，此概是張默君如此偏愛船山的最大原因。

客觀而論，張默君對於自己家鄉的這位著名鄉賢王夫之，可謂推崇至極，其不僅時常在詩歌或文章中，徵引船山之思想，如：張默君在 1932 年的詩作〈壬申春倭寇淞滬悼我陣亡諸將士〉有「哀角曳斜陽，春淞咽恨長」一語〔註 74〕，即是出自王船山的詩作；又王船山有「自彊不息，新此乾坤」一語，而默君在 1950 年的詩作〈庚寅元日用宋曾文清公春日均〉的第二首中，則有「不息匡扶責，乾坤試洗磨」一句，並將上引王船山「自彊不息」一語，直接記述在此詩之末〔註 75〕。這是王船山詩作對張默君的具體影響，至於思想和文章方面，張默君在民國四十四年（1955 A.D.）撰寫了〈讀船山遺書概述〉一文，不僅希望凸顯船山思想中的民族、民權思想〔註 76〕，更云：「以其闡天人性命之旨，別理學真偽之微，進而發天地日新之化功，延聖賢將墜之學脈，……元明以還，歎為觀止。」〔註 77〕又默君自傳中亦有：「明季大儒衡陽王船山先生國變後，曾避地吾地，著書百萬言，創大化日新，勗民孟晉，闡民族民權之義、寫同仇復國之篇，其傑立孤風，高出近古。」〔註 78〕一語，足見默君對王船山的推崇之高，此更讓今日學者直接認為，在默君心目中「晚

〔註 74〕 張默君：〈壬申春倭寇淞滬悼我陣亡諸將士〉，收入《白華草堂詩》，頁 17。

〔註 75〕 〈庚寅元日用宋曾文清公春日均〉，收入《瀛嶠元音》，頁 8。

〔註 76〕 張默君：〈讀船山遺書概述〉，收入《玉溪山房文存》，頁 125。

〔註 77〕 張默君：〈讀船山遺書概述〉，收入《玉溪山房文存》，頁 125。

〔註 78〕 張默君：〈默君自傳〉，收入《玉溪山房文存》，頁 108。

明三大家」的排序，概是「王、顧、黃」了〔註 79〕，她希望追隨與承襲船山之處，即是這般的勇氣和擔當。此外，對於一些生命價值上的追尋、讀書著述的目的，張默君也非常認同船山的想法：

> 船山當明季著書講學，謂「不屑之教誨，是亦教誨之，以保天地之正，使人心尚知其有不知而不逮，亦扶世教之一道也。」、「吾得天之健，故不倦，得地之厚，故不厭。一身窮通奚足道。凡事豫則立，不豫則廢。試思為國族制未亂與謀已然者孰賢。幸得扶世教以保天地之正。吾當如武侯之鞠躬盡瘁，死而後已。」〔註 80〕

默君在文論中，特別援引船山的這一大段話，說明讀書人的著述、講學等工作，也是在匡濟世道、報效國家的一種方式。

依上述資料，足見張默君一生當中的思想和作品，皆受到王船山很大的影響。尤其到了張默君中、晚年之後，由於政治處境和生活環境，乃至平日的心境，都自認為與這位「遺民詩人」、這位「同鄉」王船山遙相契合，而詩風特色方面，更有亦步亦趨地追隨王船山的態勢，如：〈玉渫山房贈墨瀋問世後書感〉：

> 天高氣肅穆，鶴唳秋容老。悲涼在莒情，羈此孤懸島。
>
> 神宇卷狂飆，人文漸枯槁；文字系生民，邦族興衰表。
>
> 慚惶重天下，無那災梨棗。檏拙倚端岩，剛健鮮娟妙；
>
> 心胸尚開拓，豪傑敢推到。古希猶少年，與國同壽考。〔註 81〕

其詩風含蓄蘊藉、情感深沉，蒼勁冷清、又不失清穆雅致的風格，頗能有王船山隱居稀山時的詩歌風味，此誠如李竟容所謂：「故其辭要眇淵微，悲憤感激，嗣響屈子船山，洋洋乎，鬱鬱焉，詩壇一大觀也。」〔註 82〕所言甚是！

（二）出現帶有總結意味的作品

張默君在晚年的作品中，開始出現了一些帶有總結意味的作品。這些帶著總結意味的詩作，大抵是默君對自己一生的經歷、尤其是教育事業生涯，

〔註 79〕秦燕春：〈情深而文明——張默君的鄉邦記憶與詩骨清剛〉，《書屋》（2011 年第 4 期），頁 7。

〔註 80〕張默君：〈玄圃遺書特輯序〉，《玉渫山房文存》，頁 66。

〔註 81〕張默君：〈玉渫山房贈墨瀋問世後書感〉，收入《瀛嶠元音》，頁 43～44。

〔註 82〕李竟容：〈大凝堂詩集序〉，收入《白華草堂詩》，頁 2。

作回憶性的人生總結，這些自述性質的人生總結詩作，用描寫性的語言，敘述自己一生的事業，不僅字句工穩、語氣平和，而且感情真摯、內容厚重，可謂張默君心裏最底層的深沉記憶。如：〈藍氎吟〉與〈三十九年九月庚寅秋仲臺灣陪都典試高等普通及特種考試簡同闈暨海內諸詩家〉二詩，即分別對自己的一生，以及對教育事業的追求，作了自述性的總結。

首先，收錄在《庚壬臺闈》首篇的〈三十九年九月庚寅秋仲臺灣陪都典試高等普通及特種考試簡同闈暨海內諸詩家〉，張默君利用十首組詩，總結了自己的教育生涯，其所謂「為防瀛海有遺珠」、「拔地雲雷起女龍」等語〔註83〕，皆是在說明自己以為國典才為榮，蓋張默君赴臺之後，隨之也將「改造中國」的計畫與夢想帶到臺灣，除了積極參與政治、社會、文藝等活動，更不斷地投身於政治與教育方面的革新運動，她積極開展教育事業、繼續主持教育考試和特種考試，〈三十九年九月庚寅秋仲臺灣陪都典試高等普通及特種考試簡同闈暨海內諸詩家〉一詩，正是默君對自己教育事業的生涯總結。

張默君在《庚壬臺闈》的首篇詩作，總結自己的教育生涯，至於全詩427字的〈藍氎吟〉，則更是一項全面性的一輩子生命歷程的總結了。如：〈藍氎吟〉主要以「玉尺量才廿三載」回憶自己的教育生涯；而「憶昔玄圃邁玄鶴」一語，則在說明她辛勤的為國選才、曾經與丈夫攜手相伴的日子，一幕幕又再度浮現於腦海之中；至於「鯨吞虎視胡耽耽」，則是在敘述自己經歷了時局動盪之後，如今身處孤島，仍感到危機四伏；最後，「萬流歸命尚民主」，是表明自己一生崇尚民主，並且必然會為了這個目標而一生奮鬥不懈〔註84〕。

或許正如〈藍氎吟〉中所謂的「世間大夢誰先覺」〔註85〕，當張默君撰寫此詩作時，實已年過半百，人生自也經歷了許多的起伏和波折，在庸庸碌碌之後，忽然頓悟人生、驚覺自己好似大夢初醒一般，從而開始認真的思索著，這一生當中的種種際遇。

〔註83〕張默君：〈三十九年九月庚寅秋仲臺灣陪都典試高等普通及特種考試簡同闈暨海內諸詩家〉，收入《玉尺樓詩・庚壬臺闈》，頁1。

〔註84〕以上援引〈藍氎吟〉諸詩句，詳參張默君：〈藍氎吟〉，收入《白華草堂詩》，頁28。

〔註85〕張默君：〈藍氎吟〉，收入《白華草堂詩》，頁28。

二、張默君晚期詩作的創造力與藝術價值

（一）從喜「紫」與尚「雅」到愛「月」

　　張默君在早年與中期的的詩作中，喜歡利用紫色作爲色彩的表現，所以「紫」字在其詩作中，出現頻率頗高，諸如：〈甲戌奉母儀孝老人居玄圃第一歲朝偕翼如試筆即呈老人〉的「奉親林下行吟處，紫玉青琳長萬竿」〔註86〕、〈南嶽篇〉的「紫蓋天柱落我手，蓮花萬朵蟠秋胸」〔註87〕、〈廬山秋興〉的「落葉紛紛忘歲月，紫芝霜後正清肥」〔註88〕與「幽夢微茫通紫府，詩魂浩蕩動清愁」〔註89〕、〈海濱對月〉第四首的「浮生剎那消何許，半在天風紫浪間」〔註90〕，以及詞作〈念奴嬌〉〔重陽前三日侍母大人泛舟后湖懷五妹九弟宛平雨岩雄弟瀋陽翼如六弟湘漢並簡八妹淞濱〕的「紫塞悲笳，碧湘孤雁，天末應回首。」〔註91〕等句。蓋中國傳統的觀念裡面，「紫」是代表威嚴、高雅而又華貴的色種，張默君有意識地將紫色納入其詩作中，用色彩本身所特有的意象，以呈現高貴別緻、穠麗厚重的詩歌風格。

　　另外，張默君的詩作中，也頗注重色彩的相互組合與搭配，如：〈自題倚馬看劍圖〉的「亂紅笑指血雨霏」等〔註92〕，其甚至會利用排比句法，將兩類顏色放置在詩句中對稱排列，讓詩作的畫面更具有動態感，如：〈戊辰秋莫焦巖碧山庵偕翼如〉第九首的「長河天際一痕青，初日曈曈破紫冥」一句〔註93〕、〈重謁禹陵偕翼如〉的「南鎮巖巖浮紫氣，東娥隱隱排青冥」一語等〔註94〕，她將欲形容的物件及其呈現的顏色，分別安排在對稱的詩句中，不僅讓詩作呈現色彩鮮明的畫面，也讓詩作中所描述的景象，更顯得生動而具有立體感，換言之，因爲這樣的書寫模式，使默君詩歌中所描述之景色或景象，往往具有非常鮮活的動態之美，誠非呆板、固定而不作動的靜態模式。

〔註86〕　張默君：〈甲戌奉母儀孝老人居玄圃第一歲朝偕翼如試筆即呈老人〉，收入《白華草堂詩》，頁46。
〔註87〕　張默君：〈南嶽篇〉，收入《白華草堂詩》，頁8。
〔註88〕　張默君：〈廬山秋興〉第三首，收入《白華草堂詩》，頁22。
〔註89〕　張默君：〈廬山秋興〉第六首，收入《白華草堂詩》，頁23。
〔註90〕　張默君：〈海濱對月〉第四首，收入《白華草堂詩》，頁35。
〔註91〕　張默君：〈念奴嬌〉〔重陽前三日侍母大人泛舟后湖懷五妹九弟宛平雨岩雄弟瀋陽翼如六弟湘漢並簡八妹淞濱〕收入《紅樹白雲山館詞》，頁14。
〔註92〕　張默君：〈自題倚馬看劍圖〉，收入《白華草堂詩》，頁9。
〔註93〕　張默君：〈戊辰秋莫焦巖碧山庵偕翼如〉第九首，收入《白華草堂詩》，頁41。
〔註94〕　張默君：〈重謁禹陵偕翼如〉，收入《白華草堂詩》，頁12。

或有學者認為，如此的詩歌創作方式，足見張默君詩歌中色彩的組接，實具有極大的主觀性，皆是默君經過精心的設計，其內心思想情緒變化，色彩也隨之變化，帶有濃烈的情感意味〔註95〕。此種說法，頗能充分詮解默君之好用顏色入詩、尤其偏愛紫色的原因。

依上文所述，足見張默君偏愛援引「紫色」以納入詩歌中，詩作也因此具有高雅華貴之氣質，再輔之以青色等其他色種的組合與搭配，讓詩作中所呈現出來的色調，更顯鮮明、更雅麗別致。除此之外，張默君也頗為喜歡援引「梅花」和「紫竹」入詩詞，如：默君的詞作中，寫「梅」與「竹」之處就非常多，舉凡〈憶蘿月〉〔綠萼〕的「竹外一枝幽絕」〔註96〕、〈浣紗谿〉〔菊〕的「山中脩竹美人魂，一般傲骨在乾坤」〔註97〕、〈黃金縷〉的「不辭清瘦寒梅樣」〔註98〕、〈桃園憶故人〉〔西谿蘆花〕的「扁舟浮入西谿曲，一片煙波松竹」〔註99〕、〈甲子冬月夜渡珠江同翼如作〉的「踏嶺尋梅，乘槎醉月，都是才人勝事。」〔註100〕、〈菩薩蠻〉〔甲子秣陵冬莫懷翼如宛平〕的「溶溶梅月紅牆角」〔註101〕〈江天莫雪〉的「孤節猶揚，梅送隔谿香」〔註102〕、〈翠樓吟〉〔棲霞紅葉懷翼如〕的「謖謖松濤，泠泠竹韻」〔註103〕、〈攤破浣紗谿〉〔丙寅春孟對案頭水仙懷翼如海上〕的「孤坐對花花似惱，暗銷魂。」〔註104〕等，援引的頻率與數量之多，實已無法勝數。至於默君的詩作，亦復如是，舉凡〈丁巳春鄧尉探梅〉、〈癸亥春武林探梅歸〉、〈同鴻璧淑嘉雨岩訪梁溪梅園萬頃堂黿頭渚疊前韻〉、〈庚午春梁溪探梅偕翼如〉、〈憶故園手植梅〉諸詩作，也皆是默君提及梅花、歌詠梅花之例證。

〔註95〕劉峰：《張默君詩歌研究》（湖南大學中國古代文學碩士論文，2009 年），頁34。

〔註96〕張默君：〈憶蘿月〉〔綠萼〕，收入《紅樹白雲山館詞》，頁3。

〔註97〕張默君：〈浣紗谿〉〔菊〕，收入《紅樹白雲山館詞》，頁3。

〔註98〕張默君：〈黃金縷〉，收入《紅樹白雲山館詞》，頁4。

〔註99〕張默君：〈桃園憶故人〉〔西谿蘆花〕，收入《紅樹白雲山館詞》，頁5。

〔註100〕張默君：〈甲子冬月夜渡珠江同翼如作〉，收入《紅樹白雲山館詞》，頁7。

〔註101〕張默君：〈菩薩蠻〉〔甲子秣陵冬莫懷翼如宛平〕，收入《紅樹白雲山館詞》，頁7。

〔註102〕張默君：〈江天莫雪〉，收入《紅樹白雲山館詞》，頁10。

〔註103〕張默君：〈翠樓吟〉〔棲霞紅葉懷翼如〕，收入《紅樹白雲山館詞》，頁10。

〔註104〕張默君：〈攤破浣紗谿〉〔丙寅春孟對案頭水仙懷翼如海上〕，收入《紅樹白雲山館詞》，頁13。

此誠如中國學者劉峰所云:「默君亦喜梅花和紫竹,曾多次在玄圃外補種紫竹若干,並親手種梅。詩人詠梅與竹就是在吟自己,梅花是高雅的象徵,竹子更是清剛之物,均體現了作者清雅和剛健審美情趣。」〔註105〕因爲一些植物的特性,使梅花與竹子自古以來,極廣爲中國文人所喜愛,或者直接歌頌;或者用來比喻個人德行,而張默君亦是如此,尤其默君喜歡援引「竹」與「梅」,作爲詩人「淨心」和「空明」的象徵,如:〈癸亥春武林探梅歸〉第三首:

> 扶病衝寒去探梅,一襟香雪武林回。
>
> 銷魂最是孤山畔,綠萼僊姬入夢來。〔註106〕

依上方所引舉之詩作,足見默君實已將「梅」與「竹」兩種植物所表達出來的意象,援引在詩作之中,使詩篇充滿清新淡雅的風格。故或有學者認爲,正因張默君對物象的取捨,和色彩的組合恰到好處,所以作品總能呈現「淡雅清健」的風格〔註107〕。於是乎默君的尚「雅」,即在其詩作的好用「紫色」、援引「竹」與「梅」的過程中,得以清楚地呈現了。

張默君早期好用「紫色」入詩,也喜歡援引「竹」與「梅」來表達詩歌內容的意象,即便到了中年也是如此,如:〈陝中謁武則天陵〉第二首,亦有「二十一年臨紫殿,聲威赫赫禦乾坤」一句〔註108〕,利用「紫」以刻意表現建築物的威嚴意象。不過這般情況到了晚年赴臺之後,似乎出現了些許的轉變。考察張默君《瀛嶠元音》與《玉尺樓詩》中的《庚壬臺闈》等晚年赴臺後作品,雖然仍有利用「紫色」、援引「竹」與「梅」等字入詩,以呈現詩歌特殊意象的情況,不過數量和頻率皆明顯變少,茲以利用「紫色」入詩爲例,在《瀛嶠元音》中200多首的詩篇中,出現「紫」字之處,僅將近10處而已,取而代之者,是對「月」字及其意象的描寫。

這即是說,從早年、中期以至晚年的過程中,默君的詩歌及其心境,經歷了喜「紫」到愛「月」的歷程。其赴臺之後的詩作,援引代表威嚴、高雅而雍容華貴的「紫色」色種逐漸偏少,卻多了大量的代表淒冷、孤寂的「月」與「月夜」或「夜色」等意象,如:〈山居竹林坐月〉:

〔註105〕劉峰:《張默君詩歌研究》(湖南大學中國古代文學碩士論文,2009 年),頁34。

〔註106〕張默君:〈癸亥春武林探梅歸〉第三首,收入《白華草堂詩》,頁35。

〔註107〕劉峰:《張默君詩歌研究》(湖南大學中國古代文學碩士論文,2009 年),頁33〜34。

〔註108〕張默君:〈陝中謁武則天陵〉其二,收入《西陲吟痕》,頁3。

披宵鶯尾翼方池，繪影寒漪玉萬枝。

雙鬢向光銀海邈，吟蟬綠瘦定誰知。〔註109〕

雖然默君在詩篇中，隱藏了「月」的模樣，卻利用月光照射下所見之景色，作爲「月」意象的呈現。換言之，當月光撒落地面，一切的景物都因此有了清亮的影像，而詩人的視野，也隨著月光撒下的一瞬間，看見月光襯托出萬物的素淨之獨特美感，默君就在此萬籟俱寂的夜裡，感觸與情思悄然而至，從而創作出詩人與月色、亦即人與自然之間相互融會、無法割捨的詩境。

客觀而言，「月」字及其所呈現的意象，與「竹」與「梅」一般，一直以來皆深受中國傳統文人所好用，是中國古代詩詞中的重要意象，不同的詩人，具有不同的心境，其筆下的「月」之形態，自然也隨之時常變幻。而張默君的喜歡寫「月」，或許是晚年蜇居臺灣時，因感慨自身喪夫、親友亡故等孤獨、冷清之處境，百無聊賴之際，遂以「月」寫事，表達個人淒冷寂寞之情，〈基隆港新秋泛月偕煜老紹唐紹文于正博悟〉：

應知元氣便爲舟，來拾東溟娬嬧愁。

萬片蒼波渺長古，一輪皓月訴靈秋。

同仇士熹雞籠壯，采俗詩因鷺嶼幽。

流籟碧空鶯歠發，立心天壤總悠悠。〔註110〕

詩篇中的一輪皓月，在秋天的夜裡獨自映照在萬片的蒼波上，畫面幽深清冷，張默君晚年孤悽寂寞的心境，已在此篇詩作之中清楚的得見。

（二）再現魏晉風韻

《瀛嶠元音》和《玉尺樓詩》中所收錄的《庚壬臺闈》二詩集，是張默君的晚期作品〔註111〕，也皆是其赴臺後之作，此一時期的應酬之作增多了，但也不乏藝術價值較高的懷鄉、哀悼之作。大抵而言，相較於早、中期的詩作，此時張默君無論詩歌語言和藝術風格，皆隨著年歲的增長而趨於老到，而且這一階段的詩歌，比較清晰的反映了詩人內心的矛盾和孤寂之感，雖然

〔註109〕 張默君：〈山居竹林坐月〉43。

〔註110〕 張默君：〈基隆港新秋泛月偕煜老紹唐紹文于正博悟〉，收入《瀛嶠元音》，頁26。

〔註111〕 依劉峰的研究統計，張氏的晚期作品《瀛嶠元音》和《庚壬臺闈》，詩作共計169 首，約占總量的三分之一左右。參劉峰：《張默君詩歌研究》（湖南大學中國古代文學碩士論文，2009 年），頁38。然本文關於《瀛嶠元音》和《庚壬臺闈》的詩作統計數字，與劉峰不同，此可詳參本文第五章。

在的感情表達上比較含蓄隱約，不過作詩技巧也比較圓融成熟、內容思想也更加深沉厚重了，吾人自可從這些詩篇中得見，其孤獨之感和忠愛之情相互交織纏繞、極為複雜與糾結的心境。此外，也是最重要者，是吾人若仔細、並全面性地考察張默君的整體詩作，自能得見她的早期詩風由最初的趨向於魏晉遺韻、以至中期的日漸沉鬱雄健，到了晚期，其詩作又有復歸早期清麗雅正的魏晉風韻之傾向。

此似是張默君個人的自覺與思維所致，使她的晚期作品，有意識地回歸魏晉風韻的清麗雅正，依近日學者劉峰的觀察，這般詩風的轉變，主要因素有三：第一，是張默君自身文學修為的順勢發展。第二，是 1949 年之後，從大陸赴臺的文人、政客所持的複雜心態所致。第三，是張默君作為一個獨立的女性個體，在大環境中激流勇退，回歸女性特有的精神家園也是人之常情，，加之默君晚年多有對人生終極意義的思考，她投入了佛教的懷抱，不少詩文中引入了宗教思想，表明獨善其身的出世思想〔註112〕。

例如〈玉德篇〉：

> 洪濛判庶物，石器肇優先。玉為石之精，圭瑗形乾坤。
> 中字自茲成，國奠文化宣。禮言不去身，詩詠其相儇。
> 虹變出玄圓，煙暖生藍田。黃琮以祀地，蒼璧為禮天。
> 瓏禱農旱災，琥象肅殺權。憑璋起軍旅，擊玞絕惡緣。
> 溫其比君子，瑟彼若嬋娟。品推旁達嬂，質重方流鮮。
> 貫害虞叔志，無貪子罕賢。仲尼嘗問玉，九德加被焉。
> 白虎通六瑞，典制書尤全。文明覘嬗晉，秉節殊剛堅。
> 神光炤溟宇，皓月輝潭川。膏無其瑩潤，雨無其澤淵。
> 至德配天壤，儀型千億年。〔註113〕╱、

張默君在此詩中，先從石器說起，發展各種玉器，如圭、琮、璧、瓏等、各有取象，接著以玉比喻君子，藉以說明君子志節。充分表達自己志向高遠、卻又能潔身自愛的崇高思想，全詩不僅含藏著魏晉道家學者的玄理思維，讓深沉內斂的詩風中，透著清曠與清麗的美感，又歌頌皓玉的聖潔，傳達自己對純潔事物的審美追求，並援引《孔子家語》中的典故，以「仲尼嘗問玉」

〔註112〕劉峰：《張默君詩歌研究》（湖南大學中國古代文學碩士論文，2009 年），頁41～42。
〔註113〕張默君：〈玉德篇〉，收入《瀛嶠元音》，頁2～3。

自許自己必當努力成為儒家人物眼中的「美玉」，在混濁的世道裡，待價而沽。

〈玉德篇〉是張默君初到臺灣的作品，當時國民政府剛接手臺灣政權，時局尚不穩定，國民黨內部也存在諸多矛盾和分歧，在如此充滿不確定性的政治環境中，人生閱歷豐富的張默君，更是熟闇明哲保身之道，她不隨波逐流、也不輕易與人爭，並在詩篇中明確表明，自己願意謹守本分，沿襲中國文人潔身自好的優良傳統，此蓋是丁治磐能以「學詩之士，逸在布衣」稱之〔註114〕。又〈題畫山水二絕〉：

（其一）：寧澹林下致。靜鈔松中音。四山清氣來。翛然逢素心。

（其二）：孤翠倚高冥。靈峰照夢青。飛流天際落。散韻悅幽聽。
〔註115〕

觀其「寧澹林下致」、「翛然逢素心」、「孤翠倚高冥」，以及「散韻悅幽聽」等句，則魏晉清麗的風度，以及傳統道家人物的閒適恬淡，已在此詩中表現得淋漓盡致。此外，諸如：〈西子灣〉的「輒共山靈語」、「羣巒清氣來，素心與之遇」〔註116〕；〈山居竹林坐月〉的「繪影寒漪玉萬枝」、「吟禪綠瘦定誰知」等語〔註117〕，以及〈山居〉八首所云：「緦律隨蟬唱，吹花學鳥歌。自然生意滿，此是得天和。」、「夜色弗可繪，繪之以瑩月。漾射方池深，遙遙契玄悅。」〔註118〕等，是類詩作，多是畫面玄遠、語意精工之屬，讀來清逸淡雅，好似一幅幅平和安祥的自然山水畫，更讓人有彷彿置身仙境之錯覺。

張默君早年經歷了近代中國史上，最紛亂、最風雨飄搖的時局，到了中、晚年，雖然來到政治、社會環境相對安定的臺灣，也位居官職、深受國民政府的重用，不過來臺之前，丈夫即英年早逝，親友故人亦接連隕歿，獨身的默君，為了在臺灣排解內心的寂寞，經常外出遊覽，以放鬆心情、開闊視野。如此一來，心境自然逐漸恬適平和，加之漸入暮年，性情更趨於淳樸，這是她的詩風之所以能夠更加深沉內斂、意境更加含蓄悠遠的原因之一。〈題畫山水〉：

嵐氣凝雲碧，春光炤水清。操舟任所適，柳外聽啼鶯。〔註119〕

〔註114〕丁治磐：〈大凝堂詩集序〉，收入《白華草堂詩》，頁1。

〔註115〕張默君：〈題畫山水二絕〉，收入《瀛嶠元音》，頁23～24。

〔註116〕張默君：〈西子灣〉，收入《瀛嶠元音》，頁40。

〔註117〕張默君：〈山居竹林坐月〉，收入《瀛嶠元音》，頁43～44。

〔註118〕張默君：〈山居〉，收入《瀛嶠元音》，頁33。

〔註119〕張默君：〈題畫山水〉，收入《瀛嶠元音》，頁2～3。

觀此詩作的遣詞用字，一派恬淡自然，詩人伴著山光水色，閑坐小舟、隨波飄盪，陶淵明詩裡的物、我兩忘境界，張默君已有切身的體會了。

張默君在〈題畫山水〉等詩作中，總能充分展現人與自然界之間，圓融完美的和諧情致，因而自然呈現出一種寧靜祥和之氣。職是，或者是自覺、抑或是不自覺地，默君的詩歌風格早在不知不覺間，自然地脫離了中期的沉鬱頓挫，而逐漸轉向清麗恬適、淡雅平和之中了。

（三）蘊藏佛理思維

依上述，晚期的張默君詩作，在某種程度上，再現了早期的魏晉風韻，以表達自身淡泊明志、潔身自好的知足感，以及對人生煩惱和痛苦的超脫。如此一來，讓吾人又轉入另一項線索：默君詩歌中的佛理思維。

考察張默君今日現存的各類文獻史料，並沒有太多關於佛教或佛學思想的相關論述，也無法證明其是否潛心於佛學、或者篤信佛教、抑或推崇佛理，僅知道默君其母何承徽是一位虔誠的佛教徒，而張默君在邵元沖過世之後，傷心欲絕的默君，似乎深受華嚴宗吸引〔註120〕，其曾在〈戊戌重九讀圭峯禪師（字宗密）圓覺經大疏感賦〉的詩後自云：「臺汐止彌勒內院慈航法師見默二十六年在湘參與華嚴息災護國法會刻經壽母八十兼同向翼公殉難周年序文乃啓眎謂觀邵公之德學風烈定為唐聖僧「圭密」轉世故云。」〔註121〕她深信華嚴宗法師所云，認為邵元沖乃華嚴宗第五代唐圭峰「圭密」轉世。除此之外，並無太多文獻史料，讓吾人得以參閱或佐證，但默君的晚期詩作中，確實透著些許的佛家用語和思維，此也正是本文冠以「佛理」、而不以「佛學」或「佛教」稱之的緣故。此外，是類作品在張默君詩集中，數量甚少，亦不甚明顯，故筆者於此處茲引數例，聊備一格。如：〈一塵〉：

存神過化了圓融，靄靄行雲掠太空。

冥契萬緣兼萬法。會心只在一塵中。〔註122〕

觀默君此詩，旨在呈現一種安祥的佛家境界，全詩28字裡，其「過化圓融」、「行雲掠空」、「萬緣兼萬法」、「心在一塵中」，皆是佛教的語言。又〈題槐村詩草〉：

〔註120〕關於默君母親何承徽的信佛，以及張默君晚年的信奉華嚴宗，可參秦燕春：〈情深而文明——張默君的鄉邦記憶與詩骨清剛〉，《書屋》2011年第4期，頁4～5。

〔註121〕張默君：〈戊戌重九讀圭峯禪師（字宗密）圓覺經大疏感賦〉，收入《瀛嶠元音》，42。

〔註122〕張默君：〈一塵〉，收入《瀛嶠元音》，頁32。

　　　詩冠六經首，無邪思廼昌。爲教在平治，綱紀天人常。

　　　槐翁匡濟才，抱道來炎荒。古希健腰腳，雙鬢滄溟蒼。

　　　禪宗與吟癖，耽此哀不傷。肫肫發忠愛，疊疊含清剛。

　　　玉蘊山中潤，蘭生林下芳。行空逞恢奇，天岸何開張。

　　　圓融倚深玅，境化無宋唐。千靈朗幽邃，萬刼廻神光。

　　　衰世拯人倫，奚止雄詩邦。〔註123〕

由《詩經》爲六經之首開始，說明詩無邪的詩教，依「爲教在平治，綱紀天人常」、「衰世拯人倫，奚止雄詩邦」等句，足見默君此詩，重在說理和勸世，不過偶有些許的佛理思維含藏其中，尤其她這樣的結合，不僅在觀念上毫不突兀，更有鎔鑄儒家詩教、道家玄理、佛家思維於一爐的寫作創意，此自是張默君賦詩的功力所在。

　　總的來說，張默君的晚期詩作，泰半感情眞摯、含蓄蘊藉；語氣平和沖淡、字句清麗工穩；思想內容極厚重、深沉與內斂。〈天人一首集寶子〉是今日默君現存的最後一篇詩作，此首詩作，可謂集中體現了默君晚期的整體創作風格：

　　　風發自雲揚。龍騰與鳳翔。通才挺高曠。靜德流遐芳。

　　　鳴鸞於紫閶。道隆乎黃裳。抽簪詠海嶽。攜手歌滄浪。

　　　同維平素感。江湖長相忘。凌霄耀聖姿。邈矣天人光。〔註124〕

全篇詩作完全呈現了魏晉文學家幽深玄遠的道家境地，其「風發」、「雲揚」、「龍騰」、「鳳翔」、「鳴鸞」、「紫閶」等詞語，造就出行文精工規整、含意蘊藉深遠，與風格的典雅清麗，此般典雅平和、清曠婉麗之作，不僅是默君自身在詩歌創作的總結，更足以作爲默君晚年詩風的最佳代表。

（四）懷鄉與悼亡等類詩作的特殊性

　　持平地說，吾人研究張默君赴臺後的詩風特色，也必須參考默君前期的作品，兩相對照、相互參閱之下，其赴臺前後的不同詩作內涵，以及其所透顯出來的心緒等課題，始能有更清楚的線性脈絡。

　　首先，在《瀛嶠元音》中，以憑弔悼亡爲主題的詩作，其無論是詩歌風格、寫作特色等，皆與早期、中年的悼亡詩稍有不同。張默君是一位感情豐富的詩人，詩歌的寫作手法又極爲細膩，在丈夫邵元沖隕歿、以至移居臺灣

〔註123〕張默君：〈題槐村詩草〉，收入《瀛嶠元音》，頁30。

〔註124〕張默君：〈天人一首集寶子〉，收入《瀛嶠元音》，頁45。

的十多年時光裡，實已接連失去許多親人故友，又遭逢國家的諸多災難與劇變，所以每當親友亡故，總會激起默君內心無止盡的悲愴之情，她將這些痛楚，全數化作詩歌以表達。在詩作中，默君大聲疾呼，大膽地傾瀉情緒，是表達之心緒，不僅眞摯而深厚，吾人閱畢之後，更有暢快淋漓之感。

不過，若是與赴臺之後的悼亡詩相互比較，張默君在晚年悼念故友的詩文增多了，諸如：〈十二月十五日悼溥泉先生逝世二周年〉、〈悼傅校長斯年〉、〈挽邱母蔡太夫人〉等，但是篇幅則大多比較簡短；有些看似應酬之作的詩篇，其情感是否眞摯姑且不論，至少在默君晚期赴臺之後，其悼亡憑弔類的詩作，情感大抵皆相對較於深沉、平穩許多。對照在早年與中期的那般呼天搶地、用大量沉痛而悲戚的筆觸，以描述現實、哀悼英靈，其在赴臺之後，似乎不再那麼暢快淋漓的表達內心的悲戚、愴痛之情了。

這或許是晚年的默君，早已嘗盡人生的悲歡離合，早年的喪夫之痛、家國之恨，在此時已日趨沉澱、日漸緩和，誠如近日學者所謂：「默君對情感的處理和把握上中年和晚年有所差別，中年時主『顯』，多激越；晚年主『隱』，顯深沉。」〔註125〕當詩人飽經憂患，思想和精神上都發生了變化，遂逐漸收斂自身的鋒芒，另一方面，益之以性格與詩格的日趨老成，駕馭情感更爲嫻熟，以往「忍攜哀涕展遺編，中有乾坤正氣懸」〔註126〕、「我今消瘦勝梅清，起舞吳鉤作怒鳴」〔註127〕等爲英靈哭泣、爲民族吶喊的鮮明詩境不再，取而代之者，是內斂的精光、深隱的情感，整體呈現出悲壯而不淒涼、沉鬱雄勁卻更具有力道的詩歌氣韻。

其次，是赴臺之後的寫景、記遊類詩作，意境比早期、中年更爲幽深、更加清麗。此概是張默君赴臺之後，除了繼續從事一些教育方面的事務以外，餘下的時間則較少參與政治，所以遊覽的機會自然更多了。默君的後半輩子，有大多數的時間是在與文學同好、詩社友人一齊遊覽風景名勝、相互酬唱；或者隱居郊野，享受山居的恬淡閒適之情，如此一來，除了題贈類的詩作陡增之外，寫景記遊的詩作數量，也明顯增加許多，且相對於赴臺之前、在中國大陸生活時的作品，默君在臺灣的寫景記遊類詩作，則風格與意境更爲單

〔註125〕劉峰：《張默君詩歌研究》（湖南大學中國古代文學碩士論文，2009 年），頁20。

〔註126〕張默君：〈翼公殉國經歲皖詩人將以公遺墨付裝池珍襲來書屬題愴成一絕〉，收入《正氣呼天集》，頁1。

〔註127〕張默君：〈前章未盡所哀再哭十六截句〉第八首，收入《正氣呼天集》，頁5。

純、詩景也更加潔淨，不僅可以清楚得見其幽深、孤寂的心境，更充分展現詩人的超逸情懷和高潔本性。

另外，是以懷鄉思親為主題的詩歌，其心境比早期、中年更為寂寞與孤悲，甚或參雜著不少的愧疚感。在《瀛嶠元音》中「懷鄉」、「思親」的創作基礎，大多源自默君內心的孤獨，以及女性作家特有的敏感。1949 年 5 月，共產政權統治中國大陸的局面，已經勢在必行，此時任職於國民黨的張默君，隨著國民黨政府遷至臺灣，兵荒馬亂之際，實質的家當與物品或許可以帶走，但諸多無形的記憶與遺憾，卻只能繼續留在不知何時才能再度歸返的中國大陸。

當國民黨政府抵臺、並大致掌控局勢之後，六十六歲的張默君，實已孑然一身、只能四顧茫然，正如同文天祥所謂的「山河破碎風拋絮，身世飄零雨打萍」，詩人蜇居臺灣孤島，在國土向隅處遠眺對岸，大半輩子的喜、怒、哀、樂等情感，皆在視線的遠方可及之處，欲伸手卻又觸碰不得，悲傷、悽苦之餘，更是多了愧疚與遺憾，誠如：〈三十八年已丑夏來臺感賦〉中「東來慚恨劇崢嶸，汨捲滄溟夢不成」的心境〔註 128〕，正是表達詩人心中，實難以割捨遠在中國大陸的親人，又對自己的東來臺灣，感到些許的愧疚，故每每帶著「夢不成」的煎熬以度日，此與〈已丑除夕〉的「河山悲板蕩，日月任煎熬」、「覺憐將盡夜，飛夢落蘭皋」之心境〔註 129〕，簡直如出一轍。又：〈臺北上元對月懷諸弟湘中用醇士夜坐均〉的「細細潮音訴，蓬蓬春色醅。鶗鴂唬浩刼，流夢洞庭南。」〔註 130〕、〈甲午九日登滬尾山次均含老〉的「諸弟陷賊中，那堪豺豹齧」等詩句〔註 131〕，也皆透露出懷鄉思親之餘，詩人內心的煎熬與遺憾，最後詩人只能期待在夢中長相憶，此亦是默君赴臺之後的一項小特色，亦即通過「夢」的意象表現，反射自身諸多的深沉情感，希冀朝思暮想之後的產物：「夢」，能賦予詩人心靈上的寄託。

不過，懷念家鄉、思念親人等情感，隨著來臺的時間越久，越是產生了負面性質的昇華，從而轉化成愧疚與不堪，待至〈彭君經文殉難穗中乃兄郁文集詩六十首哭之予諸弟方陷湘賊中元群且傳噩耗愴恫同深讀之雪涕〉中「讀

〔註 128〕張默君〈三十八年已丑夏來臺感賦〉，收入《瀛嶠元音》，頁 2。
〔註 129〕張默君：〈已丑除夕〉，收入《瀛嶠元音》，頁 7。
〔註 130〕張默君：〈臺北上元對月懷諸弟湘中用醇士夜坐均〉，收入《瀛嶠元音》，頁 11。
〔註 131〕張默君：〈甲午九日登滬尾山次均含老〉，收入《瀛嶠元音》，頁 30。

罷招魂汨雨來，那堪同抱鶺鴒哀」〔註132〕的描述大弟、二弟皆相繼過世，自己卻因為已經遠赴臺灣，而無法得見他們臨終的最後一面，默君的愧疚與不堪，在此詩篇中，似乎已達到臨界點了！

‧ 總的來說，利用眞實、誠摯的感情以書寫懷鄉、思親方面的作品，是張默君一直以來，最擅長、也最秉持的寫作模式，從而造就了眞情流露的一貫詩作風格。只是默君赴臺之後，這些深切、眞摯的懷鄉思親之情，隨著自己無法重回故土、面對身在遠方的親人，變得倍加思念，以至興起了更多的愧疚與不堪。依此，考察《瀛嶠元音》中之諸詩作，其內心之煎熬與愧疚、淒涼與悲愴，這些刻骨銘心之痛，在來臺後的懷鄉思親類詩作，誠已清楚的描述與表達了。

第四節 小 結

張默君在早年創作傳統詩歌時，即呈現出陽剛書寫的特質；如參與辛亥革命時，所撰之〈辛亥秋侍家君光復吳門後主辦江蘇大漢報次均畬徐小淑詩見今存大漢報〉一詩，即有：「地動殺機龍起陸，天開霧障劍橫秋」、「誓將肝膽連秦越，差幸文章絕比倕」 等句。此外在〈自題倚馬看劍圖〉亦云：「劍魄珠光回斗宿」、「豈云衛國男兒事」 。來臺之後，張默君陽剛書寫的特質依然明顯；分析其主要原因，大約有個人自我形象的認知、女權運動的參與，以及國民黨政府來臺後對於文藝政策的箝制和推展。而類在《瀛嶠元音》中陽剛意象的詩作主題，不論是懷鄉書寫、政治書寫，甚或詩壇交遊的書寫，其在淺詞用字之間，皆呈顯出個性鮮明的特質、豪邁沈鬱的特色，以及充滿陽剛意象的書寫。這是張默君來臺之後，在創作傳統詩的共同特色，尤其陽剛意象方面的書寫，其創作的內涵與過程等，實具有一定程度的特殊意義與價值。

而除了陽剛的意象之外，張默君在晚年的作品中，開始出現了一些帶有總結意味的作品。這些帶著總結意味的詩作，大抵是默君對自己一生的經歷、尤其是教育事業生涯，作回憶性的人生總結，這些自述性質的人生總結詩作，用描寫性的語言，敘述自己一生的事業，不僅字句工穩、語氣平和，而且感情眞摯、內容厚重，可謂張默君心裏最底層的深沉記憶。

〔註132〕張默君：〈彭君經文殉難穗中乃兄郁文集詩六十首哭之予諸弟方陷湘賊中元群且傳靈耗愴恫同深讀之雪涕〉，收入《瀛嶠元音》，頁17。

第七章 《瀛嶠元音》的遺民唱和與詩壇交遊

　　清代章學誠有一段話精確描述了古典詩教的範疇：「遇有升沈，時有得失，畸才彙於末世，利祿萃其性靈，廊廟山林，江湖魏闕，曠世而相感，不知悲喜之何從，文人情深於《詩》《騷》，古今一也。〔註1〕」詩作為表達時代際遇的古今媒介，貼近歷史情境下的生命形式，尤其最能展現詩人「流亡」的經驗。一九四九年國民黨政權失去大陸，撤退到台。當時約有一百五十萬軍民追隨而來，這些來臺人士之中大多數是平常百姓，或是中下階層軍人及公教人員，其中也不乏國民黨的黨政軍高層。他們相濡以沫，除了試圖融入地方社會，找尋重新安頓的可能，另一方面也自然而然，群聚結社在一起，形成戰後來臺遺民詩人的社群網絡。這群遺民詩人初到臺灣，有了無限思鄉情懷，不少人寄情於筆下，抒發喪國之痛與懷鄉之愁。大陸學者黎湘萍對此一時期臺灣知識分子的文學敘事與理論想像，以「新遺民情結」名之。他認為這些文人「都與近代以來花果飄零的中國文化保持著比較密切的精神聯繫，要麼具有復興中華文化的信念，要麼通過漢語寫作來承續這一傳統」。而他們的書寫主要特徵顯現在「移民式的流動性與對於語言和精神文化的近乎迷戀的記憶和分析……」，他們透過「美學或文學理論的建構……尋找安身立命之道」〔註2〕。

〔註1〕章學誠著，葉瑛校注，〈詩教上〉，《文史通義校注》，北京：中華書局，1985，頁62。
〔註2〕黎湘萍，《文學臺灣：臺灣知識者的文學敘事與理論想像》（北京：人民文學出版社，2003），頁292～293。

　　這些來臺文人，有許多人在渡臺之前，已經唱和多年甚至籌組詩社，如趙恆惕和鍾伯毅兩人都是湖南省南平詩社的社員，趙恆惕曾任社長，鍾伯毅任副社長。張默君、于右任等人皆為南社成員。這群文人渡臺之後，因為同鄉、同事或同社之宜，自然而然形成社群。而張默君與這些社群來臺之後的活動情形為何？詩作表現有何特色？以及張默君來臺之後與本土詩壇有何聯繫？都是值得觀察的重點，本文企圖藉由《瀛嶠元音》的詩作，整理出張默君來臺後的文學活動及來臺詩人與本土詩社間的交流與權力互動。

　　而戰後，來臺詩人與本土詩壇之間是存在著權力互動與板塊的位移，如何藉由權力的共構維持本土傳統詩社的命脈延續，也是值得觀察的面向，本章亦以臺北瀛社為觀察對象，藉由當時的報章觀察臺灣本土詩社在戰後的轉變。

第一節　《瀛嶠元音》的遺民唱和

　　故國之痛、新亭對泣，是歷代遺民共同生命經驗，由這樣的經驗，往往轉化為藝文創作基調。中國學者張兵在分析明末清初的遺民創作母題時，曾指出，經歷家國之愴、慘痛人生經歷，使清初遺民的創作聚焦在，「感念亂離、繫心民瘼」傷時之作、「眷懷故國、志在恢復」振昂激情，以及「流連山水、寄情怡性」逃避之心，最後則是「親情與友情」慰情抒寫。〔註3〕上述四大主題主要論及士大夫面臨明清易代，試圖以各種文學體裁表述個體、家族、國家之痛，由此引發之感時、振昂、逃避、慰情等共性情感。

　　此外黃俊傑認為，「遺民」文人因傳統儒學價值深植內心，值此世變大亂，徹底面臨「文化認同與政治認同」撕裂處境，亡國毀家之際，更顯歧路徨徨，此際「遺民」：如舊棲燕，雖然隨著大宅更換主人異名換姓便成歸宿，但儒者所契入的價值世界，卻使他們在新舊時代之間備受煎熬。遺民身經亡國之痛，遙思故國，常興黍離麥秀之思，甚至不免新亭對泣之苦〔註4〕。以下試述張默君的遺民書寫概況：

〔註3〕張兵，〈論清初遺民詩群創作的主題取向〉，《西北大學報（社會科學版）》，2003，37（2），頁14～20。

〔註4〕黃俊傑：〈論東亞遺民儒學的兩個兩難式〉，《臺灣與遺民儒學：1644 與 1895 學術研討會論文集》，台大東亞文明研究中心，2005 年。

一、張默君的遺民書寫

　　張默君《瀛嶠元音》中，不論記遊、寫景、贈與方面的作品，在數量或內容封面，誠屬豐富，諸如：途經好友楊嘯霞的網溪別墅時，瀏覽附近田園美景所創作的〈冬莫過網溪別業〉、〈過楊歠霞詩老網溪別業即次其古稀吟均〉等；春季第二個月至陽明山賞花所創作的〈辛卯春仲陽明山看花次均陳含老〉；

> 丹莫試采簫崇坡。嬌嬌江山炤夢過。
>
> 半日浮生消幾許。奪花秀句定誰多。
>
> 大化微參氤與氳。一襟海氣欲成雲。
>
> 飛空暖翠融融瀉。春到蓬壺已八分。
>
> 蓄翠深溪一水斜。杜鵑啼瘦杜鵑花。
>
> 花光照海紅無語。錯認鯤東放曉霞。
>
> 無邊花雨綴芳苔。雲水光中倦睞開。
>
> 最是姚侯風趣甚。攝將羣相鏡中來。_{姚味老攝
影數幀}
>
> 百花僭釀媚幽吟。長憶猨嚜玉罌酬。
>
> 形爲神舟登岸別。了然生死不關心。

> 曩滯黃山生日，夢神猨雪嚜以碧玉杯的所製百花釀爲壽，並笑哦一詩曰：「形爲渡神舟，到岸便離去，君是玉盧仙，自識此中趣。」予爲爽然，仙猨雪嚜能以百花作酒，見山志。

秋天至碧潭泛舟所創作的〈碧潭秋泛次均槐老〉；以及至高雄遊玩所創作的〈西子灣〉、〈大貝湖〉等，此類作品，實多不勝數，足見張默君在臺灣居住期間，外出遊覽的頻率頗高。這些記遊寫景方面的作品，一如上文所述，表面上寫景，實則寄寓遺民詩人詩人的國殤、懷鄉等情感。如：〈庚寅九日登臺北陽明山簡于右老及同游〉的「無衣賦同仇」、「長歠動天文，來年會京國」等句〔註5〕，皆是詩人在登高望遠時，面對眼前美景，卻無欣喜愉悅之情，反而興起故國山河仍未收復的感慨。張默君亦在〈庚寅九日登臺北陽明山簡于右老及同游〉後面自云：「丁亥重陽，倭降收京後，于貫諸公約登紫金山天文臺，予浩然有作，翼明歲還都，同作題糕之會。」〔註6〕乃相約好友們，待明年「還都」時，再「同作題糕之會」，此足見張默君對國民黨政府收復中國故土的企盼與信心。又：〈甲午九日登滬尾山次均含老〉：

> 泉語冷潭魂，松吹綠詩骨。曠懷邁宇宙，孤歠度寥豀。
>
> 茱萸媚霜鬢，遙想衡湘兀。諸弟陷賊中，那堪豺豕齧。

〔註5〕張默君：〈庚寅九日登臺北陽明山簡于右老及同游〉，收入《瀛嶠元音》，頁10。
〔註6〕張默君：〈庚寅九日登臺北陽明山簡于右老及同游〉，收入《瀛嶠元音》，頁10。

　　拍天一舸來，忽被孽虬挈。不仁干神怒，暴戾看顛蹶。

　　巨浸稽天飛，惡盈自殄折。元元定何辜，義拯肺肝熱。

　　自由與奴役，畢竟僞凡別。指日奮王師，弔民張撻伐。

　　行見世屯康，還鄉坐幽樾。俛仰千古情，長謠白雲過。〔註7〕

張默君在淡水一帶的山區登高遊覽，卻不見其悠閒放鬆的心情，而是想起自己的親兄弟們，仍身陷共賊手中，在「豺豕齧」的暴政底下，水深火熱的度日，所以期待有朝一日，能「指日奮王師，弔民張撻伐」。

　　除了記遊寫景，在《瀛嶠元音》中，也有一些紀錄政治社會上的新聞時事、或者重大事件之作品。除了筆者在上文援引默君表達政治主張一類詩作時，所述及的〈四十一年次均何敬公貽中日和約全權代表河田烈〉、〈臺省婦女勞軍委會歡迎救國軍游擊縱隊指揮官兼平湖縣長黃百器（即雙槍王八妹）即席賦貽〉等作品外，尚有記載民國 40 年（1951 A.D.）10 月 23 日的臺灣大地震，默君利用詩作〈臺灣地震〉二首：

> 民國四十年十月廿二日辛卯莫秋之晨，花蓮宜蘭臺南一帶有五六級大地震，以花蓮爲最，山崩地裂，陵移谷墟，屋宇傾頹，傷亡枕藉，爲禍之烈，爲十餘年所僅見，迤臺灣五十載以來第二十一次。據省氣象所測得此次爲斷層地震。其震央（自震源垂直尚達地面之點）在花蓮東南廿公里之海底，故花當其衝，蓋臺灣菲律賓日本阿留申羣島等胥在環太平洋之亞洲地震帶上，爲震頻數，其觀測統計佔世界地震學之要位，花蓮濱鯤瀛之東，飛懸太平洋上，是以每遘地震，被災輒先且劇，臺北即較安穩，即颱風亦絕少直接肆虐，洵全省福地也。

> 殘月炤花蓮。青溟倒景懸。驚雷天頂落。颺店海心煎。

> 歷亂蟲沙舞。淒悲陵谷遷。春秋書五事。獨失震災篇。

> 宇宙一元始。神光萬劫初。乾旋倏坤轉。鰲擲雜龍噓。

> 斷地騰風火。飛巖化浸渠。堂堂臥嘗島。敢冀宴安居

生動的描述當時天崩地裂、塵土飛揚的慘狀，並用詩序詳細記載發生時間、原因、災情等事，惟第二首詩篇之末，仍有「堂堂臥嘗島，敢冀晏安居」一句〔註8〕，其在發生地震之後的結論，竟是感慨臺灣作爲反共復國的前哨站，軍民應以臥薪嘗膽之地自居，因此鄭重告誡大眾，既是「臥嘗島」，吾人豈能僅是抱著安逸的心情，無憂無慮地居住又民國 44 年 11 月 25 日，日本政

〔註7〕張默君：〈甲午九日登滬尾山次均含老〉，收入《瀛嶠元音》，頁 30。

〔註8〕張默君：〈臺灣地震〉，收入《瀛嶠元音》，頁 16。

府爲展示友好,將玄奘大師的舍利子,奉還給中華民國政府,張默君撰〈玄奘大師歸骨志憙〉一詩誌慶,詩中記載了「民三十一載,中日兵禍牽」、「恨血碧成渠,陵谷愴變遷」等中日戰爭的慘況,讓中、日兩國人民的彼此相互仇視〔註9〕,以至迎回舍利子、中、日二國冰釋,甚至表明:「偉哉中日韓,亞東三巨椽。平等無冤親,刼迴脣齒緣。」〔註10〕,說明臺灣、日本、韓國三方,如今作爲反共最前線,實具有榮辱與共的兄弟國之情誼。

另外,除了國內重要時事以外,在《瀛嶠元音》中,也可得見當時國際間與臺灣有關的重要事件,如:韓國的反共主義人士李承晚,在1951年創立自由黨,自任總裁,默君撰〈書貽韓國李大統領承晚〉一詩,祝賀並歌頌李承晚,待1955年3月,當時連任第二屆韓國總統的李承晚過八十大壽,默君則撰〈壽韓李大統領雩南博士八十〉致意,不過依此詩作中的「公竟人中龍,儒文倚俠武」、「拯國斯拯世,廓然天下公」、「雙鬢鴨江綠,玉立童顏紅」、「仁者歲無疆,萬代昇平隆」數句〔註11〕,可以得見默君對於這位被當時國際間盛傳其連任,有嚴重舞弊之嫌的韓國總統,詩篇中的稱道和讚許,大抵是題贈恭維之詞。

此外,《瀛嶠元音》中,關於題畫、題詩、題集、賀壽、祝慶等題贈類的詩作,數量甚豐,並在《瀛嶠元音》、甚或是默君一生的詩作之中,皆佔有很大的份量,而這些作品除了可以觀察張默君的文壇交遊,更可以發現其家國之念、懷鄉之情等主題,是融涉在是類詩篇裡面。

《瀛嶠元音》中的題贈、應酬類的詩作,一如文壇交游之類的詩作,是研究張默君生前交友圈的重要資料,諸如:〈題慧覺居士覺園集即次其歸道圖均〉、〈趙孟完屬題西湖斷橋殘雪攝景〉、〈孟完屬題溪口妙高臺攝景〉、〈安和女史索題所作陶穀贈詞圖〉、〈吳母朱太夫人圍鑪課讀圖爲乃孫天聲題〉、〈題槐村詩草〉、〈仲文奉派埃及賦此壯之〉、〈題博悟畫雙桐〉、〈咲棠屬題晚香堂蘇帖〉、〈太平老人歌〉、〈題蜨來集〉、〈題木軒繪貽風竹〉、〈題畫〉等,不計其數。

不過,這些題贈類的詩篇,具有一定的思想與內容,張默君將家國之念、懷鄉之情等主題,融涉在是類詩篇裡面,表現她對國家、社會、民生

〔註9〕張默君:〈玄奘大師歸骨志憙〉,收入《瀛嶠元音》,頁35。
〔註10〕張默君:〈玄奘大師歸骨志憙〉,收入《瀛嶠元音》,頁35。
〔註11〕張默君:〈壽韓李大統領雩南博士八十〉,收入《瀛嶠元音》,頁20～21。

等課題的關注。如：〈高越天屬題所藏任渭川洛神圖〉的「長使羈人夢舊邦」一語〔註12〕，無疑是默君觀賞畫作之後，個人於內心興起的懷鄉思親之情；〈潘遜奄翁昕悼亡六百篇並屬題其儷影〉的「伉儷知己恩，自然刻肝肺。歲月徒煎熬，莫償相思債。」〔註13〕，是感時傷懷的詠懷內容，不過詩末有云：「報國多佳兒，身教務其大。惟願志同仇，匡復差自慰。」〔註14〕則又轉入自身遭逢國殤的憤恨之中。又〈臺灣民主抗日六十周年〉：

> 瘁盡迴天力與心，丘唐志節此崎嶔。
>
> 東溟日月懸孤泪，喚起神皋拯陸沈。〔註15〕

此詩作於1955年，當時臺灣的政治圈、文人圈，紛紛為了臺灣人的抗日六十周年而題詩，張默君也不例外，亦隨著這次的大型慶祝活動而撰寫詩作。默君除了讚頌臺灣人民瘁心盡力的抗日，不屈服日寇的統治，終於將臺灣從侵略者的手中拯救出來，當然也因此抒發自己遭遇國殤之憤恨，以及晚年窩居臺灣的孤獨與淒涼。此外，諸如：〈壬辰秋為嚴叔康題靈谷寺譚墓攝景兼懷孫陵〉的「四歲羈炎嶠，敢忘身在莒。精忠血萬絲，絲絲繫尺土。」〔註16〕；〈瀛壖春莫海濱先生屬題繪蘭〉的「無根閟孤旨，億翁同永歎」、「虺蛇起大陸，淪胥愁肺肝」、「悠悠我里思，瑞艸湘沅攢」、「復國期來春，翛然天地寬」諸語〔註17〕；以及〈丙申春壽陳含老七十八即次均翁率成四首之一〉的「禹甸終我還，營茲海中地」、「民生哀多艱，楚客攜危涕」、「風雨感同舟，萬里佇開霽」等詩句〔註18〕，也皆是抒發詩人遭逢國殤的無奈與悲憤。

最後，再如：〈題畫山水二絕〉其一：

> 寧澹林下致，靜秒松中音。四山清氣來，翛然逢素心。〔註19〕

詩作中所云「素心」，正是邵元沖之號，當默君看到畫作中秀麗的自然山水，隨之浮現於腦海中的畫面，竟是當年與丈夫同遊山水名勝的快樂、甜蜜情景。

〔註12〕張默君：〈高越天屬題所藏任渭川洛神圖〉，收入《瀛嶠元音》，頁10。

〔註13〕張默君：〈潘遜奄翁昕悼亡六百篇並屬題其儷影〉，收入《瀛嶠元音》，頁15。

〔註14〕張默君：〈潘遜奄翁昕悼亡六百篇並屬題其儷影〉，收入《瀛嶠元音》，頁15。

〔註15〕張默君：〈臺灣民主抗日六十周年〉，收入《瀛嶠元音》，頁32。

〔註16〕張默君：〈壬辰秋為嚴叔康題靈谷寺譚墓攝景兼懷孫陵〉，收入《瀛嶠元音》，頁20。

〔註17〕張默君：〈瀛壖春莫海濱先生屬題繪蘭〉，收入《瀛嶠元音》，頁8～9。

〔註18〕張默君：〈丙申春壽陳含老七十八即次均翁率成四首之一〉，收入《瀛嶠元音》，頁37。

〔註19〕張默君：〈題畫山水二絕〉其一，收入《瀛嶠元音》，頁23。

　　這類詩作之中，概能凸顯張默君的交友狀況，故仍不失其研究價值；又或者默君能在禊集讌會的現場，觸動遭逢國殤之憤、懷鄉思親之痛等心緒，感觸甚深，遂賦詩以抒發心情，此類詩作，則更具有藝術價值。如：〈辛卯上巳禊集臺北賓館得浮字〉的「為民被灾禍，擎涕看神州」、「在莒敢或忘、淬厲鯤東頭」、「我武斯維揚，會當京畿收」〔註20〕；〈辛卯春次均酬味辛〉的「匡扶吾輩任，赴難敢逡巡」〔註21〕；〈庚寅冬莫雨夕小集寓廬奉簡含光夷午槐邨心畬諸老次均〉的「百劫驚猶在，風雲鬢早星」、「忠邦空繾綣，浮海此飄零」〔註22〕諸語，皆在表達詩人遭逢國殤之憤恨。而〈庚寅上巳士林新蘭亭禊集即席率賦〉的「猛憶聽鸝招隱麓，珠喉天壤斷人腸」〔註23〕；〈乙未春孟嬰極兼旬久旱喜雨士林禊集未赴奉簡諸詩老〉的「海國怯春寒，山煙愁碧凝」〔註24〕等，則體現詩人懷鄉思親之愁苦。

　　由上述可知，張默君的遺民詩創作，由於地理環境的的遷徙流動，造就了詩人遺民書寫的脈絡。在詩作生產過程中，漢詩「離散體驗」成為核心。因此，遺民與詩，顯然形成有一個時間與地理相互勾連的軌跡，因此形成張默君的詩，有三大基本主題：一是堅持與追憶反共鬥爭，二是抒發故國之思，復國之志，三是堅決擁護黨國的政治。這類主題的創作，散見於他的記遊寫景、時事書懷、題贈酬應的詩作中。除了遺民詩的創作，張默君與當年大陸來臺的遺民詩人，也自成社群網絡，下文就其交遊狀況分析之。

二、遺民詩人的交遊景況

　　藉由《瀛嶠元音》的詩作中，可以看出張默君與當時來臺詩人之間的交遊網絡，如〈庚寅九日登臺北陽明山簡于右老及同游〉、〈庚寅冬莫雨夕小集寓廬奉簡含光夷午槐邨心畬諸老次均二首〉、〈七日後與賈煜公邀含光夷午槐邨味辛諸老暨親友載赴陽明山野餐疊前均簡同游〉、〈壬辰春仲陽明山看花偕槐老叔老漁叔定山〉等詩，可見戰後來臺詩人中的所謂遺民社群，已自然形成，其中與張默君唱和最多的，有于右任、賈景德、鍾伯毅、陳

〔註20〕 張默君：〈辛卯上巳禊集臺北賓館得浮字〉，收入《瀛嶠元音》，頁14。
〔註21〕 張默君：〈辛卯春次均酬味辛〉，收入《瀛嶠元音》，頁11。
〔註22〕 張默君：〈庚寅冬莫雨夕小集寓廬奉簡含光夷午槐邨心畬諸老次均〉，收入《瀛嶠元音》，頁10。
〔註23〕 張默君：〈庚寅上巳士林新蘭亭禊集即席率賦〉，收入《瀛嶠元音》，頁8。
〔註24〕 張默君：〈乙未春孟嬰極兼旬久旱喜雨士林禊集未赴奉簡諸詩老〉，收入《瀛嶠元音》，頁31。

含光、李漁叔、陳定山、趙恆惕等人，皆爲國民黨來臺的黨政高層。以下
略舉數人析論之：

（一）于右任

張默君當年與邵元沖結婚時，于右任便是二者的證婚人，張默君與于右
任同時也是南社社員，因此來臺之後，張默君與之頗多唱和。于右任（1879
～1964），原名伯循，別號髯翁、太平老人，陝西三原人。于右任是清朝光
緒年間的舉人，其曾以詩歌諷喻時政而遭清廷通緝，逃亡上海之後，易名爲
「右任」，與革命詩人胡漢民並稱「北于南胡」〔註25〕。民國成立之後，歷
任交通部次長、監察院院長等國民政府的要職，遷臺之後，仍居監察院舊職。
于右任素以草書著名，創編有《標準草書》，而現存的《右任詩存》，乃于氏
集 1949 年之前的詩作；1960 年前後，又集 1949 至 1959 年之詩，而有《右
任近十年詩存》，並由其弟子劉延濤箋註。。另外，其亦是南社成員，所作
之詩、詞、曲等，皆有強烈的民族意識與愛國情操。其在 1950 年所作之〈高
雄遠望〉：

> 霸業東方何處尋，癡兒失算復南侵。
>
> 天留吾輩開新運，人說中原有好音。
>
> 撥亂非爲一代計，哦詩爭起萬龍吟。
>
> 旗山當面莊嚴甚，無限光明照古今。〔註26〕

于右任〈高雄遠望〉此詩，常見錄於各大詩選，前二句主要是在諷刺日本的
侵略行爲，而頷、頸二聯則頗有鼓舞敗遷臺灣的諸士，說明是輩退守海峽彼
岸，實是爲了重整旗鼓以重頭開創新局。

大體而言，于右任的詩風特色，一如上引〈高雄遠望〉一般，率性雄闊、
充滿渾厚的豪壯之氣，故詩作每每讀來，總是字字肺腑、擲地有聲，是凌祖
綿以「清新沉雄，兼擅並蓄」評之〔註27〕。此外，誠如高越天所謂：

> 至於篤守古調成格之作者，亦有譏右老詩多創格，與古人章法不合，

〔註25〕 胡鈍俞：「先生詩才橫溢，學力深邃，長篇小什，絕句律詩，造詣皆深，革命
詩人，世稱北于南胡（漢民）洵公論也。」參引胡鈍俞：〈于右任詩選評〉，《夏
聲月刊》第 207 期（1982 年 2 月），頁 9。

〔註26〕 參引自于右任先生百年誕辰紀念籌備委員會：《于右任先生詩集》（下卷）（臺
北：國史館，1985 年再版），頁 39。

〔註27〕 凌祖綿：〈慷慨詩雄淋漓草聖的于右老〉，《書畫家》第 3 卷第 3 期（1979 年 4
月），頁 8。

此則夏蟲不可以語冰，局限之見，自非允論。例如右老草書，不同
於張旭懷 素，而千秋萬載，必然齊名。〔註28〕

于右任詩作之體制靈活，且不拘泥於舊調古制，而自成一格，尤其擅長鎔鑄
古今各種詩歌形式，舉凡樂府、騷體、四言、五絕和七律，于右任總是能信
手拈來，恣意成詩，如：1957 年的〈詠懷〉一詩，即是一首極有特色的六言
體；再如：其在病重之際所作的〈葬我於高山之上兮〉一詩，則是雜用騷體
及樂府歌行的一首作品，此亦是李猷所謂：「先生之詩，不拘唐宋，其用力深
處，仍是得力於漢魏。而其莽蒼處，蓋先生個人經歷有以致。」〔註29〕

此外，于右任的詩學理論，獨到而深刻，在當時頗具影響力，唯其詩論
大多散見於詩人大會中的講詞裡，如：〈詩變〉的「人生即是詩，時吐驚人句；
不必薄唐宋，人人有所遇。」一語〔註30〕，即是在指點時下古典詩人，要利
用詩筆以揭心、以詩變順乎時變，不需墨守成規。

張夢機云：「他的詩，卻能將國家興廢治亂，民族安危剝復之狀，概拾無
遺，都是真性情。」〔註31〕總的來說，感情豐沛、率真性情的于右任，是一
位足以引領詩壇走出新方向的優秀詩人，他在詩壇的地位崇高，詩論亦深具
影響力，更曾經被選為國際桂冠詩人，其能與陳含光齊名，同為戰後臺灣詩
壇的領袖。張默君在〈庚寅春臺北壽于右老七十二柏梁體十八韻〉一詩中寫
到：

西嶽峩峩何恢奇。三原獨挺天人姿。清穌醇粹邦人師。江湖廊廟風
從之。如椽巨筆匡危時。俠骨騷心天下知。公裏民立民吁報，鼓吹革命，倡導大同，筆名騷心。激揚忠愛
詩教施。家家爭誦英鈔辭。艸聖當今宗法垂。機猷嘿運誰能窺。柏
臺風憲崇民彝。誠孚有眾和四夷。叱咤風雷蛟龍馳。沐浴日月瓌寶
滋。策鰲踏碎青琉璃。美髯焌海驚神儀。光華復旦相與期。明歲壽
公江之湄。明歲壽公江之湄〔註32〕。

詩中對于右任頗多讚譽，「俠骨騷心」的人格，如椽巨筆能匡救危時，以忠愛
的詩教，贏得家家爭頌。此外在〈庚寅九日登臺北陽明山簡于右老及同游〉

〔註28〕 參引胡鈍俞：〈于右任詩選評〉，《夏聲月刊》第 207 期（1982 年 2 月），頁 18。
〔註29〕 李猷：《近代詩選介》（臺北：臺灣商務印書館，1972 年），頁 18～19。
〔註30〕 參引自于右任先生百年誕辰紀念籌備委員會：《于右任先生詩集·下卷》（臺
北：國史館，1985 年再版），頁 64。
〔註31〕 張夢機：《思齋說詩》（臺北：華正書局，1977 年），頁 121。
〔註32〕 張默君：〈庚寅春臺北壽于右老七十二柏梁體十八韻〉，收入《瀛嶠元音》，頁 9。

的詩序中寫到：「丁亥重陽，倭降收京後，于賈諸公約登紫金山天文臺，予浩然有作，翼明歲還都，同作題糕之會」，詩中盛讚于右任爲「美髯人中龍，主盟數詩伯」〔註33〕，此外四十七年張默君在〈壽于右老八十〉〔註34〕一詩中稱于右任「文獻盛武略，草聖兼詩靈」，「空前此瓖偉，震宇眞奇人」。又在〈太平老人歌〉中寫到：「太平老人人中龍，巍巍勳業風雲通。吐音天授如長虹，宇宙大文誰與同。元精耿耿貫當中，_{用昌谷語}渾然一氣春融融。筆參造化驚神功，其聲鏜鏜振瞶聾。敷教寧止東溟東，名歸實至聲華隆〔註35〕。」詩中呈顯出張默君對于右任在人格、功勳、藝術表現的景仰，盛讚于右任爲人中之龍，參與造化的建國功勳，爲千古之奇人。

（二）陳含光

陳含光（1879～1957），原名延韡，字含光，又字移孫，原福建漳浦人，世居江蘇揚州，著有《含光詩》、《含光文存》和《含光儷體文稿》等。陳含光的曾祖父陳嘉樹、祖父陳六舟，曾經分別在道光和同治年間，高中殿試第四名，故有「父子傳臚」之美譽。由於家學淵源與天生資質的聰慧，使陳含光在詩文書畫方面，皆各有所成。

陳含光在 1912 年獲聘爲北京清史館的成員，負責協助編纂《清史稿》；1937 年則力拒日軍所邀之主持自治維持會一職〔註36〕；1947 年又以其個人聲望而被選爲江都縣臨時參議會議員。1948 年，陳含光與其子陳康遷臺〔註37〕，與同樣渡海遷臺的文人：于右任、溥心畬、劉太希、臺靜農，同列爲書壇中之「渡海五家」。在「渡海五家」之中，陳含光與溥心畬二人以書畫藝術方面的學養而相知相惜，而陳含光亦曾經擔任溥氏之子溥孝華的老師〔註38〕。

〔註33〕張默君：〈庚寅九日登臺北陽明山簡于右老及同游〉，收入《瀛嶠元音》，頁 10。

〔註34〕張默君：〈壽于右老八十〉，收入《瀛嶠元音》，頁 39。

〔註35〕張默君：〈太平老人歌〉，收入《瀛嶠元音》，頁 37。

〔註36〕有關此事，陳含光在遷臺後於 1950 年 8 月 12 日的《民聲日報》，以〈頑鐵〉一文自明當時心跡：「日寇滔天，要我彼官，人定者卒勝，彼則敗，而我乃全，匪鐵之頑，寶金之堅。」參引自陳含光：〈頑鐵〉，《民聲日報》第 6 版（1950年 8 月 12 日）。

〔註37〕陳含光之子陳康（1902～1992），字忠寰，專事哲學研究，曾任臺灣大學教授，著有《論希臘哲學》、《柏拉圖巴曼尼得斯篇》等。

〔註38〕關於陳含光生平的相關資料，參見包明叔：〈不作不述的陳含光先生〉、張百成：〈博文清操的陳含光先生〉、蔣孟如：《陳含光書法研究》等文所述。

　　客觀而論，陳含光與溥心畬一直以來，總被視爲「遜清遺老」的代表人物，尤其二人也儼然以此種身分自居，同樣以半隱的形式爲前朝守節，卻也因爲此等身分而屢屢遭受民國以來的人們所批評，甚至遭受嚴重質疑。如：1956 年 12 月，教育部將第二屆學術文藝獎金頒與陳含光，以其才情聲望，本可謂實至名歸，未料陳含光在 1957 年 3 月 16 日過世，而當日《筆匯》的創刊號又恰巧刊出李辰冬〈評陳含光詩──兼質詢學術審議委會〉一文，質疑陳含光的人格和獲獎資格，遂造成支持與反對兩方的激烈筆仗，引發當時頗爲轟動的「含光詩案」論戰。

　　面對自己的身分遭受世人質疑一事，陳含光曾經有感而發：「喪亂餘生百不宜，畫壏毀瓦只談詩。」〔註 39〕旨在感嘆雖然表面上受到文藝界的擁戴，實則動輒得咎，故表明自己寧願寄情在以詩文書畫維生的清貧生活、徜徉在詩書的浸潤之中，方覺自在，亦是眞正的避禍之道。此外，陳含光在詩學理論上，也頗有成就，〈論詩絕句〉二十首即是詩人最負盛名者。如：〈論詩絕句〉二十之三：

　　　　詩要純情本大難，緣情便可霸詞壇。

　　　　古今流別分明在，始變風騷是建安。〔註40〕

又〈論詩絕句〉二十之十三：

　　　　待向宗門細細探，七情顚倒苦沉酣。

　　　　詩家自是魔非佛，一語爲君來發凡。〔註41〕

詩中所謂「詩家自是魔非佛」一語，正是最令人著迷、心醉之處。詩家之「魔」，是對詩歌創作如癡如醉時的「著魔」境界，意指用情至深之後，酣醉痴狂的眞摯性情。而陳含光論詩，本最主性情，其刻意利用此種迷醉以形容詩人與詩心，實是一種深刻而獨到的見解。此外，「詩人合一說」亦是陳含光著名的一家之言：「詩者，凡人之情也。人之情萬變而不齊，故古今詩迄無一人相似者。」〔註 42〕此語出自陳含光爲祝賀《臺灣詩壇》成立四週年時所撰之文，文章通篇極力反對「離人與詩而二」、「詩者人格當具二重〔註43〕」等詩學觀念。

〔註39〕　語出陳含光：〈論詩絕句〉第二十首。詳參陳含光：《含光詩（下）》（臺北：
　　　　　正中書局，1956 年），頁 175。
〔註40〕　陳含光：〈論詩絕句〉二十之三。參引自陳含光：《含光詩（下）》，頁 168。
〔註41〕　陳含光：〈論詩絕句〉二十之三。參引自陳含光：《含光詩（下）》，頁 172。
〔註42〕　參引自陳含光：《含光詩（上）》之〈序文〉。
〔註43〕　參引自陳含光：〈詩人合一說〉，《臺灣詩壇》第 8 卷第 6 期（1955 年 6 月），
　　　　　頁首。

關於陳含光所提倡的「詩人合一說」，受到時下學者的讚揚，如：汪中即大力盛讚，稱此說實是「眞知詩者矣」〔註44〕。汪中不僅極力讚揚陳含光的詩學理論，也高度稱許陳含光「沉鬱」的詩風特色：「含老留臺之詩，晚尤沉鬱」〔註45〕，認爲此正是陳含光赴臺之後的創作特色。蓋陳含光在戰後初期的臺灣詩壇，本就頗具聲望，不僅積極參與詩壇活動，更擔任《臺灣詩壇》、《詩文之友》、《鯤南詩苑》等詩刊的顧問，在臺灣的詩界著力頗深，張夢機說：「含老的詩，融鑄各家，而自成馨逸，七絕饒有風致，七古則典重雅麗，在當時臺灣詩壇中，被推爲祭酒。」〔註46〕其在詩壇的領袖型地位，已在張氏所論之中自明。

張默君與陳含光頗多唱和，在〈丙申春壽陳含老七十八即次均翁率成四首之一〉對陳含光有以下描述：

> 心隱自然高，山林或城市。文章天下重，長民與輔世。
> 春昭百彙蘇，道經一生二。邦憂同甫情，詩史少陵意。
> 靄靄百人來，龍雲此際會。廣廈敞瓊筵，序齒列位次。
> 丹顏倚綠鬢，武備兼文蔚。神皋大布衣，有德斯有惠。
> 煮酒祝千椿，胡爲發長喟。禹甸終我還，營茲海中地。
> 民生哀多艱，楚客攜危涕。風雨感同舟，萬里佇開霽。
> 天心儻可廻，誓掃陰霾蔽〔註47〕。

詩中點出陳含光以「遺老」身分自居，以半隱的形式爲前朝守節，然而他的詩文爲當世所重，且具「詩史」的特質。此外，〈甲午九日登滬尾山次均含老〉、〈庚寅冬莫雨夕小集寓廬奉簡含光夷午槐邨心畬諸老次均二首〉、〈七日後與賈煜公邀含光夷午槐邨味辛諸老暨親友載赴陽明山野餐疊前均簡同游〉等詩，也可以看出唱和之情形。

（三）其他文人交遊景況

除了于右任和陳含光，張默君渡臺後和鍾伯毅、趙恆惕、溥儒、張維翰、李漁叔、陳定山等人頗多唱和，以下簡述這群來臺文人之生平概要。

〔註44〕引自程發軔編：《六十年來之國學・第5冊》（臺北：國立編譯館，1977年2版），頁241。

〔註45〕引自程發軔編：《六十年來之國學・第5冊》（臺北：國立編譯館，1977年2版），頁243。

〔註46〕張夢機：《思齋說詩》（臺北：華正書局，1977年），頁150。

〔註47〕張默君：〈丙申春壽陳含老七十八即次均翁率成四首之一〉，收入《瀛嶠元音》，頁37。

　　鍾伯毅，生於光緒六年（1880年），湖南藍山人，為清朝及中華民國政治界人物。鍾伯毅曾任清朝湖南諮議局駐會議員，民國元年（1911年），當選為民元國會眾議院議員，1917年，參加廣州護法非常國會，1920年，促成了吳佩孚自衡陽撤軍。1921年，任湖南省財政廳長，支持聯省自治，制訂《湖南省憲法》，後來出席了段祺瑞召開的善後會議。1934年，作為湖南省政府主席何鍵的私人代表駐廬山與蔣中正聯絡，隨後任禁菸委員會委員，安徽、四川等省禁菸特派員。1946年，任制憲國民大會代表。1949年，到臺灣，信仰佛教〔註48〕。

　　張默君因為與鍾伯毅為同鄉之誼，所以在《瀛嶠元音》中頗多詩作，如〈槐邨詩老和予中秋一律疊韻酬之〉、〈八月十六日次槐老中秋韻〉、〈辛卯冬汐靜修院聽慈航上人說楞嚴經次均槐老〉、〈乙未秋鍾槐老讌集木柵郊居〉等詩。而在〈題槐村詩草〉一詩中，頗能看出張默君對鍾伯毅在詩文造詣的肯定：

> 詩冠六經首，無邪思廼昌。為教在平治，綱紀天人常。槐翁匡濟才，
> 抱道　來炎荒。古希健腰腳，雙鬢滄溟蒼。禪宗與吟癖，耽此哀不傷。
> 肫肫發忠愛，疊疊含清剛。玉蘊山中潤，蘭生林下芳。行空逞恢奇，
> 天岸何開張。圓融倚深杪，境化無宋唐。千靈朗幽邃，萬劫逞神光。
> 衰世拯人倫，奚止雄詩邦〔註49〕。

詩中盛讚鍾氏具有匡是濟民之才，詩中充滿忠愛之忱與清剛之氣，字字如山中之玉，竹下之蘭，其詩境之造化，直追唐宋詩人，堪稱詩邦之雄。除了鍾伯毅，在《瀛嶠元音》中〈庚寅冬莫雨夕小集寓廬奉簡含光夷午槐邨心畲諸老次均二首〉、〈七日後與賈煜公邀含光夷午槐邨味辛諸老暨親友載赴陽明山野餐疊前均簡同游〉、〈壬辰春仲陽明山看花偕槐老叔老漁叔定山〉等詩中，可以看出戰後來臺文人雅及的情況。

　　溥心畲，愛新覺羅氏，正紅旗人，恭親王奕訢後裔，字輩溥，光緒帝賜名儒，字心畲，齋號寒玉堂。生於北京。因其詩、書、畫與張大千齊名，故後人將兩人並稱為「南張北溥」。與黃君璧、張大千以「渡海三家」齊名。趙恆惕（1880年～1971年），字夷午、彝五，號炎午。湖南衡山人。1920～1926

〔註48〕郭廷以 沈雲龍 謝文孫 劉鳳翰，《鍾伯毅先生訪問紀錄》，（臺北：中央研究院近代史研究所），1992年。
〔註49〕張默君：〈題槐村詩草〉，收入《瀛嶠元音》，頁39。

年湖南軍政首領。曾任湖南省主席，二次革命和國民黨內反孫中山派系的代表人物之一，爲直系軍閥吳佩孚派系。1951 年來臺，擔任總統府資政。

張維翰（1886 年 12 月 29 日～1979 年 9 月 1 日）字蒓漚，雲南省昭通府大關廳人，中華民國政治人物、法學家。「1950 年（民國 39 年），張維翰來到臺灣。此後，歷任中國國民黨中央紀律委員會委員、政策委員會委員、中央評議委員。1965 年（民國 54 年），升任監察院副院長。1972 年（民國 61 年）5 月至 1973 年 3 月，代理監察院院長。在學術方面，1968 年（民國 57 年）任中華學術院詩學研究所所長，此後歷任中國傳統詩學會名譽理事長、詩經研究會名譽理事長、中國孔孟學會監事、船山學會監事。張維翰善於作詩、書法，晚年研究佛學。

李漁叔（西元 1905～1972）原名明志，以字行，晚號墨堂，湖南湘潭人，日本明治大學畢業，曾任臺灣師範大學、文化大學教授。精詩書，擅畫梅。著有《花延年室詩》、《魚千里齋隨筆》、《風簾客話》、《墨辯新注》、《三臺詩傳》等。

這些文人聚會的情景爲何？在〈七日後與賈煜公邀含光夷午槐味辛諸老暨親友載赴陽明山野餐疊前均簡同游〉一詩中，可以看出當時文人聚會的景況：

> 叢櫻含睇倚高坡，招手吟朋憙載過。
> 爲語花魂須記取，神皋到處泪痕多。
> 曠宇晶瑩吐碧氳，臨流茗話澹於雲。
> 盎然一幅天開畫，掩映人花總不分。
> 掠水廻風海燕斜，踏枝輭語蹴飛花。
> 斷腸遙想烏衣巷，紅淚千家瀽落霞。
> 如茵碧草認岑苔，裙屐翩翩野宴開。
> 少長清娛殊未已，重三脩褉約重來。
> 何須對酒始豪吟，且把雲腴仔細酙。^{雲腴茶名}
> 擧盞問花人欲語，天人厭亂此同心。
> 登山臨水未爲非，辛苦年年作此衣。^{征衣}
> 經野體邦無限意，中興齊唱凱歌歸。

《世說新語》中有「新亭之泣」的典故：「過江諸人，每至美日，輒相邀新亭，藉卉飲宴。周侯。中坐而歎曰：『風景不殊，正自有山河之異！』皆相視流淚。」

這群來臺遺民詩人，在大陸皆爲黨政高層或執藝文界之牛耳，渡臺以後，難免有山河異色之憾，所以在詩句中多所呈顯喪國之痛，如「爲語花魂須記取，神皋到處淚痕多」、「斷腸遙想烏衣巷，紅淚千家澣落霞」等句，都有深刻的遺民情懷。此外在〈庚寅上巳士林新蘭亭禊集即席率賦〉一詩中也寫到：

> 七鯤嵐氣鬱蒼蒼，溟漲花光赴渺茫。
>
> 忍說華林傳賦筆，聊從瀛嶠作流觴。
>
> 野黏芳草凝詩綠，風散幽蘭浴夢香。
>
> 猛憶聽鸝招隱麓，珠喉天壤斷人腸〔註50〕。

張默君在詩序中寫到「二十三年春，常偕翼公聽鸝招隱山，今淘天赤禍，大陸淪胥，憂邦傷逝，能不神愴。」，詩中「猛憶聽鸝招隱麓，珠喉天壤斷人腸」即是此意。

除了與大陸遺民詩人的交遊，張默君來臺之後，也接觸到了臺灣詩壇和臺灣本土，在臺灣本土詩社的詩友唱和中，由於身處臺北的地緣關係，加上瀛社與國民黨政權的互動，張默君自然而然與瀛社詩人交遊較爲密切，由此也可以分析臺灣本土詩社在戰後的發展與轉變。

第二節 《瀛嶠元音》的詩壇參與及瀛社交遊

日治時期，漢詩的創作，成爲瀛社社員溝通官民之間的關係，發揮了媒介者的功能。值得再注意的是這些傳統詩社，在臺灣重回中國統治的時候，以漢詩寫作發揮了構接的功能，許多詩社紛紛與大陸來臺人士進行詩文交流，或共組詩社，或相互酬唱。光復後在臺北市中山堂召開的全國詩人大會，與會者有一千多人，可見其熱絡情況。

而日據時期詩社「維持漢文命脈」的觀點在兩岸政治對立的緊張局勢下又被提出，並將其中的民族意識加以放大，加以強化，有意忽略表露效忠殖民政府的區塊，成爲國民政府與在臺人士可以互相言說的場域。這是臺灣一直缺乏主體性，不得不被迫隨政權轉移而轉向的可悲之處。就瀛社在日據到光復這段期間的發展來看，不僅在提倡漢詩寫作上有其作用，在政治、社會上亦有不可忽視的影響。以下藉由張默君對臺灣詩壇的參與，以及與瀛社詩人的交遊，還原當時來臺詩人與臺灣本土詩社的交流和互動。此外藉此互動關係的權力共構，分析臺北瀛社在戰後的發展與轉變。

〔註50〕張默君：〈題槐村詩草〉，收入《庚寅上巳士林新蘭亭禊集即席率賦》，頁9。

一、張默君與臺灣詩壇

　　民國四十一年（1952 A.D.），全國詩人大會爲了慶祝詩人節，於 5 月 28 日在臺北的中山堂舉行詩會，當時蔣介石總統親筆提字「奠於詩游於藝」，贈予全國詩人大會。會後，省政府主席吳國楨於光復廳宴請全體詩人，據當時的報紙記載，當天到場的來賓除了張默君，還有白崇禧、程天放、蕭自誠、朱家驊、陳雪屏、黃純青、胡商彝、楊嘯霞、林熊祥，謝尊五等多位知名文人，以及各詩社的詩人代表等，共計千餘人出席此次宴會〔註 51〕。詩人節大會一直是臺灣詩人社群的年度盛事，「中國詩人文化會」固定在每年端午節舉辦的詩人節大會，其目的正是希望成立一公開的平台，讓古典詩人能彼此進行交流。而詩刊《臺灣詩壇》即是在民國四十年（1951 A.D.）的端午節創刊，張默君亦受邀而擔任詩刊的編輯顧問。1951 年創刊的《臺灣詩壇》是曾今可所倡議，在，以于右任爲名譽會長、曾今可爲發行人、黃景南擔任經理，初期由曾、黃二人共同負責編輯，後由黃景南獨自挑起編務，曾今可則於 1952 年退出社務。詩刊的編輯顧問群，除了張默君，另有于右任、居正、吳敬恆、賈景德、陳含光、謝雪漁、黃純青、林熊祥、林季丞、陳逢源、吳夢周、林述三、魏清德等人，從參與成員來看，大多爲北臺詩人與政府要員、社會名流所組成。《臺灣詩壇》所選錄的作品，除了本身舉辦的徵詩活動，還包括海外投稿、論詩專文與民間詩社詩人大會或例會作品。〔註 52〕

　　民國四十二年 6 月，張默君參加「癸巳詩人節自由中國詩人大會籌備會」〔註 53〕，與于右任等人參與大會，並幫忙籌備大會事務，並於 6 月 15 日於大龍峒孔廟，一齊參加慶祝大會〔註 54〕。民國四十四年（1955 A.D.），正值乙未年，距離清末臺灣割讓日本，屆滿六十周年，「自由中國詩人大會」於 6 月 24

〔註 51〕　參見《聯合報》，1952 年 5 月 29 日，第 2 版。

〔註 52〕　關於《臺灣詩壇》的資料，參見李知灝：《戰後臺灣古典詩書寫場域之變遷及其創作研究》（國立中正大學中國文學系博士論文，2009 年），頁 71～72。

〔註 53〕　根據當時報紙記載：「臺灣詩壇邀集在臺北詩人，于右任、賈景德、徐傅霖、莫德惠、劉泗英、林熊祥、吳夢周、張默君等五十餘人，日前召開，癸巳詩人節自由中國詩人大會籌備會公推于右任爲名譽會長，賈景德爲會長、林熊祥、陳逢源爲副會長，曾今可爲祕書長、鄭品聰爲總幹事。」參見《聯合報》，1953 年 6 月 2 日，第 3 版。

〔註 54〕　根據當時報紙記載：「癸巳詩人節慶祝大會，於昨（十五）日上午十一時在大龍峒孔廟舉行，大會名譽會長于右任及詩人黃純青、張默君、黃啓瑞等三百餘人出席參加。」參見《聯合報》，1953 年 6 月 16 日，第 3 版。

日在台南市孔子廟舉行大會。張默君亦參加大會，並致贈書畫，作爲大會獎品。詩會當天，並經推選擔任薦卷詞宗〔註55〕。報載如下：

乙未詩人節，自由中國詩人大會，定今（二十四）日在文化古都的南市　孔子廟舉行。報名參加的騷人墨客至二十三日止已達八百餘人，預計參加聯吟者將逾千人。臺北南來參加的于右任、賈景德、梁寒操、張默君、張維翰、張昭芹（八三老詩翁）及名詩家三十餘人，昨晚八時許抵達南市，東部花蓮、台東各地均有詩人報名。自由中國名書畫家于右任、賈景德、梁寒操、張默君、王寵惠、林熊祥、宗孝忱、陳含光、傅狷夫、丁治磐、王壯爲、高逸鴻、曾今可等百餘人惠贈書畫，作爲獎品，大會今日將在忠義國校禮堂公開展覽，爲近年南部文藝界一大盛舉。〔註56〕

此次詩人大會，共有十一名女詩人與會，包括臺灣本土女詩人張李德和、石中英等人亦參加詩會，故當時的報紙以「才媛齊集」記之，可謂盛況空前。〔註57〕張默君在此次全國詩人節大會，亦撰詩以紀，其〈乙未詩人節臺南於孔廟舉行全國詩人大會〉：

海邦文物勝南疆，群彥簪蒲禮素王；

久大鄭明忠愛史，詠歌屈子郢蘂章。

三國畢竟摧狂暴，一德終看制虎狼；

赤崁樓高雄典在，國風千古自泱泱。〔註58〕

除了參與詩人節大會之外，張默君亦多次在重陽節等重要節日，與臺灣本土詩人相互唱和。如：民國四十四年10月，張默君與于右任、賈景德、莫德惠、林熊祥、徐傅霖、狄膺、陳逢源、吳夢周百餘人，於士林園藝試驗所舉行乙未重九詩人登高酒會〔註59〕。

〔註55〕參見《聯合報》，1952年6月25日，第3版。
〔註56〕參見《聯合報》，1955年6月24日，第5版。
〔註57〕根據當時報紙記載：「女詩參加擊缽聯吟的計達十一人，除張默君老詩人外，茲將其餘十人芳名誌左：李德和、石中英、程衡芝、蘇凌雲、吳燕生、薛玉松、關綠茵、黃鸞景、李碧雲、蔡華鎮等人」。參見《聯合報》，1955年6月25日，第3版。
〔註58〕張默君：〈乙未詩人節臺南於孔廟舉行全國詩人大會〉，收入《瀛嶠元音》，頁32。
〔註59〕參見《聯合報》，1955年10月25日，第3版。

　　又民國四十七年 10 月，張默君又與于右任、賈景德、張昭芹、梁寒操、林熊祥、魏清德、琮姚等人，在新北投僑園把酒賦詩，舉辦重陽詩會〔註60〕。由上可知，張默君來臺之後，參與臺灣古典詩壇活動的頻率頗高；而經由報紙刊物，亦可發現，張氏身爲女性詩人，在眾多外省來臺詩人中，享有極高的聲望。

　　民國五十二年，國際桂冠詩人協會，核定中華民國可推薦十名桂冠詩人，經行政院新聞局邀請全國詩人舉行大會，推選于右任、魏清德、林熊祥、梁寒操、曾今可、何志浩六人擔任，並經新聞局函告國際桂冠詩人協會。又民國五十三年，再推薦張默君、李鴻文、彭醇士、吳夢周四人，經當選爲「桂冠詩人」，以補足中國桂冠詩人之餘額。〔註61〕而張默君爲十位桂冠詩人中的唯一女性，雖然日後因故而請辭該頭銜〔註62〕，但是從這樣的公開推選的過程中，已能清楚得見張默君在當時臺灣詩壇的地位了。

二、張默君與瀛社詩人的交遊

（一）李建興

　　李建興爲臺灣煤礦鉅子。字紹唐，臺北縣平溪鄉人。生於光緒十七年十一月十日（1891 年 12 月 10 日）。兄弟六人，建興居長。十八歲時，即設「成德軒書塾」於十分寮，授生徒百餘人，教育地方子弟。 1930 年（日昭和五年）乃舉家遷往礦業重鎮之瑞芳，其居屋取名「義方居」，創設義方商行。迨 1924 年，三井公司以礦源枯竭，擬放棄開採，乃與諸弟創立「瑞三礦業公司」，年產量爲全台之冠，不數年累積大額財富，浸成礦業鉅子，得到日本當局之重視，延其出任瑞芳街協議會員、瑞芳信用組合長等職，儼然爲一財富與名望兼具之地方領袖。1945 年後繼續經營煤礦。並經丘念台之介，加入中國國民黨，出任瑞芳鎮長。三十八年卸瑞芳鎮長職，而婉辭臺北市長之任命。其後出任臺灣省政府顧問、省石炭調節委員會主任委員、省自治協會常務理事、中華日報理事、中央銀行理事、大陸災胞救濟總會理事等職務。曾參加陽明

〔註60〕 參見《聯合報》，1958 年 10 月 22 日，第 6 版。
〔註61〕 參見《聯合報》，1964 年 6 月 2 日，第 2 版。
〔註62〕 根據當時報紙記載：「詩壇部分人士，認爲此項桂冠詩人之選舉，係由少數人包辦，紛紛攻擊，並發表聲明，僅擁戴于右任爲我國唯一的桂冠詩人。現因張默君、何志浩、曾今可等人之相繼聲明辭就桂冠詩人，此一紛爭已漸趨平息。」參見《聯合報》，1964 年 10 月 12 日，第 2 版。

－164－

山國事會談。生平熱心公益，創設瑞芳初級工業學校，及金瓜石之時雨中學，任董事長二十餘年。並捐獻陽明山公園土地三公頃餘，成立財團法人瑞三煤礦福利基金會，年撥專款，獎助學術研究、社會慈善事業和清寒子弟獎學金。民國六十三年端午節，參加全國詩人集會，獲頒匾額，會後與親友宴飲，猝然傾跌，從此老病侵尋，迄七十年九月二十四日去世，年九十一歲，葬於瑞芳「紹斯園」。李氏少受私塾教育，國學造詣深厚，好吟詠，亦長於詩作，曾任中華民國詩人總會會長、瀛社社長，民國六十三年榮膺國際桂冠詩人。其韻語著述有《歐美吟草》、《七渡扶桑紀遊詩》、《紹唐詩集》、《紹唐詩存》等，皆自費刊行，此外尚著有《紹唐文集》、《治礦五十年》、《治礦心得》、《國是芻言》、《日本見聞錄》、《臺灣管制實況》等，又編有《丘念台先生紀念集》一書。

　　張默君來臺之後，與臺灣詩界人士多有密切的交流。來臺之初，便曾經與臺灣的櫟社詩人林獻堂、瀛社詩人黃晴園等人有相互唱和之作，如：〈九月三日林獻堂黃晴園李翼中諸老招集劍潭圓山賓館得庚均〉一詩：

　　　對酒高歌月殿明，聲迴寥廓動長庚。

　　　詩巢嫵媚華胥夢，貝塚荒寒太古情。

　　　閱世教留潭水活，燭天應有劍光橫。

　　　澄平海宇先民志，同挽艱危誓此生。〔註63〕

此外，張默君來臺之後，與臺北瀛社社長李建興，也頗有交遊。其中〈基隆港新秋泛月偕煜老紹唐紹文于正博悟〉一詩云：

　　　應知元氣便為舟，來拾東溟姹嫿愁；

　　　萬片蒼波渺長古，一輪皓月訴靈秋。

　　　同仇士喜雞籠壯，采俗詩因鷺嶼幽；

　　　流籟碧空鷥嘯發，立心天壤總悠悠。〔註64〕

依詩中所謂「同仇士喜雞籠壯」、「立心天壤總悠悠」云云，足見默君與是輩之所以能夠交好、相互禊集酬唱，大抵也是彼此之間志趣相投，並對一些國家政治等議題，皆有共同理想、甚而同仇敵愾，故能彼此互相吸引、連成一氣。此外在〈乙未春莫瀛社孔達生李紹唐二君邀集碧潭竹林後值雨賦簡右任煜如魯恂潤菴四老及同游〉也可以看出張默君與瀛社社長李建興等人存在著互動情形。

〔註63〕張默君：〈九月三日林獻堂黃晴園李翼中諸老招集劍潭圓山賓館得庚均〉，收入《瀛嶠元音》，頁3。

〔註64〕張默君：〈基隆港新秋泛月偕煜老紹唐紹文于正博悟〉，收入《瀛嶠元音》，頁26。

六年待皋栖炎州。遺大投艱奚所求。

孔李二侯逸興發。嘉招羣彥寒潭游。

一舠容與琉璃碎。雲光水色淪吟眸。

清虛差儗神僊府。虯孫雲母相嬝柔。

日鏤無瑕玉有節。風彈不調琴偏幽。

細細生香浴夢綠。娟娟密翠遮天浮。

愛直青玕秉貞亮。潤巖紅泪歌離憂。

渭川千畝契玄賞。翛然坐我瀟湘秋。

靈旗飄動帝子降。中有無限蒼梧愁。

忠愛原是騷人旨。無邪爲教聲詩酬。

千竿萬竿化龍飛。驚雷撼地風颼颼。

雨施雲行尚辰德。斥流毒餤齊掃收〔註65〕。

張默君除和瀛社社長李建興等人唱和之外，在從事相關公益活動或參與相關社團事務也可以看到本土詩人與來臺詩人間協力的景象。如李建興與張默君、莫德惠等人皆擔任中日文化經濟協會的監事〔註66〕，共同參與臺灣與日本文化經濟交流事務。此外，民國四十二年臺灣省各界慶祝四十二年度母親節大會，於中山堂大禮堂舉行，參加者除各縣市及空軍、聯勤等單位推選之模範母親代表一百人外，尚有各機關、團體、學校等代表二千餘人。政府首長及來賓到有黃伯度、桂永清、俞鴻鈞、張默君、鄧傳楷、黃啓瑞等人。據當時報載如下：

> 張默君致詞時，亦強調母愛、母德之偉大。旋請宋瑋達女士報告大陸匪區情形，詞畢，由俞主席頒發模範母親獎狀、獎品，石炭會主委李建興母親李白娘贈送給模範母親每人金戒指一枚，亦由俞主席代爲轉發〔註67〕。

〔註65〕張默君：〈乙未春莫瀛社孔達生李紹唐二君邀集碧潭竹林後值雨賦簡右任煜如魯恂潤菴四老及同游〉，收入《瀛嶠元音》，頁32。

〔註66〕參見《聯合報》1960年12月11日第二版：「會中並選舉第五屆理監事，何應欽、張群、黃朝琴、汪公紀、任覺五、黃國書、尹仲容、陳良、陶希聖、丘念台、劉啓光、余仲剛、鈕先銘、陳固亭、劉兼善、陳勉修、束雲章、瞿荊洲、鄭道儒、謝然之、方治、吳三連、徐柏園，林挺生、黃雪、連震東、許丙、張其昀、翁鈐、王民寧、蕭贊育等卅一人當選爲理事，張維翰、王冠吾、張默君、李建興、楊宣誠、游彌堅、羅萬、莫德惠、馬廷英、陳清汾、朱謙等十一人當選爲監事，最後討論提案，及臨時動議，經決議以大會名義去電日本池田首相致賀。」

〔註67〕參見《聯合報》1953年5月11日第二版。

可見李建興等人以創業家的身份積極參與政府舉辦的社會公益事物的情形，而民國四十一年張默君、彭醇士、李漁叔三氏書畫聯展，也可以到瀛社詩人李建興、林熊祥參與的情況〔註 68〕。

（二）黃純青

黃純青（1875～1956），字炳南，晚號晴園老人，新北樹林人，瀛社成員、薇閣詩社社長。黃純青是一位橫跨清領、日治、戰後之重要文人，其在日治時期曾經擔任臺灣總督府的評議會員，也曾經成立樹林酒廠，1941 年遷居圓山，宅邸名曰「晴園」；戰後歷任臺灣省農會理事長、國語日報社董事長、第一屆臺灣省參議員、省府顧問、臺灣省通志館主任委員等職務。其子黃得時，亦是臺灣文壇中之重要作家與學者。

因爲橫跨數個統治世代，故黃純青以「四朝野老」自稱〔註 69〕，並與林熊祥之兄長林熊徵交誼深厚，在林熊徵亡故之後，其所設的熊徵學田（今日之財團法人林公熊徵學田基金會）其分立之詩社便委由黃純青主持，此即日後的「薇閣詩社」〔註 70〕。此詩社以林熊徵之字「薇閣」命名，由當時已是北臺地方名士的黃純青在戰後初期發起、並擔任社長。

由於林熊徵與國民黨的淵源極爲深厚，蓋林氏 16 歲即加入同盟會，日後更利用其經濟的實力，暗助清末革命。1949 年國民政府遷臺之後，以林熊徵之字號、由林熊祥等人發起、黃純青主持的「薇閣詩社」，與國民政府的親近友好關係依舊，而「薇閣詩社」可謂製造了詩人彼此交誼、互動、競技的機會，於是更順理成章地成爲戰後初期遷臺文人的活動場域，成爲戰後本土與

〔註 68〕參見《聯合報》1952 年 7 月 14 第二版：「七月一日開始，至二日觀者均極擁擠，計到有各界人士賈煜如、莫德惠、趙恆惕、東雲軍、洪蘭友、宋鍔、袁守謙、錢思亮、郭寄嶠、程天放、黃季陸、黃伯度、周德偉、、黃君璧、郎靜山、劉眞、董作賓、姚琮、許丙、陸京士、呂錦花等數千人，於三氏書畫一致推崇讚佩，訂購者已八十餘幀，於古玉亦歎觀止」。

〔註 69〕黃純青曾於詩曰：「不是新人是舊人，四朝野老劫餘身。晴園雅集開梅宴，雪霽詩成筆有神。」詩於四朝有註：「有清一朝、民主國一朝、日本一朝、民國一朝。」據聞因以民主國爲一朝惹起爭議，後改以「三朝野老」稱之，詳參老淘：〈閒話稀見的《臺灣詩報》一卷二期〉，「偶買奇書得舊藏」部落格（2009 年 4 月 30 日）。

〔註 70〕黃純青有〈薇閣詩社緣起〉手稿二頁，寫於 1949 年 10 月 6 日，現藏於國立臺灣文學館，文中有云：「亡友林君薇閣之卒，遺命以產業一部充社會公益，成團體二，曰熊徵學田，曰薇閣育幼院。薇閣詩社則爲紀念薇閣，由學田復分立者也。」參引自許惠玟：〈黃純青與文藝團體的互動〉，《臺灣文學館通訊》第 33 期（2011 年 12 月），頁 126。

遷臺詩人交流的重要平臺、扮演著極爲關鍵的角色，諸如：于右任、阮毅成、陶芸樓、張默君等人，均曾經參與此詩社的活動。劉遠智在〈臺灣詩社的淵源與流衍〉一文中曾描述：

> 在民國三十八年 5 月 4 日，突起異軍，而有薇閣詩社的組織。該社不喜擊鉢，每次對社員的課題，多注重發揚民族精神與詠唱本省名勝古蹟爲原則，對外聯絡內外詩人情感爲要務，三十八年秋的劍潭雅集，三十九年的端午節詩人大會等，都有良好的結果。〔註 71〕

可見薇閣詩社在當時的活動形式與聯誼型態，而來臺詩人阮毅成亦曾經記述了自己親身參與「薇閣詩社」雅集之感想：

> 民國三十八年 9 月 2 日，臺灣薇閣詩社，在臺北圓山飯店，舉行雅集，來柬相邀，遂往參加，此爲我生平第一次以詩人身分被邀，亦爲我來臺後第一次參加詩會，結識臺省詩人黃純青、林熊祥諸先生，至感欣幸。〔註 72〕

阮毅成所記載者，是「薇閣詩社」在 1949 年 9 月所舉辦的「秋夜宴劍潭山雅集」。此次雅集的與會情況，已堪稱盛大熱鬧，諸如：當時的遷臺名士陳含光、張默君、曾今可、鄭曼青、許君武、陳灨一等人，均出席參與；而臺籍本土的詩人林獻堂、陳逢源、魏清德、賴子清、吳夢周等，也到場共襄盛舉。集會之後，詩社人員將席間和詩之作，輯成《板橋詩苑別集》，此次集會雖非全臺性質的詩人大會，卻開啓戰後本土與遷臺詩人正式交流的扉頁。因爲「秋夜宴劍潭山雅集」的盛大與成功，所以也促成「薇閣詩社」能在隔年成爲「庚寅端午節全國詩人大會」的主辦單位。1950 年的這場全國詩人大會，到會者竟多達五、六百人，自然成爲臺灣戰後以詩人大會形式紀念端午之首倡〔註 73〕。

〔註 71〕劉遠智：〈臺灣詩社的淵源與流衍〉，《臺北文獻》直字第 59、60 期（1982 年 6 月），頁 292。

〔註 72〕阮毅成：〈海角鐘聲與春人詩社（上）〉，《中外雜誌》第 34 卷第 4 期（1983 年 10 月），頁 78。

〔註 73〕1951 年，薇閣詩社再度與于右任、賈景德等人，於中山堂協辦「辛卯端午節全國詩人大會」，依賈景德〈辛卯全國詩人大會序〉所載，與會者更高達一千一百五十八人，在當時可謂盛況空前。此乃參引自春夢園叟：〈薇閣詩社〉，《臺北文物》第 4 卷第 4 期（1955 年 11 月 20 日），頁 89。隔年（1952 年）的「壬辰端午節全國詩人大會」則由《臺灣詩壇》雜誌的臺灣詩壇社主辦，地點同在中山堂，仍請于右任、黃純青出面號召，此次人數更眾，據達一千五百餘人，此後 1953 至 1960 年每年的詩人大會，均由臺灣詩壇社主辦，詳參林文龍：〈省文獻會與漢詩關係初探〉，《臺灣文獻》第 59 卷第 2 期（2008 年 6 月），頁 171。

在《瀛嶠元音》中張默君對於參加黃純青的「晴園」聚會，在〈晴園花朝雅集偶成〉有以下描述：

流鶯睍睆媚新晴，付與詩腸鼓吹成。

焰海花魂生栩栩，飛巖泉韻瀉盈盈。

儒文俠武千秋盛，山色潮音百里傾。

美盡東南洛賓主，中興元氣在蓬瀛〔註74〕。

詩中描繪當時本土詩人與來臺文人間唱和之景況，在春日間，百花盛開，啼鶯飛泉的美景下，詩席間賓主盡暢詩懷。此外在〈庚寅上巳士林新蘭亭禊集即席率賦〉〔註75〕也有「忍說華林傳賦筆，聊從瀛嶠作流觴」、「野黏芳草凝詩綠，風散幽蘭浴夢香」之句。此外在〈壬辰九日士林登高〉一詩中張默君也描述兩岸詩人交流的情形：

士林新雨後，濯出青芙蓉。寒波浴皎日，放耀東溟東。炎荒盛文藻，

題碑呈辭鋒。蘭亭勒貞石，千載遲高風。黃華閟馨逸，媚我冰雪容。

詎忍薄言采，一枝長貯胸。林樾欝深碧，不見搖霜紅。凌虛發鸞歊，

流響廻煙鐘。四山清氣來，素心與之逢。外物作天游，消搖元化中。

覷破動靜關，廓然生死悰。抱沖運神槖，通道降毒龍。指日禹疆還，

行看羣魔空。萬端待匡捄，大任嗟無窮。巢經固所願，安得巢雲松

〔註76〕。

1949 年由陳逢源、林熊祥、黃純青、黃得時等創立之「薇閣詩社」係由本土文人成立，隔年即舉辦「庚寅端午節之全國詩人大會」，刊行《庚寅端午詩人大會集》，開啓與來臺文人間交流，同年與于右任、賈景德發起庚寅上巳新蘭亭修禊，各省名詩人薈集士林園藝所，極一時之盛，親撰《新蘭亭記》由賈景德書冊，于右任題款額，「薇閣詩社」刻石，10 月立於蘭亭之左側。張默君在〈壬辰九日士林登高〉的詩序上寫到：「是日薇閣詩社刊立庚寅新蘭亭禊集碑記於亭畔」，詩中寫到：「炎荒盛文藻，題碑呈辭鋒。蘭亭勒貞石，千載遲高風」可窺見當時文人參與的盛況。

（三）揚仲佐

楊仲佐，生於清光緒元年（1875），卒於民國五十七年，享年九十四歲。

〔註74〕 張默君：〈晴園花朝雅集偶成〉，收入《瀛嶠元音》，頁 8。
〔註75〕 張默君：〈庚寅上巳士林新蘭亭禊集即席率賦〉，收入《瀛嶠元音》，頁 8。
〔註76〕 張默君：〈壬辰九日士林登高〉，收入《瀛嶠元音》，頁 20。

楊仲佐譜名「維誠」，別號頗多，有「嘯霞」、「拳山隱者」、「網溪老人」等，網溪為「網尾寮溪洲」之縮稱。他四歲即從父讀書，鄉人目為神童，甚得其父之疼愛與器重，乙未年返廈門，創「培蘭學堂」自任校長。1899 年返台，先後擔任臺北太平公學校教員，臺灣日日新報漢文版記者等工作並為瀛社社員。約 1919 年，仲佐於今址建別墅，於園蒔花養草，尤嗜蘭花，成為名園之一，每屆花季，臺北州之日本達官貴人，台島文人雅士，前來參觀，不絕於途，極一時盛事〔註77〕。莊永明對於網溪別墅有以下的敘述：

> 民國八年士紳楊仲佐（楊三郎之父）結廬在此地，名叫網溪別墅。
> 據說想模仿王維輞川別墅的意境，因種植菊蘭及 奇花異草而聲名大
> 噪。每到花開的季節許多人從對岸的川端町渡河來觀賞，因此形成
> 了月下舟船往返絡繹不絕的奇觀。故有詩云：「乘搓放浪隨鷗去，擊
> 揖高吟載月回；也似東坡遊赤壁，夜深有客共追陪。」〔註78〕。

張默君在《瀛嶠元音》中曾在〈冬莫過網溪別業〉一詩中寫到：「繞屋椰榕翠靄低，虹橋遙臥碧玻璨。倚天焰海花如語，長伴幽人住網溪〔註79〕。」詩中寫到網溪別業繞屋的榕樹和椰子樹，以及碧波千頃的美麗景色。此外，在〈靜莊賞菊次楊歊老均〉一詩中也寫到：「偶訪秋英陶令宅，靜言相對澹如花。捲簾西顧鍾山麓，三徑頹荒日已斜〔註80〕。」詩中描述詩人如賞菊東籬般的逸致，澹遠清雅的閒情。而在〈過楊歊霞詩老網溪別業即次其古稀吟均〉一詩中，張默君對瀛社詩人揚仲佐有以下描述：

> 詩農合卜網谿住，孰得靜中識淵度。白雲光凝鶴髮新，流霞鮮暎
> 童顏駐。自鋤海月栽羣芳，眾香國裏邁吟步。抗心希古長無憂，
> 天際真人旦晚遇。曼衍魚龍任詭譎，灝蕩靈儵託豪素。處士東籬
> 風節道，放志南山欲爲務。羨翁有子丹青才，揮灑自然得天趣。^{哲嗣三郎
擅繪事}
> 冬暄旖旎和於春，絕底明漪鱗可數。呼今吸古發浩歌，淑世百篇
> 歊名句。^{網谿詩集後編，有漫
吟百章，多見道語。}皓首傳經老伏生，^{見連雅堂臺灣通史
尊翁信夫先生傳。}郟藏安得飽殘蠹。
> 肫肫仁孝盛德門，悠久無疆神所護。自維蒼水奇零人，來訪君家
> 草玄寓〔註81〕。

〔註77〕 楊歊霞：《網溪詩文集》，（臺北：龍文出版社，2009 年）。
〔註78〕 莊永明先生著《臺灣紀事（下）》（時報出版社出版 2006），頁 728。
〔註79〕 張默君：〈冬莫過網溪別業〉，收入《瀛嶠元音》，頁 6。
〔註80〕 張默君：〈靜莊賞菊次楊歊老均〉，收入《瀛嶠元音》，頁 17。
〔註81〕 張默君：〈過楊歊霞詩老網溪別業即次其古稀吟均〉，收入《瀛嶠元音》，27。

詩中把揚仲佐比喻爲「詩農」，「自鋤海月栽羣芳」意指楊氏在網溪別墅中蒔花養草，尤嗜蘭花的情景。「處士東籬風節遒，放志南山欲焉務」則比喻揚仲佐其志節有如陶淵明不爲五斗米折腰的靖節，而其採菊東籬寧靜致遠的風雅，則令人佩服。「羨翁有子丹青才，揮灑自然得天趣」則是指其子楊三郎在繪畫藝術的天分和表現。

　　由張默君與瀛社諸人的交遊，可知當時本土詩社與來臺詩人的互動情況，而這樣的互動情形，某種程度也呈顯出戰後詩壇權力板塊位移的情形。面對新的政權，本土詩社的詩人們，很快的發現藉由「傳統詩創作」的書寫場域，是可以爲來臺詩人與本土詩人建立起互動的橋樑，而臺灣本土詩社在面臨政權更迭之際，如何藉由傳統詩的書寫，建構起詩社的社會與人際網絡，進而促進詩社的發展與轉變，其實值得觀察的議題。

第三節　戰後臺北瀛社的發展與轉變

　　施懿琳在〈五〇年代臺灣古典詩隊伍的重組與刊內容變異——以《詩文之友》爲主〉〔註 82〕一文中，探索五〇年代本省詩人與外省詩人交流後的詩壇隊伍重整意義、《詩文之友》詩刊內容的變化及其特色。文中分析臺灣詩壇因爲外省詩人的加入，在權力結構上產生板塊位移的現象。而黃美娥在〈戰後初期的臺灣古典詩壇（1945～1949）〉一文中寫到：

> 語言，是一個鬥爭之場，尤其在國家體制中僅能使用合法語言，所以語言在語言，是一個鬥爭之場，尤其在國家體制中僅能使用合法語言，所以語言在徵用過程中，自有權力的文化邏輯滲透其中。正因爲與日文的差異性，所以古典詩歌的書寫，在戰後初期的臺灣社會語境中，堪稱一種漢文／中文資本，具有某種經濟性。而從日治到國府統治，每個人在重新自我確認時，往往需要各種資源，對於古典詩人而言，舊體詩使用漢字／中文來書寫，因此別具國家語言的合法性與正宗性，遂得以發揮其與新政權、外省文人之間文化交往行爲的資本效益〔註83〕。

〔註82〕 施懿琳，〈五〇年代臺灣古典詩隊伍的重組與詩刊內容的變異——以《詩文之友》爲主〉，收於東海大學中文系編，《戰後初期臺灣文學與思潮論文集》，頁29～60。

〔註83〕 參見黃美娥，〈戰後初期的臺灣古典詩壇（1945～1949）〉收於《二二八事件60週年紀念論文集》，（臺北：臺北市文化局），頁290。

由上可知，古典詩歌的書寫，對本土文人而言是具有經濟性及文化資本效益的，臺灣詩壇在舊體詩的使用與交流過程，為傳統詩社的發展和轉變提供了人脈資源與權力網絡。以下試以臺北瀛社為例，說明其在戰後發展的過程。

自民國 38 年 5 月 20 日起，國民黨政府宣佈臺灣實施戰爭戒嚴，直到民國 76 年 7 月 15 日解除戒嚴為止，為期長達三十八年之久。在兩岸對立、冷戰結構與政治意識形態僵固的政策下，戒嚴期間所施行的「戒嚴法」、「動員戡亂時期懲治叛亂條例」、「檢肅匪諜條例」等法規，箝制了臺灣人民的思想、言論、集會等自由。如民國 38 年修正之戒嚴法第十一條之一，即賦予「戒嚴地域內，最高司令官」有執行「停止集會結社及遊行請願，並取締言論講學新聞雜誌圖畫告白標語暨其他出版物之認為與軍事有妨害者」〔註 84〕的權力。

臺灣戒嚴時期，政府除了進行思想檢查與政治犯囚禁等高壓措施之外，更以權威的國家力量規範語言與文化政策〔註 85〕。在去「日本化」的文化政策下，政府陸續頒佈一系列廢除日文版報紙雜誌、日文唱片、禁用日語寫作、全面禁講日語、塗毀建築物與橋樑日文字樣等法令。這些法令的執行，使得成長於日本殖民時期、接受日文教育、僅以日文書寫、用日文思考以及必須藉由日文書籍雜誌來接觸資訊的台籍人士，陷入「文化沙漠與思想禁忌」的狀態〔註 86〕。在這種言論箝制與思想禁忌的年代，跨越不同政治實體的傳統詩社應如何調適？ 而創立在日治時期的臺北瀛社，在戒嚴時期臺灣特殊的政治脈絡下，又是如何發展？筆者藉由戰後的報紙，企圖釐清以上問題。

一、建立本省與外省詩人的交流網絡

戰後初期，在長期接受日本殖民化的教育下，臺灣人面臨了語言的斷裂現象；民國 35 年 5 月 21 日在《新生報‧國語》，刊載當時擔任臺灣大學中國文學系副教授的吳守禮的〈臺灣人語言意識側面觀〉〔註 87〕一文，吳氏指出，當時臺灣人的語言曾可以分做三階段：老一輩智識人的話語大多是臺灣

〔註 84〕相關戒嚴時期的法令，參見薛月順、曾品滄、許瑞浩主編《戰後臺灣民主運動史料彙編（一）：從戒嚴到解嚴》（臺北：國史館，2000 年）。

〔註 85〕相關語言與文化之政策參考：施正鋒＆張學謙，《語言政策及制定『語言公平法』之研究》，（臺北：前衛出版社，2003 年）。

〔註 86〕劉紀蕙 〈藝術──政治──主體：誰的聲音？──論後解嚴與後八九兩岸當代美術的政治發言〉，《臺灣美術期刊》第 70 期（2007 年 10 月），頁 4～21。

〔註 87〕吳守禮之文章，轉引自黃英哲《「去日本化」「再中國化」戰後臺灣文化重建1946～1947》，頁 41。

話，生活語也是臺灣話，但是語彙中「已經滲入不少日本語和語法了」；中年人「走思路作思想都用日本語的語法」，他們不得不用日語想東西，而臺灣話已經「退到家庭的一個角落」；至於年輕人不但學會日本語，有的簡直不會說臺灣話。

可見戰後初期的臺灣民眾，不僅聽不懂北京話，在日本殖民教育下，有的人連臺灣話都不會講了。面臨這種由日本文化過度到中國文化的轉換期，日治時期即存在的臺灣傳統詩社，恰巧扮演了與外省來臺人士的交流平台。瀛社顧問黃純青〔註88〕在〈臺北市詩社座談會〉一文中，曾說明戰後初期本省詩人與來臺外省詩人交流的情形：

> 民國三十五年五月五日，即光復後一年的端午節，由本人和李翼中、丘念台三人發起，在中山堂召開第一屆「全省詩人大會」，這消息在報紙上發表之後，外籍人士頗為驚疑，有人特來問我，臺灣省人也會作詩嗎？這次「全省詩人大會」舉行時，外省人士也很踴躍參加。
> 〔註89〕

自此，黃純青認為「借詩可以溝通本省人與外省人的感情」，因此努力開拓本省與外省詩人的交流。除此之外，藉由當時相關報刊的記載，也可以看到瀛社當時與外省詩人的交流情形。以民國47年2月11日的《聯合報》為例，記載高雄縣縣長兼《鯤南詩苑》副社長陳皆興與發行人沈達夫，因公來臺北；當時北台詩壇的領導人假臺北會賓樓舉行歡迎宴。根據《聯合報》的刊載，當時與會的來賓有：《臺灣詩壇》名譽社長于右任，社長賈景德，副社長林能祥；《詩文之友》社長張昭芹，《中華詩苑》社長梁寒操、副社長李漁叔；《鯤南詩苑》社長曾今可，「瀛社」社長魏清德，教育部美術展覽會會長馬壽華等十餘人。會後「為迎春雅集，並攝影多幀，盡歡而散」〔註90〕。當時傳統詩壇三大刊物《臺灣詩壇》、《詩文之友》、《中華詩苑》的社長皆是外省來臺人士，而瀛社的出席參加，可見其在詩壇間的與外省詩人社交網絡的綿密情形。另外，在民國47年5月5日的《聯合報》，刊登了于右任八十大壽的晚宴情形：

〔註88〕民國四十二年（1953年）魏清德擔任瀛社社長，推謝尊五、黃純青二人為顧問。參見〈臺北市詩社座談會〉，《臺北文物》第4卷第4期（1956年2月），頁34。

〔註89〕參見〈臺北市詩社座談會〉，同上註，頁12。

〔註90〕《聯合報》1958年2月12日，第2版。

「臺灣詩壇」社長賈景德，「中華詩苑」社長梁寒操，「詩文之友」
社長張昭芹，「鯤南詩苑」社長曾今可，「瀛社」社長魏清德，「心
社」社長林熊祥，中國文藝界聯誼會副會長陳紀瀅等發起，於四
日「五四」文藝節在臺北市中正路悅賓樓公宴于右任院長，祝賀
其八十大慶。到李石曾、何或濬、張其昀、葉公超、蔣夢麟、楊
繼曾、田炯錦等數百人。公推賈景德代表致祝詞，紛紛向右老敬
酒……〔註91〕

在數百多人與會場合中，呈顯當時領導臺灣傳統詩壇的部分核心集團；在賈
景德、梁寒操、張昭芹等大陸來臺的詩壇領導者中，可以看見代表臺灣本省
詩社的瀛社社長魏清德的出席，藉此也可瞭解瀛社在戰後初期，與大陸來臺
之詩人間建立起的良好關係。

　　除了與大陸來臺詩人建立交流的關係，瀛社在創立四十、五十週年的成
立大會，也可見當時黨政高層與外省詩人的參與。如林佛國於〈瀛社簡史〉
一文曾述及：

民國三十八年己丑，三月十三日，瀛社創立四十週年，社友李建興
先生，為兼祝其母白太夫人八秩壽辰，以瀛社名義，召開全省聯吟
大會於瑞三大樓。全省詩人三百餘人出席，于院長右任，祝主席紹
周，梁部長寒操，孔子七十七代孫孔德成等諸先生，自大陸遷臺，
首次與會〔註92〕。

于右任、祝紹周、梁寒操、孔德成等當時政府的黨政要員，自「大陸遷臺，
首次與會」，可見瀛社當時四十週年大會的盛況。又如瀛社創立五十週年大
會，民國48年6月8日的《聯合報》便刊載了當時籌辦大會的情形：

己亥詩人節自由中國詩人大會。本年值逢臺北瀛社創立五十週年紀
念。故由該社主辦，訂本（六）月十日及十一日在臺北市太平國民
學校，舉行慶祝詩人節及瀛社創立五十週年紀念。並慶祝該會會員
滿八十歲以上之于右任、賈景德、鍾槐村、張魯恂、楊嘯霞諸前輩。
會中並表彰該社社員林佛國勤讀五十年成就。現已由該社籌備處，
發柬邀請全國詩人參加……〔註93〕

〔註91〕《聯合報》1958年5月5日，第2版。
〔註92〕林佛國〈瀛社簡史〉，《瀛社創立六十週年紀念集》（臺北：瀛社辦事處，1969
　　　　年），頁11。
〔註93〕《聯合報》1959年6月8日，第2版。

以上可知黨政高層如于右任、賈景德等人參與大會的情形；可見戰後，瀛社在本省詩人與外省詩人的交流中，有著重要的歷史位置，而傳統詩似乎也成為彼此「以文會友」的重要工具。

除了建立與外省詩人交流的場域，瀛社的活動在當時報刊中，也受到相的矚目。如民國 48 年 6 月 12 日的《聯合報》也報導了，瀛社創立五十週年在臺北靜心樂園舉辦詩會的情形〔註94〕。民國 58 年，瀛社創立六十週年，當時的《經濟日報》有以下的報導：

> 李建興先生所主持的「瀛社」，是臺灣歷史悠久的詩社之一，該社為響應復興中華文化運動，並慶祝成立六十週年，已定明後（廿九、卅）兩日，在臺北市民眾團體活動中心舉行全國詩人聯吟大會，屆時當有一番盛況。〔註95〕

而在同年 4 月 1 日的《聯合報》，也記載了創立六十週年大會當日的景況〔註96〕。以上可知瀛社除了建立與外省詩人的交流網絡之外，在當時的報紙也具有相當的能見度。

二、營造良好的黨政關係

除了與外省詩人建立交流網絡，邀請外省詩人加入之外，在戒嚴時期瀛社又建構了何種發展途徑？瀛社現任社長林正三認為，在瀛社的發展過程中，「於社務之推展卓有貢獻者，日治時期當推顏雲年先生，光復後則為李建興先生」〔註97〕。為何李氏對瀛社戰後的發展如此重要？所謂「對社務之推展」所指又是為何？筆者經由當時報刊媒體的整理，還原瀛社社長李建興的個人形象與瀛社的活動樣貌。

李建興加入瀛社，見於大正十三年九月四日之《臺灣日日新報》8733 號

〔註94〕《聯合報》1959 年 6 月 12 日，第 2 版。報載：「臺灣詩社中歷史最悠久的瀛社，昨（十一）日下午一時在靜心樂園舉行詩會，慶祝創立五十週年。由會長魏清德，副會長李建興主持，到會友一百餘人，席上聯吟甚歡，七時始散。」

〔註95〕《經濟日報》1969 年 3 月 28 日，第 4 版。

〔註96〕《聯合報》1969 年 4 月 1 日，第 2 版。報載：「煤礦業鉅子李建興為紀念『瀛社』六十週年，三月廿九、卅日兩天在本市民眾團體活動中心舉行全國詩人聯吟大會。廿九日首唱七律詩題『花朝陽明山覽勝』，次唱七絕詩題『烈士血』……。三十日首唱七律詩題『瀛社六十週年大會誌盛』，……」

〔註97〕參見林正三〈瀛社簡史〉，《臺灣詩壇》第 23 期，頁 129。

之〈瀛社題名錄〉中，當時是由基隆小鳴吟社紹介（推薦）加入。李氏自從加入瀛社後，熱心會務，並於民國 42 年起，擔任瀛社副社長一職。民國 53 年 6 月 16 日，瀛社第三任社長魏清德病逝後〔註98〕；瀛社於該年 7 月 26 日下午一時，在臺北市進出口公會會議室，召開夏季連吟會，「席上對故魏社長默禱一分間，經出席全體社員同意，推選李建興爲該社社長；……，次由李社長及張總幹事起立謙辭，奈以眾意難違，始勉予接受，七時開始聚餐，八時結束。次期將擴大範圍，決定在陽明山公園開聯吟大會」〔註99〕。自擔任瀛社社長，到民國 67 年李建興因病堅辭社長一職，這 15 年之間，李建興善用自己營造的黨政關係，將瀛社在臺灣傳統詩壇的地位，由「北台第一大社」推向全國詩社的龍頭。搜尋當時的報刊媒體，可以勾勒出當時李建興營造的黨政網絡以及豎立「愛國商人」〔註100〕的形象軌跡。

　　戰後，李建興曾任「臺灣石炭調整委員會」主任委員、中央銀行理事、臺灣省政府顧問等要職。而他所經營的「瑞三煤礦公司」在當時開採瑞三、建基、海三等礦坑的煤礦，煤礦年產煤量總計達六十萬公噸，約佔當時全台煤產量百分之十二〔註101〕。雖坐擁鉅礦，然李氏樂善好施，先後捐資興學、建橋、造路、救濟貧困，爲數甚鉅。筆者爬梳當時的報刊媒體，例舉部分事蹟如下：民國 51 年，李氏捐獻新台幣三十萬元，作爲教育部助學貸金之基金〔註102〕；民國 52 年，李建興和弟弟李建和捐獻陽明山公園給政府〔註103〕；民國 55 年，捐獻新台幣八十萬元，作爲「中正科學技術研究講座」基金，並恭祝蔣介石總統八十華誕〔註104〕。民國 57 年，李氏捐資百萬，在其經營的煤

〔註98〕《聯合報》1964 年 6 月 23 日，第 2 版。「臺灣名詩人瀛社社長魏清德，六月十六日病逝，享年七十九歲。魏清德於日據期間主編臺灣新生報前身的『臺灣日日新聞』漢文版二十餘年，富有民族思想，曾至大陸各省，臺灣光復時，作『臺灣光復歌』長詩，曾今可曾爲文讚美，譽爲『足以代表全臺灣詩人的佳作』。」

〔註99〕參見〈騷壇消息〉《詩文之友》第 20 卷第 4 期，頁 60。

〔註100〕《經濟日報》1970 年 12 月 9 日，第 4 版。報稱：李建興爲「愛國企業家」。

〔註101〕《經濟日報》1968 年 3 月 11 日，第 4 版。

〔註102〕《聯合報》1962 年 4 月 23 日，第 4 版。

〔註103〕《聯合報》1963 年 10 月 30 日，第 3 版。報載：「臺灣省礦業鉅子李建興和他的弟弟們已將臺北市郊的陽明山公園，呈獻給蔣總，報答總統的『再生之德』。……陽明山公園李家的私產。總統已批准接受，指定爲公園用，將由陽明山管理局接管。」

〔註104〕《聯合報》1966 年 11 月 6 日，第 2 版。

礦所在地侯硐，籌建瑞三介壽堂〔註105〕；當時參加觀禮者二千餘眾，會後「瀛社社友繼開擊缽吟會以揚風雅，誠極一時之盛會」〔註106〕。同年，李氏為濟貧困及響應國民黨聯合服務，對平溪鄉、瑞芳鎮、雙溪鄉、貢寮鄉四鄉鎮捐獻白米六萬斤以濟貧困〔註107〕。此外，李建興因長年熱心公益，迭蒙政府題頒「嘉惠青年」「輸財好義」等匾額多方。

除了捐資、捐獻地之外，李建興以其豐沛的政商關係，也擔任中日文化經濟交流活動的重要推手。民國55年，日本三井「總領家」第十一代裔孫三井八郎右衛門首次來華訪問，李建興特於圓山大飯店麒麟廳舉行酒會歡迎，介紹與我國政界人士見面。當時前赴參加酒會人士計有嚴家淦、張群、高玉樹等黨政要員五、六百人〔註108〕。又如民國57年，李建興發起重建日本和歌縣的徐福祠，並赴日訪晤當時日本商產業大臣椎名悅三郎等黨政要員〔註109〕。

因為李建興長期對社會公益的投入，以及與政界建立相當良好的關係，在民國53年，李建興捐獻陽明山公園之後，便曾獲得蔣介石的接見，當年1月4日的《聯合報》曾如此刊載：

> 蔣總統昨日上午十一時在總統府召見煤礦業鉅子李建興、李建成、李建川及李建和四兄弟，對於他們四兄弟忠國、孝親、苦學及在工礦事業的貢獻，備加慰勉。

此外，在民國69年12月9日的《經濟日報》也曾刊載李建興八十大壽的宴會情形，當時出席壽筵的有嚴家淦、蔣經國、黃國書、李嗣璁、謝冠生、張寶樹、張群、何應欽、孫科、王雲五、王世杰、張知本、趙恆惕及李石曾等

〔註105〕《經濟日報》1968年3月11日，第4版。報載：「煤業鉅子李建興（瑞三礦業公司董事長）為其煤礦所在地侯硐籌建瑞三介壽堂，業已竣工，並於十日上午舉行揭幕典禮，由李建興主持，經濟部長李國鼎揭幕並致詞。」

〔註106〕《詩文之友》第27卷第6期（1968年4月），頁59。〈騷壇消息〉：瀛社社長李建興先生為本省礦業鉅子，兼有儒家風格，素以取之社會還之社會之意旨下，對於各種社會建設捐獻特多。李夫人黃斯淑女史亦一慈善家，這回響應國民黨聯合服務對平溪鄉、瑞芳鎮、雙溪鄉、貢寮鄉四鄉鎮捐獻白米六萬斤以濟貧困」。

〔註107〕參見〈騷壇消息〉《詩文之友》第27卷第5期（1968年3月），頁57。

〔註108〕《聯合報》1966年03月18日，第2版。

〔註109〕《經濟日報》1968年9月22日，第5版。報載：「李建興今天在東京宣佈，以一億日元在和歌山縣新宮市重建徐福祠的計劃。他曾訪晤通商產業大臣椎名悅三郎，自由民主黨幹事長福田赳夫，眾議院議長石井光次郎，文部省大臣灘尾弘吉，前大藏大臣田中角英和文化局長今日出海。」

黨政高層，與會賀壽的人數更達三千多人，由此可知李氏與黨政各界的良好關係：

> 愛國企業家李建興昨（八）日歡度八十壽辰，他的友好張群、何應欽、孫科、王雲五、王世杰、張知本、趙恆惕及李石曾等，於當天上午九時至十二時在臺北市中山堂光復廳舉行酒會，爲李建興祝賀。蔣總統賜頒「壽」字，嚴副總統頒贈壽詞爲他祝壽。應邀參加酒會的有嚴副總統、蔣經國、黃國書、李嗣璁、謝冠生、張寶樹等黨政首長及各界人士約三千人。

因爲擁有龐大的資產且樂於捐輸，在與大陸來臺的黨政要員建立良好的關係之後，民國 62 年臺北文獻會籌組中國詩社聯合社時，瀛社社長李建興便被推舉爲主席，並擔任第一屆中國詩社聯合社的社長。這個被視爲整合全台詩社的重要歷程，雖然具有相當的政治意涵，卻讓瀛社等同於登上全國傳統詩壇的龍頭的地位〔註110〕。

戰後，林佛國曾述及，瀛社「光復後二十餘年來所需財力之支持，則悉仗李建興先生慷慨獨當其有，裨吾社之綿延光大，洵足稱道〔註 111〕」。民國 86 年 3 月 9 日之《臺灣新生報》，回顧臺北瀛社的發展時，也提及「光復後的瀛社，曾面臨發展瓶頸，多賴前任社長李建興出錢出力，勉力撐持，始能繼續到現在，功不可沒」〔註 112〕。可見李建興良好的政商關係與個人豐沛的經濟資源，爲戰後的瀛社發展，投入更多的經濟與財務的支持，是瀛社發展史上不可忽略的一環。

三、瀛社勢力的拓展

民國 62 年，臺北市文獻委員會擬籌組「中國詩社聯合社」，當時邀請全省二十一縣市的詩社負責人，在臺北中山堂光復廳召開第一回籌備會。各縣市詩社負責人三十餘人出席，會中推舉瀛社社長李建興擔任主席，商訂組織規程及各有關事項。會議中並決定今後由瀛社及臺北市文獻委員會負責進行

〔註110〕簡錦松〈一九九四年臺灣傳統詩社現況調查活動〉一文中提到，中國詩社聯合社是具有高度政治性的團體，而當時參加的人員也存有取得「詩界龍頭」的心態。

〔註111〕參見林佛國〈瀛社簡史〉《瀛社創立六十週年紀念集》（臺北：瀛社，1969 年），頁 13。

〔註112〕參見 1997 年 3 月 9 日《臺灣新生報》之〈臺灣詩壇〉。

籌組工作。翌日，由瀛社社長李建興先生招待並續開擊鉢吟會。同年八月十八日于臺北市中山堂堡壘廳召開創立總會，審議中國詩社聯合社會則，並推選李建興爲社長〔註113〕。此次由瀛社主導對傳統詩壇的整合和組織，讓瀛社儼然取得傳統詩壇的龍頭地位。

民國63年，11月11日起共七天，由中國詩社聯合社舉辦世界詩人大會。11月11日下午五時在圓山大飯店舉行歡迎世界詩人酒會；次日上午九時臺北市中山堂中正廳舉行「第二屆世界詩人大會」開幕典禮，第三天上午舉辦「世界詩人全國聯吟大會」於大龍峒孔子廟。當時國內詩人五百餘名參加，來自世界四十七國，約一百五十名以上之詩人及僑居海外之中國詩人也參加觴詠與觀摩。〔註114〕根據林正三訪問當時與會的瀛社成員王精波，提到社長李建興爲籌辦此次大會，個人捐資了近二百餘萬元〔註115〕，可見其對傳統詩壇投注之心力。

日後，李建興回憶當時籌組「中國詩社聯合社」以及舉辦世界詩人大會時，曾如此說道：

> 六十二年癸丑八月，詩社聯合社成立。揭櫫昌明詩教，鼓吹中興之大義，列名發起者三十餘社，他未及參加者不與焉。翌年甲寅十一月，世界詩人在台召開第二屆大會，全國詩人特舉行歡迎世界詩人全國聯吟大會，介紹我國詩人流風餘韻與詩教之淵源久遠。吾瀛社與同時諸社，駸駸焉列名於世界詩壇之林。觴詠所含，隨性適分，唱酬答贈，及一時之盛〔註116〕。

李氏認爲籌組詩社聯合社以及籌辦世界詩人大會的成功，讓瀛社「列名於世界詩壇之林」，並將臺灣傳統詩壇推向世界舞台。民國63年「世界桂冠詩人協會」以桂冠詩人之榮譽贈送李建興。此外《國際詩界名人錄》編輯協會刪除共產國家之名額，轉贈臺灣省詩人二十個名額。當時與會者認爲「得到此榮譽即紹老之德高望重所然者姑且莫論，亦出於全國詩人大團結之結晶，換句話說客秋舉辦歡迎世界詩人全國聯吟大會之一大成果也」〔註117〕。同年七月，中華詩社聯合社於詩人節舉開「慶祝李理事長紹老榮膺桂冠詩人加冕大會」，由余松博

〔註113〕參見《詩文之友》38卷3期（1973年7月）。
〔註114〕參見《詩文之友》第39卷第1期（1973年11月），頁56。
〔註115〕參見林正三《瀛社社史之整理纂修與研究》（臺北：北市文化局補助研究，2005年），頁213。
〔註116〕李建興《瀛社創立七十週年‧序三》（臺北：瀛社，1979年），頁6。
〔註117〕《詩文之友》第40卷第1期（1974年5月），頁64。

士主持加冕外，並以「李理事長紹老榮膺國際桂冠詩人誌盛」為題分韻。將投稿之詩集成一冊以資紀念〔註 118〕。以上，籌組中國詩社聯合社讓瀛社整合了傳統詩壇；而籌辦世界詩人大會，瀛社將與國際詩壇產生連結同一舞台。

　　由此可見，在戒嚴時期臺灣特殊的政治脈絡下，作為跨越不同政治實體的傳統詩社，瀛社以旺盛的活動力和社會性，建構了外省與本省詩人的交遊網絡；同時在箝制集會與言論的時代，營造良好的黨政關係，並且整合傳統詩壇，籌組中國詩社聯合社；在配合「文化復興運動」的政策下，巧妙的將「文學認同」與「政治認同」相融合。以上的觀察，呈顯出瀛社領導者具有相當敏銳的政治嗅覺，同時也具有相當柔軟的社會適應性，因此能在高壓的政治與社會環境下，尋求臺灣傳統詩社發展的途徑。

第四節　小　結

　　故國之痛、新亭對泣，是歷代遺民共同生命經驗，由這樣的經驗，往往轉化為轉化為藝文創作基調。張默君的遺民詩創作，由於地理環境的的遷徙流動，造就了詩人遺民書寫的脈絡。在詩作生產過程中，漢詩「離散體驗」成為核心。因此，遺民與詩，顯然形成有一個時間與地理相互勾連的軌跡，因此形成張默君的詩，有三大基本主題：一是堅持與追憶反共鬥爭，二是抒發故國之思，復國之志，三是堅決擁護黨國的政治。這類主題的創作，散見於張默君的記遊寫景、時事書懷、題贈酬應的詩作中。

　　此外，詩社「維持漢文命脈」的觀點在兩岸政治對立的緊張局勢下又被提出，並將其中的民族意識加以放大，加以強化，有意忽略表露效忠殖民政府的區塊，成為國民政府與在臺人士可以互相言說的場域。這是臺灣一直缺乏主體性，不得不被迫隨政權轉移而轉向的可悲之處。就瀛社在日據到光復這段期間的發展來看，不僅在提倡漢詩寫作上有其作用，在政治、社會上亦有不可忽視的影響　。在戒嚴時期臺灣特殊的政治脈絡下，作為跨越不同政治實體的傳統詩社，瀛社以旺盛的活動力和社會性，建構了外省與本省詩人的交遊網絡；同時在箝制集會與言論的時代，營造良好的黨政關係，並且整合傳統詩壇，籌組中國詩社聯合社；在配合「文化復興運動」的政策下，巧妙的將「文學認同」與「政治認同」相融合。

〔註118〕《中國詩文之友》第 40 卷第 3 期（1974 年 7 月），頁 62。

第八章　結　論

　　從臺灣文學發展史觀察，50 年代初期，從中國各地渡海來臺的詩人，不僅把中國傳統的文藝經驗帶到臺灣，也著實將個人的國殤與鄉愁皆一併帶入了。這些詩人將戰亂時代的經歷，緊緊聯繫著個人的生活遭遇，從而創作了甚多足以觸動、震撼人心的作品，而張默君即是一鮮明的代表人物，尤其她作為一位國民黨較高層的女性人物，她的心境與創作歷程，更值得吾人細心的考察與探究。

　　本論文在第二章，藉由《臺灣詩選》管窺外省來臺詩人的分布、渡臺書寫與臺灣書寫。並在這群數量頗多的渡臺詩人社群中，為張默君的詩歌創作找出其詩壇的地位與研究價值。曾今可編《臺灣詩選》、賴子清編《臺灣詩海》都有選錄其詩作，而李猷《近代詩選介》與高越天的〈臺灣詩壇感舊錄〉都給予極高的評價。根據顧敏耀的研究，在李猷的《近代詩介》、《紅竝樓詩話》以及《龍蟠詩話》中，屬於臺灣戰後古典詩人的篇章有 34 篇，其中女詩人只有張默君一人。此外，顧敏耀在 2003 年訪問張夢機的時候，曾請張夢機若選出十位臺灣戰後詩作寫得最好的詩人，其中唯一的一位女詩人正是張默君。高越天的〈臺灣詩壇感舊錄〉述述臺灣戰後古典詩壇的期刊論文，提及的臺灣戰後古典詩人多達 101 人，而女性詩人惟有張默君與林寄華。陳慶煌在〈傳統文學式微了？〉一文亦提舉于右任、賈景德、陳含光、張默君、溥心畬、伍叔儻、狄君武、李漁叔、戴君仁、易君左、劉太希、成惕軒等十二人，並曰其「皆足以傳世」，其中唯一的一位女詩人也是張默君。同光派詩人陳三立為張默君《玉尺樓詩》題詞時，高度的讚揚張默君，其認為默君「所為詩，天才超逸格渾而韻遠，為閨媛之卓

縈不群、效古能自樹立者。」，並稱默君之詩作，實是「以濡朱大筆，淋漓寫之，異數美談，夸越前古，固不徒試院唱酬之盛，可傲視歐梅諸公矣。」可見其對張默君詩文的評價之高。此外，同光派詩人之代表的石遺老人陳衍，也曾讚譽張默君之詩作，實為「華實並茂」；陳衍認為，張默君天資穎悟，且「少負俠氣」，而其詩作總是能「推陳出新，脫羈紲而遊行」，可謂「豪傑之士」。而張夢機也曾如是評斷張默君之詩：「正氣呼天，所作古近體詩，皆高華健朗，不讓鬚眉，七言古詩，尤具氣勢」。由上述可知，不論是同光派詩人的評價，或是戰後相關詩集的編選，以及近代詩人對其詩歌藝術的肯定，張默君在臺灣詩壇實佔有重要的地位。

在第三章，描述張默君的生平事蹟與詩歌創作的藝術觀點。張默君生在封建統治、國家積弱不振的朝代，目睹外強相繼入侵；出生那年正值中法戰爭，十歲時中日戰爭爆發，隔年清廷與日本簽定馬關條約；十六歲時，八國聯軍發動侵華戰爭，隔年「辛丑條約」簽訂。這是個喪權辱國的年代，同時也是各種新舊思潮交替、風起雲湧的關鍵時刻，少女時期的張默君，即目睹戊戌變法、實務新政的推動與失敗；風聞義和團事件、以及投身同盟會，參與辛亥革命後的蘇州光復，成為舉國皆知的巾幗英雄；在這新舊朝代交替、山河板蕩的時代裡，造就她一生不平凡的經歷。張默君雖然出生於傳統士大夫家庭，不過其父母卻能採取較新式開明的教育，使她早年即有意識地勇敢挑戰封建體制，打破傳統舊思維；身為女性，更是試圖衝破性別框架，解放性別桎梏，以爭取女性主權。綜看張默君的一生，可以經由三個階段，分別剖析這位跨越舊時代的新女性；其一，是早年的投身革命事業。其二，是與丈夫邵元沖的傳奇戀情。其三，是晚年來臺後的抑鬱悲涼。而在詩歌藝術創作方面，張默君在其82年的人生歲月中，經歷了中國近現代歷史上的種種變革，以及文學思潮的流變，她不僅是清末民初的現代女性思潮之代表人物，更是戰後來臺古典詩人的典範，她一生以詩文和教育事業相伴，在學人和政治家之間不斷的徘徊，此是邵瑞彭在為張默君《紅樹白雲山館詞》作序時曾云：「默君本非常人，值此非常之境，復葆此非常之才之學。」以此語總結了默君的一生和她的文學創作。而筆者撰著之旨，也正在張默君的其人其詩，作一系統性、概論性的總結，讓這位清末明初以來的才女、以筆為劍的俠女，其人物的經歷與行誼；其作品的藝術價值，能有一清楚的歷史定位。

在第四章在於定位張默君渡臺前詩歌創作的藝術表現，張默君的詩歌風格，大致上可以簡單區分成「清麗雅淡」與「悲壯遒勁」兩種。前者如：〈海門疊門存均〉中的「謹謝塵機遯海門，寒鴉流水澹孤村」，其構境清雅，大有六朝風味；後者如〈弔黃花崗〉詩之「大漢鬼雄七十二，精魂直欲走雷霆。」兩句，其造語雄渾、氣蘊深厚，與一般吾人印象中、尋常的閨秀詩相比，絕不相類。不過，若是仔細地依照張默君詩集的出版時間、題材與內容，考察張默君寫作風格與特色上的變遷，則其詩歌創作大致上可以分為三個時期：第一，早期作品勇於轉向，故能多方面發展。第二，中期作品由於國家與個人等因素，造就出兼具了慷慨沉鬱與清麗飄逸的詩風特色。第三、晚期作品則是在多重因素與影響之下，有回歸早期風格的傾向。上述三個階段性分期的時間分界點，主要以 1936 年與 1949 年為斷點：早期作品，主要以默君五十三歲以前、亦即 1936 年之前為主。中期作品，主要以默君五十三歲到六十五歲間、亦即 1936 至 1948 年為主。早期作品以七言詩較多，其早年學詩多從魏晉詩入手，益之以家學淵源、拜師交友等多重影響之下，詩風雖然多變，但魏晉清剛俊雅的風韻、力求真實情感的堅持，仍是顯而易見。中期作品大多沉鬱頓挫，或者感時傷逝、或者悼古哀今，蓋此時默君正遭遇國家與人生的雙重劇變，即便時常游走於名山大川，然心仍緊繫國運蒼生。默君晚期則偏愛五言體，此時雖然應酬之作增多了，不過仍有不少「懷鄉」與「哀悼」的主題，此是默君晚期最具藝術價值之作，且默君晚期的作品，大抵思致深遠，意境開闊，但是總讓孤獨之感和忠愛之情相互交織，不僅思想極為複雜，詩風也在略帶蒼涼之際，有回歸早期風格的傾向，是知其宗法已不拘一派、一人，而真正自成一格了。

從第五章開始，探討張默君渡臺以後的詩歌創作，首先藉由本文利用政治寫作主題，將《瀛嶠元音》中所收集之政治書寫詩作，區分作五大類，並分別敘述其內容、風格與特色等，作進一步的分析與論述。此外，亦特別將研究視角放置在 1949 年前後，臺灣政治圈、文學藝術圈的反共思潮與愛國情懷等，以標舉張默君身處此種文學環境中，其詩作所透顯出來的特殊性。希冀此種研究方式與視角，能讓張默君赴臺之後的生活、心境、交友等課題，得以出現一清晰之輪廓，並企盼張默君在戰後臺灣詩壇的特殊性，以及其詩作的藝術價值，亦因此而得以彰顯。《瀛嶠元音》中的政治主張之書寫，清楚觀察到張氏對反共立場的堅定，以及對國民黨政權的高度擁護；至也在如此

的過程中，透過本文的論述和引舉，得以清楚地呈現出來。身為戰後來臺、且在政壇與詩壇皆佔有一席之地的張默君，並未隨著國民黨政權的刻意提倡，從而讓個人的詩歌創作僅剩「政教」而無「文教」。反之，默君十分重視詩歌的文學價值與道德教化，也時時可見其欲弘揚「中國固有之學」與振奮民族精神的努力，所謂立極、樹人、詩教、母教云云，均授意於此。張默君在戰後臺灣詩壇的特殊性，是能夠將「反共」／「懷鄉」／「國殤」三者，視作一體三面的文學關係，並將此三類寫作主題，毫無縫隙地融鑄在詩篇之中，此自是《瀛嶠元音》中的大多數詩作，能夠兼具遭逢國殤之憤、懷鄉思親之痛、反共復國之企盼。張默君詩歌的特色與價值，對照在如此的政治環境與文學發展等時空背景之下，其相異於其他詩人之不凡的特殊性，卻得以油然自見。

在第六章主要探討張默君在詩歌創作的藝術特質，特別著眼於性別跨越與陽剛書寫。張默君在早年創作傳統詩歌時，即呈現出陽剛書寫的特質；如參與辛亥革命時，所撰之〈辛亥秋侍家君光復吳門後主辦江蘇大漢報次均會徐小淑詩見今存大漢報〉一詩，即有：「地動殺機龍起陸，天開霧障劍橫秋」、「誓將肝膽連秦越，差幸文章絕比偉」等句。此外在〈自題倚馬看劍圖〉亦云：「劍魄珠光回斗宿」、「豈云衛國男兒事」。來臺之後，張默君陽剛書寫的特質依然明顯；分析其主要原因三。一、個人自我形象的認知，二、女權運動的參與，三、國民黨政府來臺後對於文藝政策的箝制和推展。 張默君因遭逢國家淪亡之痛，以及思鄉懷親之苦，其內心更為憤懣、悲涼。在她的詩作中，有離散主題的呈現、也有政治主張方面的書寫，以及個人生命的詠歎。這些晚年的詩作，受到個人生命特質的自然呈顯、新時代思潮的激盪，以及國民黨政府在臺灣推行「戰鬥文藝」、「反共文學」等的影響，使張默君的詩作，充滿詩人獨特的個性以及陽剛的特質。這種陽剛的書寫，同時也呈顯出大陸來臺的外省詩人，其特有的生命經驗及歷史傷痕。職是，吾人若重新還原張默君晚年詩作的文學風貌，正可以突顯出這位歷經辛亥革命、護法戰爭、中日戰爭、國共內戰的女性詩人，在臺灣古典文學系譜上，展現出來的風格特色迥異、而且思想內涵豐富的文學風華。

在第七章藉由《瀛嶠元音》中的詩文唱和，建構張默君來臺後的詩文交遊與詩壇參與。自 1945 年開始，由大陸渡海來臺的詩人們，與臺灣本土詩人自然開始交流、互動，古典詩的創作成為這兩個社群交流的場域，而其中牽

動的權力位移與傳統詩社的轉變,更是值得觀察。本章節由整理張默君與來臺詩人及本土詩人的交遊,進而觀察傳統詩社的轉變。此外大陸文人參與本土詩壇也是本章的重點。日據時期詩社「維持漢文命脈」的觀點在兩岸政治對立的緊張局勢下又被提出,並將其中的民族意識加以放大,加以強化,有意忽略表露效忠殖民政府的區塊,成為國民政府與在臺人士可以互相言說的場域。這是臺灣一直缺乏主體性,不得不被迫隨政權轉移而轉向的可悲之處。就瀛社在日據到光復這段期間的發展來看,不僅在提倡漢詩寫作上有其作用,在政治、社會上亦有不可忽視的影響。在戒嚴時期臺灣特殊的政治脈絡下,作為跨越不同政治實體的傳統詩社,瀛社更以旺盛的活動力和社會性,建構了外省與本省詩人的交遊網絡;同時在箝制集會與言論的時代,營造良好的黨政關係,並且整合傳統詩壇,籌組中國詩社聯合社;在配合「文化復興運動」的政策下,巧妙的將「文學認同」與「政治認同」相融合。以上的觀察,呈顯出瀛社領導者具有相當敏銳的政治嗅覺,同時也具有相當柔軟的社會適應性,因此能在高壓的政治與社會環境下,尋求臺灣傳統詩社發展的途徑。

承上所論,本文的考察與研究,張默君作為清末民初的思想先進女性,從小接受古典文學的薰陶,雖然一生多以舊體作詩,從而沿襲傳統舊式的寫作手法,卻能在詩文之中,不斷灌注新穎的思想內容,觀察默君的詩作,足以見得其在早期即創作了大量的感時傷懷、憂國憂民的詩篇,對政治時局的不滿與憤懣、對為了國家犧牲的先烈英靈之憑弔與懷念;風格的雄渾頓挫、語氣的慷慨激昂,皆在其詩作中,有充分的展現。不過,如此缺少女性閨閣之氣的風格中,在與丈夫邵元沖同遊、懷想在異地工作的丈夫,以及夫婦之間的唱和聯句中,也偶有出現一些較為細膩溫婉之作,此足見張默君詩風特色的多元性。

待至丈夫遇難身亡,益之以遭逢國殤之憤恨,以及親人故友的相繼隕歿,詩作風格又一變而再轉化為較為沉鬱、讀來較似低吟泣訴之風韻,但若是遇上足另張默君欣喜,諸如:國民黨政權的短暫勝利、反共人士投奔自由、女子應試上榜等,仍偶而能有一些語氣鏗鏘的詩篇。不過,大抵而言,默君晚年赴臺之後,隨著個性與寫作的趨於老成與老練,年輕時期的鋒芒畢露,已逐漸消失,即便當時她已是名揚海內的女傑;在政界、文化界,也皆是舉足輕重的人物,但畢竟人生境遇已發生了很大的變化,益之以外界的文化、政

治壓力等,其詩文在思想內容、風格藝術上,都產生極大的變遷,故晚年的
題贈類、應酬類、憑弔類、寫景記遊類等詩作,大多不再具有強烈的意氣風
發、親痛仇快之氛圍,取而代之者,往往是滿腔的孤憤、痛楚與不堪,且此
時的作品,筆力老到、情感駕馭成熟,實已自成一格;宗法不拘一家、一人,
惟心境仍一貫的追步楚騷與船山,此在本文中,皆有清楚的論述。

　　張默君作為擁有新式婚姻、思想開明家庭生活觀念的時代女性,著實讓
其眼界徹底的擴大,是故其詩歌中,處處體現了歷史銘刻下的女性印記,更
讓近代中國社會幾十年的風風雨雨,盡數囊括其中,她將作品緊繫著時代興
衰、社會治亂、民族興亡等,其對國事的傷懷與人性的悲憫,投射出詩人詮
釋歷史的位置與角度;她的詩歌創作,實是近代中國的國家記憶與歷史記憶。

主要參考書目

一、古籍文獻

1. （漢）司馬遷撰，（唐）張守節正義：《史記三家注》，臺北：七略出版社據清乾隆武英殿刊本影印，1992 年，二版。

2. （漢）班固撰、（唐）顏師古注：《漢書》，臺北：粹文堂（明倫出版社），出版年份不詳。

3. （漢）許慎撰、（清）段玉裁注：《說文解字注》，臺北：洪葉文化，2001 年。

4. （唐）李延壽撰：《南史》，臺北：藝文印書館印行，1956 年。

5. （宋）朱熹：《四書章句集注》（臺北：大安出版社，1999 年）。

6. （明）程登吉撰，葉玉麟註解：《幼學瓊林》，臺南：大夏出版社，1983 年。

7. （清）永瑢、紀昀等纂：《文淵閣四庫全書》，臺北：臺灣商務印書館，1986 年。

8. （清）徐珂：《清稗類鈔》，上海：商務印書館，1928 年。

二、專書

1. 王仰清、許映湖標注：《邵元沖日記》，上海：上海人民出版社，1990 年。

2. 伍非百：《墨辯解故》（北京：中國大學晨光社印行，1923 年。

3. 朱小平：《現代湖南女性文學史》，長沙：湖南師範大學出版社，2005 年。

4. 江寶釵等：《臺灣全志（文化志─文學篇）》，臺北：國史館臺灣文獻館，2009 年。

5. 余幸娟：《離開大陸的那一天》，臺北：久大文化，1987 年。

6. 李炳南：《李炳南老居士全集》，台中：青蓮出版社，2006 年。

7. 李鑄晉：《鵲華秋色》，臺北：石頭出版股份有限公司，2003 年。

8. 沈雲龍、林泉、林忠勝訪問，林忠勝記錄：《齊世英先生訪問記錄》，臺北：中央研究院近代史研究所，1993 年。

9. 孟祥翰等：《臺灣全志（文化志一文化行政篇）》，臺北：國史館臺灣文獻館，2009 年。

10. 胡迎建：《一代宗師陳三立》，南昌：江西高校出版社，2005 年。

11. 胡迎建：《民國舊體詩史稿》，南昌：江西人民出版社，2005 年。

12. 徐鵬緒：《中國近代文學史綱》，北京：中國社會科學出版社，2004 年。

13. 國民革命建軍史編輯委員會：《國民革命建軍史》，臺北：國防部史政編譯局，1993 年。

14. 張玉法、陳存恭訪問，黃銘明記錄：《劉安祺先生訪問記錄》，臺北：中央研究院近代史研究所，1991 年。

15. 張茂桂等著：《族群關係與國家認同》，臺北：業強出版社，1993 年。

16. 張健：《志同道合：邵元沖、張默君夫婦傳》，臺北：近代中國出版社，1984 年。

17. 張翰璧等：《臺灣全志（社會志一經濟與社會篇）》，臺北：國史館臺灣文獻館，2006 年。

18. 張默君撰，中國國民黨黨始委員會編：《張默君先生文集》，臺北：中華印刷廠，1983 年。

19. 張默君撰：《大凝堂集》，臺北：中華叢書編輯委員會，1960 年。

20. 郭延禮：《中國文學精神（近代卷）》，濟南：山東教育出版社，2003 年。

21. 陳三立著，潘益民，李開軍輯注：《散原精舍詩文集補編》，南昌：江西人民出版社，2007 年。

22. 陳芳明：《臺灣新文學史》，臺北：聯經出版社，2011 年。

23. 陳槻：《詩人陳衍傳略》，臺北：臺北市林森文教基金會，1999 年。

24. 彭瑞金：《臺灣新文學運動 40 年》，臺北：自立晚報文化出版部，1991 年。

25. 曾今可：《亂世吟草》，臺北：臺灣詩壇，1948 年。

26. 曾今可編：《臺灣詩選》，臺北：龍文出版社，2006 年。

27. 黃美英：《臺灣媽祖的香火與儀式》，臺北：自立晚報社文化出版部，1994 年。

28. 黃英哲：《「去日本化」「再中國化」戰後臺灣文化重建 1945～1947》，臺北：城邦出版社，2007 年。

29. 楊力行：《中外古今女傑》，臺北：海岱書局，1951 年。

30. 葉石濤：《臺灣文學史綱》，高雄：春暉出版社，1996 年。

31. 齊邦媛：《千年之淚》，臺北：爾雅出版社，1990 年。

32. 劉心皇編：《當代中國新文學大系——史料與索引》，臺北：天視出版事業公司，1981 年。

33. 劉登翰：《臺灣文學史》，福建：海峽文藝出版社，1993 年。

34. 鄭喜夫：《臺灣先賢烈專輯（第四輯）林朝棟傳》，臺灣省文獻委員會印，1979 年。

35. 繆鉞等人：《宋詩鑑賞辭典》，上海：上海辭書出版社，1987 年。

36. 薛海燕：《近代女性文學研究》，北京：中國社會科學出版社，2004 年。

37. 欒梅健：《民間的文人雅集：南社研究》，上海：東方出版社，2006 年。

三、單篇期刊

1. 王梓良：〈南社詩人多奇才（2）——陳其美、徐自華姊妹、呂碧城、張默君、葉楚傖、于右任〉，《中外雜誌》第 31 卷 6 期，1982 年 6 月，頁 81〜85。

2. 何藝兵：〈民國才女張默君〉，《文史春秋》第 12 期，2004 年 12 月，頁 49〜50。

3. 余力文：〈民國女傑張默君〉，《世紀行》第 7 期，2002 年 7 月，頁 36〜38。

4. 吳智梅：〈三湘女傑張默君〉，《中外雜誌》第 35 卷 4 期，1984 年 4 月，頁 19〜21。

5. 李志新：〈革命先進張默君先生〉，《湖南文獻》第 11 卷 4 期，1983 年 10 月，頁 25〜28。

6. 李棟明：〈居臺外省籍人口之組成與分布〉，《臺北文獻》，第 11、12 期合刊，1971 年，頁 62〜86。

7. 沙門本慧：〈慈暉永沐偉業長昭——紀念先義母張默君先生〉，《近代中國》第 36 期，1983 年 8 月，頁 82〜91。

8. 阮毅成：〈張默君女士遺札〉，《湖南文獻》第 12 卷 1 期，1984 年 1 月，頁 35〜37。

9. 阮毅成：〈張默君女士遺札——張默君女士百年誕辰紀念〉，《大成》第 118 期，1983 年 9 月，頁 2〜7。

10. 周蜀雲：〈追懷張默君先生〉，《中外雜誌》第 16 卷 2 期，1974 年 8 月，頁 18〜23。

11. 林秋敏：〈張默君傳〉，《近代中國》第 100 期，1994 年 4 月，頁 222〜227。

12. 姚谷良：〈偉大的張默君先生〉，《中國一周》第 355 期，1957 年 2 月，頁 3〜4。

13. 思聖：〈彤管衡文第一人：張默君〉，《湖南文獻》第 12 卷 1 期，1984 年 1 月，頁 38～39。

14. 胡有瑞等人：〈張默君先生百年誕辰口述歷史座談會紀實〉，《近代中國》第 36 期，1983 年 8 月，頁 65～81。

15. 孫吉志：〈1949 年來臺古典詩人對古典詩發展的憂慮與倡導〉，《高雄師大學報・人文與藝術類》第 31 期，2011 年 12 月，頁 93～118。

16. 秦燕春：〈情深而文明—張默君的鄉邦記憶與詩骨清剛〉，《書屋》第 4 期，2011 年 4 月，頁 1～8。

17. 馬振犢：〈邵元沖與張默君〉，《民國檔案》第 1 期，1986 年 1 月，頁 119～120。

18. 張壽平：〈藝文小品：張默君書〈自勵〉詩二首之一手卷〉，《公務人員月刊》第 113 期，2005 年 11 月，頁 51～53。

19. 陳哲三等人：〈中華民國七十二年屆滿百齡先烈先進事略〉，《近代中國》第 38 期，1983 年 12 月，頁 165～173。

20. 彭醇士：〈張默君先生家傳〉，《湖南文獻》第 5 期，1971 年 8 月，頁 102～103。

21. 馮月華：〈民初女傑郭堅忍和張默君〉，《民國春秋》第 5 期，1999 年 5 月，頁 24～25。

22. 黃美娥：〈戰後初期的臺灣古典詩壇（1945～1949）〉，收入《「紀念二二八事件六十週年」學術研討會論文集》，臺北：中央研究院臺灣史研究所主辦，2007 年 2 月，頁 1～17。

23. 施懿琳（2005），〈五〇年代臺灣古典詩隊伍的重組與詩刊內容的變異——以《詩文之友》爲主〉一文收於東海大學中文系編《戰後初期臺灣文學與思潮論文集》，（臺北市：文津出版社），頁 29～60。

24. 廖振富（2005），〈與「二二八事件」相關之臺灣古典詩析論——以詩人作品集爲討論範圍〉，《臺灣文學研究學報》第一期，頁 109～168。

25. 董俊玨：〈陳三立與近代女詩人張默君的文學因緣〉，《長春工業大學學報（社會科學版）》第 25 卷第 6 期，2013 年 11 月，頁 98～100。

26. 劉峰：〈非常之人值此非常之境——南社女傑張默君詩歌創作歷程談〉，《中南大學學報（社會科學版）》第 16 卷第 3 期，2010 年 6 月，頁 121～124。

27. 劉峰：〈晚清女性作品中的英雄氣力與慧心抒寫——以女傑張默君詩詞爲個案〉，《湖南科技大學學報（社會科學版）》第 13 卷第 4 期，2010 年 7 月，頁 98～100。

28. 劉紹唐編：〈民國人物小傳・張默君〉，《傳記文學》，第 155 期，1975 年 4 月，頁 99～100。

29. 劉紹唐編：〈民國人物小傳・曾今可〉，《傳記文學》，第266期，1984年7月，頁139～140。

30. 蔣勵材：〈張默君先生的革命精神〉，《近代中國》第37期，1983年10月，頁198～201。

31. 魏詩雙：〈懷念張默君女士〉，《中外雜誌》第20卷6期，1976年12月，頁105。

四、學位論文

1. 王惠姬：《中國現代化的推手——以留美實科女生爲主的研究（1881～1927）》，國立中正大學歷史研究所，博士論文，2006年。

2. 李君山：《全面抗戰前的中日關係——自九一八至青島事件》，國立臺灣大學歷史學研究所，博士論文，2001年。

3. 林香伶：《清末民初文學轉型期的標誌——南社文學研究》，國立臺灣師範大學國文研究所，博士論文，2002年。

4. 姚蔓嬪：《戰後臺灣古典詩發展考述》國立臺灣師範大學國文學系，博士論文，2012年。

5. 洪英雪：《文學、歷史、政治與性別——二二八小說研究》，東海大學中國文學系，博士論文，2006年。

6. 陳康芬：《政治意識形態、文學歷史與文學敘事——臺灣五〇年代反共文學研究》國立東華大學中國語文學系，博士論文，2006年。

7. 劉峰：《張默君詩歌研究》，湖南大學中國語言文學學院，碩士論文，2009年。

8. 吳品賢，《日治時期臺灣女性古典詩作研究》，臺灣師範大學國文系碩士論文，2001。

附錄：張默君年譜

1884　清光緒十年　甲申

　　張默君生於九月六日（舊曆）。出生在湘鄉二都湘西鄉（今龍洞鄉）的士大夫家庭。出生時其父伯純公正擔任兩江學務督辦，以光大漢族之意爲女兒取名「昭漢」，字漱芳，乳名寶蝸。

1885　清光緒十一年　乙酉

1886　清光緒十二年　丙戌

1887　清光緒十三年　丁亥

　　默君四歲，讀唐詩三百詩，兼學作聯語。

1888　清光緒十四年　戊子

　　默君五歲，續讀詩卷，聯語已近至五、六字對。

1889　清光緒十五年　己丑

　　默君六歲，李太老夫人逝世，隨諸叔入家塾就學。

1890　清光緒十六年　庚寅

　　默君七歲，爲姊纏足事向母親投訴，暢論放足的道理。幼年的張默君對徹底廢除女子纏足的道理進行闡釋，使張伯純大爲詫異。

1891　清光緒十七年　辛卯

1892　清光緒十八年　壬辰

　　默君九歲，回應李佳白牧師，參與天足會，並作《天足吟》。

1893　清光緒十九年　癸巳

　　默君十歲，仍在家讀書、寫詩。

1894　清光緒二十年　甲午

1895　清光緒二十一年　乙未

1896　清光緒二十二年　丙申

　　默君十三歲，隨父遷居長沙，學詩，學經史子集，又開始習字。

1897　清光緒二十三年　丁酉

　　紹元沖父大昌歿，依母屠太夫人以居。

1898　清光緒二十四年　戊戌

　　默君十五歲，讀王夫之遺書。

1899　清光緒二十五年　己亥

1900　清光緒二十六年　庚子

　　默君十七歲，居淞滬，面對大規模的侵華戰爭，帶著滿腔義憤讀岳飛、文天祥、史可法、鄭成功、張煌言、戚繼光、黃石齋、俞大猷等人傳記，感慨泣下，已有革命救國之思。其父在上海與章太炎等發起「張園國會」。

1901　清光緒二十七年　辛丑

　　默君十八歲，就學於金陵養正女學校，兼授附小文史倫理，發揮愛國思想。又入匯文女學攻英文，一人而兼為教師、兩校學生古今少有。兩江總督劉坤一、魏光燾四點水先後把督辦兩江學務，兼編纂學務雜誌的任務交托給伯純公，默君有詩記之，《辛醜秣陵秋興敬次兩大人門存韻即奉伯嚴石公伯韜諸丈》。本年，在南京，另著有《辛醜金陵丘夜大姊卻寄湘中》。

1902　清光緒二十八年　壬寅

　　默君十九歲，讀《皇帝魂》、《獅子吼》、《訄書》、《革命書》、《仁學》、《洞庭波》、《浙江潮》、《女學報》等革命之志益堅。

1903　清光緒二十九年　癸卯

　　默君二十歲，仍在養正女學校讀書。

1904　清光緒三十年　甲辰

默君二十一歲，欲負笈春申而窘于資，賴太夫人典質而成行，考入務本女學師範本科。與秋瑾、龔煉百等革命黨人暗通消息。

1905　清光緒三十一年　乙巳

默君 22 歲，伯純公入同盟會，默君仍在上海務本女學讀書。八月 孫中山聯合在日本的各革命團體在東京成立中國同盟會，孫中山被推為總理。12 月 26 日，張伯純加入同盟會。

1906　清光緒三十二年　丙午

元沖 17 歲，加入同盟會。默君 23 歲，加盟中國革命同盟會，父女同為同盟會會員。秋瑾自日本返，訪默君於務本女學。6 月 17 日加入同盟會，與秋瑾、趙聲等在江浙一帶進行革命活動。

1907　清光緒三十三年　丁未

默君 24 歲，秋瑾複訪，未遇，不久，7 月 15 日清晨四時，秋瑾在紹興古軒亭口英勇就義。默君為之痛苦累日，「勢必為秋姊復仇，為民族盡孝」。後在臺灣省有《吊鑑湖女俠秋璿卿疊前韻》。本年張默君以第一名的成績畢業於務本女學後，即被委聘擔任江蘇粹敏女學教務長一職，在學科設置、學校管理、訓導等方面多有革新。

1908　清光緒三十四年　戊申

默君 25 歲，於粹敏女學業管理訓導，多所興革，又增設中學，並於江寧倡設模範小學十四所。默君擬謀炸端方未果。

1909　清宣統元年　己酉

默君 26 歲，與黨人龔煉百等交，被察覺。於危急之際與母親將槍械十餘箱沉入戶後深塘，免遭一劫。又以校修銀元濟趙伯先，使之得奔走粵桂間策動革命。11 月，革命文學團體「南社」在蘇州成立。發起人為柳亞子、陳去病、高旭等。

1910　清宣統二年　庚戌

默君 27 歲，仍服務於粹敏女校。11 月，孫中山在馬來西亞檳榔嶼召開同盟會骨幹會議，決定積極籌備鉅款，準備在廣州舉行武裝起義。

1911　清宣統三年　辛亥

默君 28 歲，同盟會黃興等人率敢死隊 100 多人在廣州起義。攻入兩江總督衙門，因敵眾我寡而失敗。死難烈士 72 人安葬於市郊黃花崗。其父也參加了廣州黃花崗起義，張默君著有《吊黃花崗》。三二九之役，受刺激至深，乃拂袖離粹敏女校，入聖約瑟女書院。雙十之役，武昌起義成功，協助乃父在蘇州起義，撰有六言佈告。起義成功後，在傅熊湘的幫助下，於可園創辦《大漢報》，任社長兼總編輯，一紙風行。第二年初，江蘇都督遷鎮江，《大漢報》停辦，前後不到三個月。有詩記之《寄辛亥秋侍家君光復吳門後主辦江蘇大漢報次韻答徐小淑見今存大漢報》（此出於《張默君先生文集》，《白華草堂詩》1934 年刻本，中為《寄辛亥秋侍家君光復吳門後主辦江蘇大漢報次韻感賦》）。本年，入上海聖約瑟女子書院文科讀書。另著有《辛亥暮春書感二律》、《辛亥仲冬贈別鈍根先生返湘》。本年，譯作《盜面》（與陳鴻璧合譯）由廣智書局、群益書局、千傾堂書局同時出版；《裴乃傑奇案》（與陳鴻璧合譯）由廣智書局出版。

1912　壬子

元沖 23 歲隨中山先生回國，擔任上海民國新聞總編輯，並任職國民黨交通部文書組。默君 29 歲，自蘇州赴上海，與務本女學諸同仁會商，成立中國女界協贊會，被推為總幹事，倡捐助餉，為代表赴南京面呈孫大總統。反滬後，倡組織女子北伐隊，又組織神州女界協濟社、女子畜殖場，發刊《神州女報》，於閘北創辦神州女學，自任會長兼校長。為國民黨交通部文書主任，識元沖。

1913　癸丑

元沖 24 歲，精研法學，採訪宋教仁死事及喪事，並主張兇手應由中國政府審判，最後，租界政府終告讓步，有《宋遁初先生誄　並敘》。與默君不時通信，友誼大進。其中《與涵秋論文學書》可為代表作。赴日助中山先生等組中華革命黨。默君 30 歲，二月，宋教仁被刺，有《哭遁宋初先生》。春三月，萬國女子參政同盟會會長嘉德夫人來華，默君率神州女界協濟會，邀集女界文化機關團體舉行歡迎大會於張園，嘉德夫人頗為感佩。自後二者時通音訊。本年，著有《中秋玩月》、《金陵秋夜夢與瓊玉表妹話舊》、《癸醜暮秋偕鴻璧子漫游長江歌以紀事》、《哭宋遁初先生》。

1914 甲寅

默君 31 歲，加入南社。游武陵，過秦嶺，吊故人吳一粟墓，有詩記之，《甲寅春西湖小麥嶺吊吳一粟》（胡樸按選錄的《南社從選》中名爲《甲寅春西湖小麥嶺吊吳子一粟》）。

九月，袁世凱加緊復辟帝制。日軍在山東登陸，於 10、11 月先後侵佔濟南、青島。本年，另有《甲寅春悼漁夫太一》。

1915 乙卯

元沖 26 歲，北上到膠東助居正等籌畫討袁，被任命爲國民黨山東警備司令。默君 32 歲，袁世凱與日本人簽訂《中日協定》，默君因悲憤國恥，義憤填膺的張默君，自繪一騎馬衝殺者的油畫自寫其照表示抗議，並有七古《自題倚馬看劍圖》。一月，日本政府向袁世凱提出「二十一條」要求，企圖獨佔中國。三月，上海三四萬人在張園集會，反對「二十一條」，各地紛紛掀起抵制日或運動。袁世凱申令禁止抵制日貨。五月，袁世凱正式承認「二十一條」修正案，喪權辱國的「二十一條」簽字換文儀式在北京舉行。夏，湘中水災，伯純親巡個要塞，積勞成疾，於八月十四日逝世，年僅五十七歲。父伯純公歿于湘潭，二十年後，默君仍有詩《湘鄉謁父墓述哀》。十二月，袁世凱宣佈承受帝位，申令明年爲洪憲元年。本年，著有《乙卯述懷》、《自題倚馬看劍圖》。

1916 丙辰

元沖 27 歲，中華革命軍已克服山東濰縣，袁世凱暴斃，中山先生下令停戰，元沖亦返上海隨侍中山先生，擔任秘書。默君 33 歲，仍在上海辦學。三月，在全中國一片反對聲中，袁世凱被迫撤銷「承認帝制案」，廢止洪憲年號。

1917 丁巳

元沖 28 歲，任廣州孫中山大元帥府機要秘書，代行秘書長。默君 34 歲，仍辦女學及女報。本年，其母《儀孝堂詩集》（1917 年石印本）出版，書首頁題有「德言孔昭」四個大字。本年著有《南社春孟集徐園》、《丁巳春鄧尉探梅》、《丁巳仲春偕陳鴻璧、呂碧城、唐佩蘭諸君探梅鄧尉率賦十三章以志鴻爪》（《婦女時報》第 21 期，1917 年 4 月）。

1918　戊午

　　默君35歲，奉教育部令，赴歐美考察女子教育。由加而美，會嘉德夫人。留學哥倫比亞大學，攻讀教育。不久當選紐約中國同學會會長。

　　十一月第一次世界大戰結束。著有《戊午仲秋秣陵早發》、《戊午春被命之歐美考察教育渡太平洋赴美同舟有嚴范孫范靜生諸老計十八人次範老韻》、《浪淘沙　戊午夏逭暑東美銀灣雨餘契伴棹舟湖上素波如練山翠照人異域風光感懷去國爲賦此闋即次社英寄懷君》、《美國康橋訪詩人郎霏洛故宅》、《重游康橋踏雪》。

1919　己未

　　元沖30歲，國民黨於十月改組爲中華革命黨，元沖奉中山先生派往美國考察黨務，併入威斯康辛大學。默君36歲，在巴黎和會上，中國在外交上的失敗，導致了「五四運動」爆發。時默君在美。召集哥大同學會，發電北廷極力反對簽署《巴黎和約》。複被推爲代表赴巴黎和會代表力爭，使中國代表不敢出席和會。順道考察法、瑞、比、德諸邦教育。本年，渡大西洋前往歐洲。著有《己未春美利堅冒雪視學至麻省蒙特約克及斯密司兩女子大學》、《己未秋紐約盼鴻璧書不至》、《紐約月夜奉懷母大人》、《謁金門　自美渡大西洋之歐舟中對雨》、《渡大西洋口號》、《歐戰後大西洋放歌次翼如韻》、《浪淘沙　歐戰後過法梵隆依宮》、《己未巴黎和會時於諸專使席間次韻偶成》、《歐戰後登巴黎鐵塔》、《瑞士過盧騷講學著書處》、《莫秋海上聞笛懷翼如》。

1920　庚申

　　默君37歲，自歐返國，又順道視察南洋各地教育，回國著有《歐美教育考察錄》、《戰後之歐美女子教育》，載於《上海時報》，受到教育部的重視回國後仍主神州女報及女學。經江蘇省教育廳聘爲任江蘇省立第一女子師範學校校長，擬具六年改進計畫，校務爲之一新，風氣爲之一變，全國性教育展覽中，有「無不第一」之譽。本年著有《夏日登瑞士少艾峰》、《紅海舟次苦熱病中作》、《紅海中秋後一夕望月》、《過埃及》、《渡蘇彝士河》、《過錫蘭島以舟中防疫禁登陸晚眺雷音峰》。

1921　辛酉

　　默君38歲，任中國教育改進社女子教育組長及交際主任。今後與同志發起「中國平民教育運動」，督治十字課本，分在各地設立平民學校千余所，並

就江蘇一女師附設失學婦孺夜校，各省仿行。4月，國會參眾兩院的廣東議員
聯合在廣州舉行非常會議，制定政府組織大綱，選舉孫中山為非常大總統。
一個月後，孫中山就職。

1922 壬戌

元沖33歲，改入哥倫比亞大學，後赴歐洲各國考察，歷英、法、意、德、
俄各國，對各國民情風俗。政治、經濟組織、勞工狀況尤多注意，併發為專
文，其中《英國的新村運動》一文，堪稱代表。是年元沖母屠太夫人在國內
逝世，未及奔喪，中山先生派人代他料理喪事。默君39歲，仍任校長改革日
見成效。本年，著有《壬戌秋月夜登泰山》、《壬戌秋莫偕戒一俠魂放舟玄武
湖歸後夢中作》、《燭影搖紅　壬戌秋偕雯掀鴻璧雨岩淑嘉重泛西子湖並憶如海
外》、《秋夜病中讀碧海青天集》。

1923 癸亥

默君40歲，仍辦學及辦報。3月，北京公眾在天安門前舉行公民大會，
一致通過收回旅大、抵制日貨、與日斷交、整理內政等六項決議，會後舉行
示威遊行。全國各地也相繼掀起廢除「二十一條」、收回旅大的抗議運動。本
年，著有《春雨篇》、《癸亥春武林探梅歸》

1924 甲子

默君41歲，九月與元沖在上海結婚，于右任委福證，婚後兩人不但以國
事相砥礪，更不時以學問相切磋，聯句甚多。四月，印度詩人泰戈爾來華訪
問，在上海、北京、南京等地講學，並與陳三立老人相互討論中西詩學。九
月，孫中山召開會議，籌備進行北伐。

本年，著有《甲子九日南海種舟中偕翼如》、《甲子春莫偕鴻璧淑嘉俠魂
雨岩薄遊焦山次社英春日偶成韻》、《同鴻璧淑嘉雨岩訪梁溪梅園萬頃堂黿頭
渚疊前韻》、《自丙辰別翼如八年來彼此音塵斷絕，昨忽得子歐美歸後一書，
媵以近挈極道離懷別苦感而有作時甲子秋孟夜》、《齊天樂　甲子冬月夜渡珠江
偕翼如作》、《菩薩蠻　甲子秣陵冬莫懷翼如宛平》、《別翼如八年於甲子秋仲重
晤海上即次其舟中寄懷韻》。

1925 乙丑

元沖36歲，南下任廣東省潮海陸豐行政長。十一月參加西山會議，倡議
反共清黨。默君42歲，冬與元沖等設立中山學院，以弘揚國策黨義，培養才

子，公推元沖爲院長。三月，孫中山在北京病逝，終年 59 歲，北京各界在中央公園舉行公祭。本年，《乙丑仲春白門曉發車中聯句偕翼如》《乙丑冬莫掃葉樓聯句偕翼如》、《乙醜除夕懷雄弟遼陽軍次》、《疏影 乙丑春徐園探梅聞笛寄懷翼如》、《步蟾宮 乙丑春孟與同璧茜玉鴻璧社英蕙楨硯耘雅集徐氏雙清別墅時江浙戰禍甫已》、《驀山溪乙丑秋懷翼如張垣》、《浪濤沙 瀟湘八景用板橋韻》、《解佩令 孤山吊曼殊上人》、《金縷曲 乙丑重九時奉直方弄兵江南北》。

1926 丙寅

元沖 37 歲，被推舉爲國民黨執行委員會青年部長。六月隨北伐軍北上，結束了中山學院的工作。默君 43 歲，著長文《紀雙五節：一九二一年五月五日 孫大總統就職記》，刊於上海建國月刊一卷一期。本年，著有《攤破浣沙溪 丙寅春孟對案頭水仙懷翼如海上》、《廬山秋興》。

1927 丁卯

元沖 38 歲，4 月經國民政府任命爲浙江政治分會委員，浙江省政府委員，兼杭州市市長。厲行革新。在元沖上任初，默君作五古送給他，有詩記之《丁卯春孟送翼如之武林》。默君 44 歲，經任命爲中央政治會議上海分會教育委員，兼杭州市教育局長。神州女學及神州社毀於戰火，一女師因改制取消師範科，默君力爭不逮，乃辭職。

從 1927 年起從政，歷任國民黨中央政治會議上海政治分會教育委員、杭州教育局局長、國民政府考試院考選委員會委員、立法院立法委員、國民黨第五屆候補中央監察委員、第六屆中央監察委員及常務委員等職。本年神州女校被毀於戰火。著有《丁卯秋天童寺偕翼如作》、《丁卯春孟送翼如之武林》。

1928 戊辰

元沖 39 歲，改調爲廣州政治分會秘書長，兼兩廣建設委員會委員。不久立法院成立，又任立委，兼任立法院經濟委員會委員長。本年，著有《戊辰秋莫焦岩碧山庵偕翼如》

1929 己巳

元沖 40 歲，在國民黨三全大會中當選委三屆中央執行委員，及政治會議委員，兼黨史料編纂委員會常務委員。默君 46 歲，南京考試院成立，出任考選委員會專門委員，訂考選法規。7 月，國民政府與首都舉行第一屆高等考試，受命爲典試委員。本年，著有《玄武湖上》。

1930　庚午

元沖 41 歲，夫婦同游梅園，元沖有詩記之，又同游泰山，亦有詩焉。出任考試院考選委員會委員長，籌備第一屆高考。默君 47 歲，與元沖同探梅梁溪，有詩句「萬梅低首拜詩人」（《庚午春梁溪探梅偕翼如》），膾炙人口。本年，著有《仲秋偕翼如重游梁溪至秦氏佚園主人以業桂見貽並視所藏先子伯純公遺墨感賦》、《庚午春梁溪探梅偕翼如》。

1931　辛未

元沖 42 歲，充任高等考試襄試處主任，奠定考試制度規模。複任國民政府委員，代立法法院院長。默君 48 歲，任國民黨立法院二屆立委，並受命典試第一屆高考，其間元沖曾有一首《白馬賦》送給她，她也作了《試院題翼如所貽天馬賦後三疊枝韻》。本年，獲周代鎮圭尺、漢代黃律官有王子旁尺各一件。詩人陳三立爲其題「玉尺樓」於書閣上，有詩記之《二十年七月六日典試入闈口號》。九月，918 事變發生。日軍炮轟北大營，由於蔣介石下令不准抵抗，日軍在三個月內佔領我國東北全境。本年，著有《辛未春莫雨霽招隱山聽鸝》、《辛未都門冬雷春雪次大廠用廣陵韻》、《辛未春莫焦山枕江閣聽雨次楚傖韻》、《試院題翼如所貽天馬賦後三疊枝韻》、《辛未雪後寒甚次展堂韻》和《辛未京闈》組詩十二首。

1932　壬申

元沖 43 歲，任命爲考試院副院長，未及視事。不久改任立法院副院長。夫婦遷居白下鷗園西苑，元沖以「美樅」二字題其堂，辟爲立法院同仁休息集會的場所，默君有詩記之《鷗園美樅堂》。秋得秦代古磚，有詩記之，《銘秦陵磚研》。本年，著有《鷗園美樅堂》、《壬申春倭寇松滬悼我陣亡諸將士》、《壬申國難後次韻送攘蘅之匡廬訪散原翁》、《壬申歲朝蕩山偕翼如》、《銘秦陵磚研》。

1933　癸酉

元沖 44 歲，胡漢民任立法院院長，元沖去代院長職，仍任副院長，兼中央宣傳委員會主任委員及黨史會主任委員。長城之役，親冒風雪送糧至塞上軍中。默君 50 歲，任考試院考選委員，膺二屆高考典試委員，校士開封。夏與元沖登泰山摩崖。本年，癸酉之秋張默君典試大棃。著有《伊洛行》、《癸酉夏集廬山萬松林得籟字》、《癸酉夏侍母儀孝老人偕蓴鷗仁甫翼如游焦麓再

次楚傖波韻》、《癸酉夏登泰山摩崖偕翼如》和《癸酉汴闈》組詩九首、《癸酉京闈》組詩九首、《癸酉秋大樑校士次韻酬纕蘅》、《問禮亭》。

1934　甲戌

　　元沖 45 歲，京師別墅玄圃落成，其百源書屋藏書數十萬卷。默君 51 歲，任南京特別市黨部監察委員。本年，默君有詩記玄圃，《玄圃聽鸝》。本年，《白華草堂詩》、《玉尺樓詩》（1934 年刻本）聯合出版，《紅樹白雲山館詞草》（1934 年南江邵氏刻本）出版。著有《甲戌春謁韓蘄王墓兼懷梁安國偕翼如》、《甲戌春探梅超山偕敘父俠魂翼如》、《甲戌夏玄圃聽香亭坐雨》、《甲戌奉母儀孝老人居玄圃第一歲朝偕翼如試筆即呈老人》、《甲戌京闈》組詩三首、《湘鄉謁父墓述哀》、《玄圃聽鸝》。

1935　乙亥

　　元沖 46 歲，國民黨中央草訂憲法，元沖爲審查委員之一。四月，夫婦同謁黃帝陵。十月又同游黃山。冬辭立法院職，專任黨史會主委。默君 52 歲，在南京金陵女大教詩，冬，國民黨中央四全大會中黨選中央監察委員。刊行《白華草堂詩》（疑刊行時間有誤）。本年當選爲國民黨中央兼委。另有《民國二十四年乙亥恭謁軒轅皇帝橋陵於陝之中部偕翼如》、《橋陵次翼如韻簡溥泉孟碩》、《驪山謁始皇帝陵》、《謁軒轅周秦漢唐諸陵後登華岳諸峰絕頂用王摩詰韻》、《畢原謁周文武王陵偕翼如溥泉》》。

1936　丙子

　　元沖 47 歲，在國民黨黨史會努力張開工作，成績卓然。夏到廬山聽經，自講戒定慧。十月往廣州祭胡漢民。十二月赴西安謁蔣委員長，恰遇張學良劫持蔣委員長，元沖亦遭劫，且因對張不假辭色，爲亂軍槍擊，十五日晚傷重而死。默君 53 歲，聞夫死訊，淚枯腸斷，欲爲詩文哭誄，因手顫心碎而止。12 月 14 日 丈夫紹元沖在西安事變中中流彈不治而亡。著有《天目謠》、《二十五年丙子秋登天目山偕翼如》、《謁杜工部祠》、《杜曲詩人路小步偕溥泉翼如，二十五年丙子元日爲翼如題西北攬勝》、《雨中謁茂陵》、《乙亥春醴泉謁昭陵用少陵韻》、《昭陵春望偕翼如》、《陝中謁武則天陵》。

1937　丁丑

　　默君 54 歲，元旦之夕，撰《秦變後之血淚》，刊建國月刊，悼元沖也。8 月 14 日，奉元沖柩葬杭州深山中。冬，太夫人八十壽誕，在湘垣建華嚴息災

發會，銷災救國，刻經並挈寒衣勞軍，以爲太夫人壽，複爲元沖殉國周年回湘。

1938　戊寅

默君 55 歲，五妹、八妹相繼歿，詩以苦之。冬。元沖二周年祭，作《哀憤十二篇》，又節餘五千元由滇匯勞軍。本年回到闊別多年的故鄉。著有《二十七年戊寅春英城玉女湯用太白韻鄂應邑堂屬安州》、《戊寅春 翼公死國歲餘寇患方劇晤許靜老漢皋感賦次毅成兄韻》、《哀憤十二篇》、《翼如殉國二周年後晤攘薇同年渝州次韻感懷奉簡稚暉右任溥泉覺生士遠雨岩太蕤非百蕈漚毅成藕舫述庭醇士君武敘父深甫 馨曼青諸子並寄子威詩老湘濱》、《戊寅秋仲金築次微韻二首奉達銓凋甫奎光伯秋季飛明水燕華驪英諸子兼簡威攘薇兩同年湘蜀》、《戊寅秋莫月夜滇南夢與雪美世妹飲大觀痛水榭傷離撫亂轍發思古幽情相與聊句得百六十字成五言排律一章寤後一字不遺亦寄已》、《二十七年戊寅冬聞國軍克武勝關四疊微韻》、《二十七年戊寅孟秋仲五妹淑嘉蔣夫人八妹俠魂竺夫人相繼病歿鄂贛時值倭亂備經流離嬰恫逾歲詩以苦之》。

1939　己卯

默君 56 歲，赴渝參加國民黨六中全會。聞太夫人病危，冒險回鄉侍疾。母病愈，卜居龍城仙女峰麓，環境好，有詩記之「茲焉止桑梓」（《 歸耕篇》）。秋，養病課子滇省安寧溫泉之龍山，署所居曰「雲松巢」。本年，著有《二十八年己卯四月十四日滇南哭翼如夫子先烈冥誕時公死國三載矣》、《前章未盡所哀再哭十六截句》《己卯秋子威以二律送予小隱滇之龍山詩佳甚次韻奉酬兼簡海內故舊》、《己卯秋仲賀敏生詩家自巴東數貽詩弔唁氣誼可感並寫視轉蓬屬題》、《湘北聞捷》、《二十八年己卯冬再自昆飛渝》、《廿八行都林超公命題書南泉聽水樓》、《二十八年冬莫予自滇之渝與六中全會甫已聞南邑陷寇母再裡病危憂甚乃問險夷於倭寇機狂襲中飛桂轉衡歸湘鄉省侍幸母疾以瘳寸衷引慰賦呈護帷視諸弟》、《龍山雲松巢歌》、《鳳山一首用門存舊韻》。

1940　庚辰

默君 57 歲，春，三入巴蜀，居歌樂山木魚堡，名所居曰松寥簃。典試蜀都高考，往還城鄉之間。庚辰、辛巳兩年有《庚辛渝闈》組詩。本年蔣介石將張默君接到重慶，供職於考試院。著有《廿九年元月長岳司令吳冠周和予〈湘北聞捷〉韻見貽君兼擅琴並餞予湘鄉泉塘時園梅盛放疊京韻酬之》、《廿

九年春湘南道中雨後見白梅疊枝韻》、《巴山聽鸝感懷》、《蜀中長安寺聽漢琴箏琶》、《渝州題畫》、《心史》、《廿九年七月七日抗敵三周歲感書十絕》、《南邑陷冠烽火縱橫予自渝循桂返湘省母疾明年一月複由桂旋滇龍山雲松巢湘衡道中多梅偶成一絕》、《廿九年七月我撻敵逾三載時歐戰方酣捷波瑞挪法諸邦相繼覆敗英亦自危國際形式突變感次王伯衡君八一三韻》、《蒼生》、《故鄉六憶》組詩、《二十九年十二月十四日翼公死國西安四周歲志哀奉次吳稚老悼公殉國二載詩韻》、《奉懷母儀孝老人湘鄉泉搪並祝老人八十三壽》、《廿九年十月國史館將成立中樞意欲命予匡纂政感賦二章即追悼翼如先烈》、《書明先烈黃石齋先生題夫人蔡潤石淡墨百花卷後》、《十二月聞廣州大火不息寇已動搖》、《二十九年十月二十八日我軍疊克南寧紹興喜賦 邕州十萬山西南天塹此雄關》、《歌樂山松寥 爹前軍校酬海內故舊》、《廿九年夏秋間倭機狂襲渝碚後局歌樂山木魚堡口占》、《義戰兼悼張藎忱將軍》。

1941 辛巳

默君 58 歲，一月，丁內艱，返湘。夏，回渝，出版《正氣呼天集》。本年，一月二十五日，何懿生以高齡八十四歲逝世於故鄉。著有《三十年辛巳重五前日湘鄉泉塘楠林禊集恭謁金蛛壘母儀孝老人塋感賦三十七韻簡稚暉右任堯生靜仁煜如惺庵遐薝佩初少潛諸老 蘅子威蕈漚士詩友並視諸季》、《三十年辛巳重五前日湘鄉泉塘楠林禊集恭謁金蛛壘母儀孝老人塋感賦三十七韻簡稚暉右任堯生靜仁煜如惺庵遐薝佩初少潛諸老 蘅子威蕈漚士詩友並視諸季》、《辛巳春莫自蜀歸等湘鄉仙女極頂用胡少潛翁泉塘修禊韻》。三月二十日《正氣呼天集》（京華印書館鉛印本）由翼社籌備處出版發行。

1942 壬午

默君 59 歲，夏，銜中樞命返湘勞軍，公餘讀書、學圃於筠廬。得玉渫泉。8 月，美國軍隊在太平洋開始對日進行反攻。著有《玉渫泉》、《三十一年湘北三捷》、《三十一年哭 翼公死難六周年用尹默題予正氣呼天集韻》。

1943 癸未

默君 60 歲，二月奉命監察湖南國民黨事務，所至詳查利弊。應邀講《中國政治與民生哲學》，聽者甚眾，有詩記之，《甲申春湘全省黨政會議特請予端請近著中國政治與民生哲學聽者甚盛感賦》。（在湘講學盛況疑發生在 1944 年）秋，周甲令誕，有《自勵》二章。著有《三十二年癸未歲朝湘鄉筠廬山

中白梅初放用張船山韻》、《癸未春對筠廬白梅懷英宜兩兄兒藍田、《三十二年春吾抗倭六載英封鎖我滇緬路三月以媚倭迫太平洋大戰既開軸心侵略狂甚英苦 及其身乃隨美邀我同盟撻敵並改締平等新約放棄在華淪區特權有感》、《自勵》、《癸未秋溈山道中晚桂始發》、《溈山密印寺》、《密印寺月夜不寐》、《癸未冬仲久喧山中梅蘭胥放》、《三十二年十二月十四日湘中哭翼公殉難西安七周年旭初題正氣呼天集韻》。

1944 甲申

默君 61 歲，自湘返渝。翼社同仁編印《玄圃遺書》，默君為作長序，曆敘夫君生平志節及為學大要。在耒陽，訪杜甫的墓園，作七絕《謁杜工部墓》。著有《三十三年元旦次曹猛廠心韻時吾抗倭四捷湘西》、《耒陽過鳳雛亭》、《耒陽見張桓侯馬槽》、《晚登耒陽蔡湖樓》、《甲申春載讀船山遺書有感時卜居仙女峰麓忽焉兩載將複之渝東別諸父老》。

1945 乙酉

9 月，日本政府代表與英、美、中、蘇等勝利國代表，正式舉行了日本無條件投降簽字儀式。抗戰勝利，作詩記感。

1946 丙戌

默君 63 歲，國民黨政府公佈實施憲法，默君膺任第一屆考試委員。冬，自四川由長江坐船返南京。

1947 丁亥

默君 64 歲，膺任考試委員，抵南京。1 月，美國政府宣佈退出軍事調停處執行部，公開支持蔣幫內戰政策。9 月 1 日 張默君被蔣介石圈定為國民政府第一屆國民代表大會代表，出席在南京召開的國民代表大會。著有《三十六年丁亥冬江行六疊開韻》、《敬題東山十子遺墨後》、《三十六年十二月十四日悼 翼公死難十一周歲暨公手植京邸玄圃竹》、《丁亥冬莫大學筠廬白梅欲放再疊寬韻》。

1948 戊子

默君 65 歲，抗日形式大好，乃堅請國民黨中央續撥元沖葬費，並得浙省府協助，讓售玄圃地，經營墓址，犯險急籌國葬，有詩記之「千里埋恨地…」、「死生風義生…」。

本年，《揚靈集》出版，以屈原「大江揚靈」命之，爲 1939 年到 1948 年，走湘、黔、滇、蜀及返湘所作。有《貽湘鄉勇士譚國祥》、《三十七年戊子春仲筠廬聽韶閣放歌簡海內同仁用柏梁體三十韻》、《戊子春白華草堂牡丹盛開放時蘭竹並茂流泉娟娟不知山外有塵宇也次仁甫韻》。

1949　己丑

默君 66 歲，5 月來臺。以代電向國民黨當局建議改造方案，又建議籌備設聯合大學，收容流亡學生。10 月，中華人民共和國成立。本年寓居臺灣省。有《三十八年己醜夏來臺感賦》、《中秋贈空軍六勇士毛昭宇潘肇雄姚全黎王延遇陸培植馮明鑫自寧夏脫險來臺》、《三十八年雙十節賦示國人用百梁體三十二韻》、《己醜秋莫日月潭偕社英暨兒輩奉簡右公夷午槐村諸詩老》、《台省婦女勞軍委員會歡迎救國軍遊擊縱隊指揮官兼平湖縣長黃百器（即雙槍王八妹）即席賦》、《十二月十五日悼溥泉先生逝世二周年》、《己醜除夕》。

1950　庚寅

默君 67 歲，喜見高考、普考、特考參加者眾，有詩記之，《三十九年九月庚寅秋仲臺灣省陪都典試高等普通及特種考試簡同闈暨海內諸詩家》。國民黨改造委員會成立，被推爲評議委員。在臺北省國立女師講《樹人救世》，在中國廣播公司講《中華婦女與復興大業》。秋，九月再度典試全國高普考，有詩記之，《四十年辛卯臺灣省再典試全國高普考中秋對月放歌奉簡煜老暨同闈諸子》。6 月，美帝國主義悍然發動侵略朝鮮戰爭，同時進駐中國臺灣省。本年，有《煜公主考中秋勖多士次韻偶成》，庚寅、戊戌有組詩《庚壬台闈》。本年，傅斯年任臺灣大學校長，于 12 月 20 日病故於台。默君後有詩《悼傅校長斯年》。另有《庚寅元日用宋曾文清公春日韻》、《庚寅上己士林新蘭亭禊集即席率賦》、《庚寅春臺北壽於右老七十二柏梁體十八韻》、《三十九年菲律賓華僑臺灣省考察團慰勉反共抗俄軍民備至全台感奮賦此致謝》、《庚寅九日登臺北陽明山簡於右老及同遊》、《庚寅冬莫雨夕小集寓廬奉簡含光夷午槐邨心畬諸老次韻》、《庚寅大寒酬醇士寄懷韻》、《十月十八日全國暨臺灣省區高等普通考試揭曉熹視及第諸生用陳含老夜聞猛雨韻塵》。

1951　辛卯

默君 68 歲，偶玩《易》，元旦得益卦，盡天人助，作詩記之《辛卯元日》。楊力行著《女傑》（海岱，民 40），以默君爲女革命家，且譽爲當代國民元老

中唯一女性。有《辛卯春次韻酬味辛》、《悼季陶先生逝世二周年》、《左營海軍忠烈將士紀念塔落成暨安靈典禮》、《辛卯春仲陽明山看花次韻陳含老》、《辛卯上己禊集臺北賓館得浮字》、《辛卯巳日用醇士上字韻》、《辛卯詩人節懷沈斯庵》、《臺灣省地震》、《辛卯冬汐止靜修院聽慈航人說楞嚴經此韻槐老》、《民國四十年國慶閱兵典禮辭校士台瀛典闈》。

1952　壬辰

默君 69 歲，著《中國古玉與歷代文化之嬗變》，曆述中國玉石之淵源流變。另有《壬申次韻金門元夜題襟》、《四十一年次韻何敬公貽中日和約全權代表河田烈》、《壬申春仲陽明山看花偕槐老叔老漁叔定山》、《挽曹將軍浩森》。

1953　癸巳

默君 70 歲。有《癸巳春士林修禊》、《四十二年癸巳讀黃晦聞遺詩一絕》、《癸巳重九士林登高》。

1954　甲午

默君 71 歲，任行憲二屆考試委員，十月兼考試技術研究委員會主任委員，積極展開研究改進工作，貢獻良多。有《甲午上元晨大雷雨午霽集梅園限眞韻》、《甲午上巳禊集士林五疊前韻》、《甲午九日登滬尾山次韻含老》、《四十三年夏貽鎮海反共會議代表團兼簡谷叔常團長》、《甲午酷暑川端橋茗坐對月次韻含老煜公》、《龍溪嚴笑棠爲母七十壽造長生經幢屬題》。

1955　乙未

默君 72 歲，撰《高考國文試題說明暨評閱標準》、《讀王船山遺書概述》。本年陳逸凡（1894～1955）歿，默君有《挽陳逸凡君》；臺灣省自 1895 年開始抗擊日本，1945 年大陸成功收復臺灣省，十年後有《臺灣省民生抗日六十周年》。另有《乙未春孟嬰極兼旬久旱喜雨士林禊集未赴奉簡諸詩老》、《乙未春莫瀛社孔達生李紹唐二君邀集碧潭竹林後值雨賦簡右任煜如魯恂潤庵四老及同遊》、《乙未詩人節台南於孔廟舉行全國詩人大會》、《乙未秋鐘槐老燕集木柵郊居》、《玄奘大師歸骨志憙》、《毅成嶍雲伉儷五十壽》。

1956　丙申

默君 73 歲，有《詩教》、《丙申夏孟偕同仁麟書蘊華蔚東石農固亭諸委戾南部各縣觀察台糖公司及人事建設虎尾總廠周廠長厚樞伉儷所藝蝴蝶蘭適盛

放兼招欣賞》、《總統蔣公七十壽》、《丙申春壽陳含老七十八即次韻翁率成四首之一》、《嚴笑棠屬題溥心老爲其母精寫金剛經》。

1957　丁酉

默君 74 歲，四月辭去考技研究會主任委員兼職。將個人所藏三代秦漢寶玉大小五十件贈予國立歷史博物館。初春大雪，有《獻瑞中興秉六情》（今未見）：「萬裡江山玉換成」一月　張默君將五十件玉石贈與臺北國立歷史文物美術館。有《丁酉九日集北投次韻味老》、《丁酉冬孟偕蕈漚詩家暨鎮宙英多伉儷探梅大溪齋明寺簡屈文老次蕈老韻》、《四十六年丁酉春檀香山創建中華佛教會屬題》、《壽于右老七十晉九集竄字》。

1958　戊戌

默君 75 歲。又作《母教》，闡明女德及歷代名母及其偉大兒女的事蹟。另有《壽於右老八十》、《戊戌重九讀圭峰禪師圓覺經大疏感賦》。

1959　己亥

默君 76 歲，作《中國文字流源與歷代書法之演進》，追本索源，探微抉隱。並揭示來修書學原理及要則。有《四十八年國慶兼己亥重陽詩人大會》。

1960　庚子

默君 77 歲，十二月撰《海軍贊》及纂聯各一。《大凝堂集》出版，前後凡七卷。時彥紛紛題詠。

1961　辛丑

默君 78 歲。秋，主持員警人員特考。冬，應孔孟學會邀，播講《曆行孔子仁愛忠恕之道，以挽救世道人心》。

1962　壬寅

默君 79 歲，十月四日，友人、後輩群集祝壽（八十慶壽），盛況空前，壽序由于右任等撰寫，題簽者自陳誠以下凡一千四百多人。

1963　癸卯

1964　甲辰

默君 81 歲，扶疾參加國民黨九屆二中全會。

1965　乙巳

　　默君82歲，一月疾發不支，仍時時以國事爲念。終於，三十日子刻因胃癌病逝於臺灣省臺北空軍總醫院。死後哀榮，盛極一時。

　　按：本文主要源自張健《志同道合──紹元沖、張默君夫婦合傳》（臺北：近代中國出版社，1984 年）附錄《邵元沖、張默君夫婦記事年表》；《張默君先生文集》中收錄默君詩詞共 589 首，部分作品尙無法繫年。